Amira Hass

**Morgen wird alles schlimmer**

Amira Hass

**Morgen wird alles schlimmer** Berichte aus Palästina und Israel

*Aus dem Englischen von
Sigrid Langhaeuser*

C.H.Beck

© 2005, 2006 by Amira Hass

Für die deutsche Ausgabe:
© Verlag C.H.Beck oHG, München 2006
Satz: Fotosatz Reinhard Amann, Aichstetten
Druck und Bindung: GGP Media GmbH, Pößneck
Gedruckt auf säurefreiem, alterungsbeständigem Papier
(hergestellt aus chlorfrei gebleichtem Zellstoff)
Printed in Germany
ISBN-10: 3 406 54968 3
ISBN-13: 978 3 406 54968 7

*www.beck.de*

# Inhalt

**Vorwort**
*Seite 7*

**Diebstahl von Raum und Zeit**
Israels Politik der Abriegelung
*Seite 13*

**Berichte aus Palästina und Israel
2001–2006**
*Seite 35*

Rede zur Verleihung des Anna-Lindh-Preises
*Seite 120*

**Israelischer Kolonialismus unter dem
Deckmantel des Friedensprozesses**
*Seite 194*

**Epilog:
Morgen wird alles schlimmer**
*Seite 210*

# Vorwort

*Aus dem Hebräischen von Christian Wiese*

Anfang des Jahres 2001 bat mich die italienische Wochenzeitung *Internazionale*, jede Woche eine kurze Kolumne zu verfassen. Der neue Aggregatzustand der israelisch-palästinensischen Beziehungen erregte natürlich weltweit Interesse. Eine Situation, die ein Friedensprozeß hätte sein sollen, hatte – nach voraussehbaren Enttäuschungen – zu Demonstrationen geführt, die mit tödlichen Waffen aufgelöst wurden, zu täglichen Beerdigungen, zu Bombardements, zu Schüssen auf fahrende Autos (wenn auch noch nicht zu Selbstmordattentaten), zur Belagerung von Dörfern und Städten. Ich entsprach der Bitte, machte mir aber damals nicht klar, daß es sich dabei um eine langwierige Aufgabe handelte, die auch Mitte des Jahres 2006 noch nicht beendet sein würde.

Ich verstand das Verfassen der wöchentlichen Kolumne als zeitweilige Tätigkeit, in deren Verlauf sich ein Beitrag aus dem anderen ergeben würde. Über die Zukunft des Geschriebenen dachte ich nicht nach, und es lag ganz gewiß nicht in meiner Absicht, ihm später eine andere Form – etwa die eines Buchs – zu geben. Für mich konservierte jeder kurze Abschnitt, den ich verfaßte, den jeweiligen Augenblick, eine Szene in der realen Zeit oder einen Gedanken, eine Reflexion. Daraus folgt, dass sich all diese Stücke der «Gegenwart» zu der Zeit, zu der sie verfaßt wurden, nicht in eine lineare Zeitfolge fügen konnten. Doch als die Redaktion der Zeitung *Internazionale* mir 2004 vorschlug, alle Kolumnen zu sammeln und ein Buch daraus zu machen, schüttelte jedes Stück Gegenwart automatisch seine Form ab und wurde zugleich zum «heute» und zum «morgen». Auf diese Weise entstand eine gewisse Distanz – eine Art Entfremdung – zwischen mir als der Schreibenden und dem vorliegenden Text. Die Dimension der Zeit, in der ich die Kolumne geschrieben hatte, ist eine andere als jene, die sie im Buch annahm.

Als aus den Kolumnen ein Buch wurde, wandelte sich nicht nur die Dimension der Zeit, sondern auch ihr Charakter. Während beim Schreiben wöchentlicher Texte der Blick stets nach vorne gerichtet ist, kann die Lektüre nun auch «rückwärts» erfolgen und gestattet Schlüsse auf das «gestern», als wäre es inmitten des «morgen» geschrieben. Im Gegensatz zur «rückschauenden» Lektüre verbergen sich im Schreiben über die Gegenwart – wenn auch nicht explizit – immer mehrere Möglichkeiten für das «morgen» des Gegenstands, über den geschrieben wird. Jede Kolumne genoß, für sich genommen, das Privileg der Unkenntnis einer noch unbestimmten Zukunft. Die Eindeutigkeit, die sich aus der rückschauenden

Lektüre (jener des Buchs) ergibt, existierte also noch nicht, als ich die Kolumnen verfaßte. Der Determinismus der Zeit war nicht selbstverständlich. Bisweilen wurden die Worte geschrieben, als Panzer wie lärmende Ungeheuer draußen vor dem Fenster stampften und von ferne laute Detonationen und Schüsse zu hören waren. Oder aber man dachte über den Augenblick nach, in dem dies bereits ein Ende gefunden haben würde. Und wirklich, es hörte auf. Manchmal entstanden die Kolumnen während einer Ausgangssperre, die sich letztlich ebenfalls als vorübergehend erwies. Dann wieder wurden die Worte unter dem Eindruck von Selbstmordattentaten in Israel und der persönlichen Sorge um Freunde und Bekannte verfaßt. Neben der gesicherten Erkenntnis, daß Israel seine Militärpolitik verschärfen würde, stand die Erwartung einer Rückkehr zur Vernunft. Manchmal hofft man beim Schreiben des Augenblicks darauf, internationale Einmischung möge dem Wahnsinn ein Ende bereiten. Während man schreibt, gibt es also verschiedene Möglichkeiten, wie sich die Zeit entwickeln und was sich in Zukunft ereignen kann. In den Kolumnen war die imaginierte Zeit in verschiedene Richtungen offen. Im Buch verläuft die Achse der vergangenen Zeit so, daß sich – zu meinem Bedauern – der Titel «Morgen wird alles schlimmer» bewahrheitet. Seitdem ich diesen Titel für die italienische Ausgabe gewählt habe, oder besser, seitdem die fortschreitende Zeit und mein Wissen mir diesen Titel aufgezwungen haben, liefert jeder Tag den Beweis für seine Berechtigung.

Ende Juni dieses Jahres begann ich, dieses Vorwort für die deutsche Ausgabe zu schreiben, zu einem Zeitpunkt also, als die israelische Armee bereits mehr als zwei Wochen lang (nach einer palästinensischen Guerillaaktion, bei der ein israelischer Soldat gefangengenommen wurde) den Gazastreifen angegriffen hatte. 1,4 Millionen Menschen, darunter nahe Freunde, leben ein albtraumhaftes Leben, das schwerer als jemals zuvor in den vergangenen sechs Jahren. Die Armee Israels tut, wie es der israelische Justizminister ausdrückte, in Gaza Dinge, die sie nicht zu tun wagte, als sie sich noch physisch innerhalb der Grenzen des Gazastreifens befand. Gemeint ist das Zusammenspiel von militärischen Offensiven, Belagerungen und wirtschaftlichen Blockaden, die in einem Maße, einer Häufigkeit und in Formen stattfinden, wie sie bisher nicht denkbar waren. Während ich dieses Vorwort beende, kommt es gleichzeitig auch im Norden zum Krieg – zwischen Israel und der libanesischen Hisbollah –, und es ist nicht vorauszusagen, in welche Richtung sich die Dinge entwickeln werden.

Nicht nur die Wahrnehmung der Zeit hat sich verändert. Auch was die Intention des Geschriebenen betrifft, begann sich ein Wandel abzuzeichnen. In meinem wöchentlichen «Gespräch» mit den Lesern wollte ich Ecken ausleuchten, die von den Standardmedien nicht beachtet werden.

Ich vertraute darauf, daß die Leser der Wochenzeitung, die eine Fülle internationaler Nachrichten bietet, aufmerksam die zentralen politischen und militärischen Ereignisse der vergangenen Woche verfolgt hatten. Sie sind gleichsam Hintergrund, Schauplatz und Grundlage der unauffälligen Details, die ich zu skizzieren trachtete. Hier, im Buch, sind diese Abschnitte unabhängig von der Szenerie der «offiziellen» Ereignisse versammelt, welche die Sprecher der Armee, des Nachrichtendienstes und der Regierung als wichtig, als wesentlich, als Hauptsache heiligten. In Wirklichkeit hat sich die Intention dieser Texte in ihrer Schärfe, ja in ihrer Radikalisierung nicht verändert: Zur Hölle mit diesen offiziellen Nachrichten, zur Hölle mit der von Generälen und Politikern festgelegten offiziellen Hierarchie dessen, «was wert ist, gedruckt zu werden, und wo», zum Teufel mit dem Monopol der elektronischen Medien und der «anständigen» Presse. So treffen die kleinen, unspektakulären Augenblicke – jenseits der Chronologie der offiziellen Ereignisse mit ihrem Anfang und Ende (militärische Invasion, Selbstmordattentate, Wahlen, Verhandlungen) – eine laute Aussage über eine völlig andere Hierarchie des Wichtigen. Sie fällt, wenn man so will, etwas lauter aus als das, was ich in den Kolumnen beabsichtigte.

Die größte Distanz betrifft die Sprache. Nicht nur, weil ich meine Kolumnen auf englisch verfaßt habe, das nicht meine eigene Sprache ist, sie dann ins Italienische übersetzt wurden, das ich nicht spreche, und man sie nun aus dem Englischen ins Deutsche übertragen hat, das ich ebenfalls nicht beherrsche. Die Worte – in jeder Sprache – wurden nicht etwa zur Brücke zwischen der Wirklichkeit, die ich beschreiben wollte, und den Lesern, sondern zu einer Trennwand, die Bedeutungen und Wirklichkeiten nur schemenhaft erkennen läßt. Die israelische wie die weltweite Mediensprache bringt irrige und irreführende Begriffe hervor, zu deren Überwindung man viele Erklärungen, viel Raum und Zeit brauchte. Vor dem September 2000 war es das Wort «Frieden». Nach diesem Datum wurde «Krieg» zu einem weitverbreiteten Begriff. Bei dem Wort Krieg denkt man an zwei mehr oder weniger gleichwertige Armeen zweier souveräner Gemeinwesen. So stellt man in Israel den Ausbruch palästinensischer Proteste seit September 2000 auf höchst bequeme Weise als Kriegserklärung dar, das heißt als Aggression eines Souveräns gegen einen anderen, insbesondere nachdem bewaffnete Palästinenser – ohne Strategie, einheitliches Kommando, Fähigkeiten und Wissen – beschlossen, mit ihren Waffen zu prahlen und in die Luft zu schießen, als wollten sie sagen: «Ich schieße, also bin ich.» So erhielt die israelische Armee, eine der stärksten, hochentwickeltsten und am besten ausgerüsteten Streitkräfte der Welt, die tödliche Schüsse gegen demonstrierende Bürger abgibt, noch bevor überhaupt Bewaffnete in Erscheinung treten, die goldene Gelegenheit, zu fordern, man solle von «Kämpfen» und «Feuergefechten» reden.

Was den Weg zu dieser verlogenen Begrifflichkeit ebnete, war die Oslo-Epoche, die Zeit dessen, was man als Friedensprozeß unter der Schirmherrschaft Europas und Amerikas bezeichnet. Die palästinensische Selbstverwaltung, die eine beschränkte Verantwortung für die Führung der Angelegenheiten der Bevölkerung, nicht aber die Vollmacht über das Land, das Wasser, das Einwohnermeldeamt, die Grenzen und die Entwicklungspolitik erhielt, wurde – in der Vorstellung der Welt – allmählich zu einem «Staat». Die israelische Besatzung geriet in Vergessenheit, die beschleunigte Kolonialisierung schritt trotz einiger schwacher Proteste ungehindert fort. Nicht wenig dazu beigetragen hat die palästinensische Führung – vor allem Jassir Arafat, der die Symbole und die Symbolik liebte –, indem sie ihre in kleinen Enklaven ausgeübte Selbstverwaltung als «Staat» und die Existenz der Enklaven als «Befreiung» bezeichnete. Sogar der Begriff «Palästina» ist im Kontext des Untertitels des Buchs irreführend und wurde nur mangels Alternativen gewählt – schließlich sind langatmige Erklärungen bei der Titelwahl nicht angebracht. Erwähnt man Palästina in Verbindung mit (dem Staat) Israel, so entsteht der Eindruck, es sei von einem souveränen Staat die Rede, dessen Staatsgebiet das Westjordanland und der Gazastreifen sind. Doch es gibt nichts dergleichen, es existiert kein souveräner Staat Palästina. Es gibt den Namen «Palästina» als Bezeichnung für das ganze Land, vom Jordan bis zum Mittelmeer – das ist der bei der alteingesessenen Bevölkerung, den palästinensischen Arabern, geläufige Name für das Land. Dieselbe geographische Einheit heißt im Hebräischen *Eretz Israel* («Das Land Israel»). Im Verlauf der Besiedelung des den ursprünglichen Bewohnern gehörenden Landes vor allem durch säkulare Juden, die sich auf eine religiöse und historisch-ethnische Verbindung beriefen (sei sie nun fiktiv oder nicht), wurden die beiden geographischen Begriffe «Palästina» und «Eretz Israel» zu politischen Termini, die im Widerspruch zueinander stehen und konkurrierende Erzählungen beinhalten. Heutzutage das zusammengeschrumpfte Gebiet des Westjordanlandes und des Gazastreifens in einem Atemzug mit dem Staat Israel als Staat namens «Palästina» zu bezeichnen, hieße, der Phantasie Vorrang vor der Realität der Besatzung einzuräumen.

Die Selbstmordattentate in Israel verstärkten die Neigung, die Lage als symmetrisch darzustellen, so als befänden sich die beiden Bevölkerungen – die israelische wie die palästinensische – in einer vergleichbaren Situation der wechselseitigen militärischen Offensive. Doch so entsetzlich die Selbstmordanschläge auch waren – sie beeinträchtigten das alltägliche Leben in Israel und der Israelis nicht in einer Weise, die sich mit den Auswirkungen der routinemäßigen Offensiven der israelischen Armee auf die unter der Besatzung lebende palästinensische Bevölkerung vergleichen ließe. Zwar waren theoretisch alle Israelis (einschließlich der palästinensischen Israelis) «Ziel» der Selbstmordattentate. Praktisch sieht es jedoch anders aus. Die Palästinenser in den besetzten Gebieten dagegen waren und sind – in der Praxis – allesamt Ziel der israelischen Angriffe.

Ein weiterer irreführender Begriff ist der der «zweiten Intifada», den ich, wie ich zugeben muß, hier und dort – als Codewort und um der Kürze willen – verwendet habe. 1987 brach in den besetzten palästinensischen Gebieten ein – nicht bewaffneter – Volksaufstand gegen die israelische Besatzung los. Intifada bedeutet «Erwachen». Ihre Kraft lag in ihrer Volkstümlichkeit, in ihrem Ausmaß, darin, daß sich die Massen daran beteiligten, in ihrer klaren Forderung nach einem unabhängigen Staat, in dem Optimismus, den sie bei den Menschen hervorrief, die das Gefühl hatten, ihr Geschick in die eigenen Hände zu nehmen. Beim zweiten Mal, im September 2000, war dergleichen nicht mehr möglich. Die israelische Armee setzte sofort tödliche Abschreckungsmittel ein, um die Demonstrationen auseinanderzutreiben, auch dann, wenn ihre Soldaten keiner Todesgefahr ausgesetzt waren. Der Zorn, den die vielen Getöteten in der palästinensischen Öffentlichkeit erregten, führte dazu, daß sich Bewaffnete dem aussichtslosen Unterfangen anschlossen. Das aber diente Israel, wie gesagt, als ausgezeichneter Vorwand, seine Angriffe und die Mittel zur kollektiven Unterdrückung zu verstärken, die vor allem die Bürger trafen. Die symbolische Militarisierung auf palästinensischer Seite, die vielleicht nicht auf Anweisung Arafats erfolgte, sich aber seiner Zustimmung, später auch seiner Förderung erfreute, verhinderte jede Möglichkeit, einen massenhaften Volksaufstand herbeizuführen, der bessere Erfolgsaussichten gehabt hätte, die Besatzungsmacht in Verlegenheit zu bringen, begrenzte aber auch das Potential, die interne Kritik an Arafat und den palästinensischen Behörden öffentlich zu machen. Deshalb ist das, was man als «zweite Intifada» bezeichnet, im Grunde allenfalls die palästinensische Unerschütterlichkeit gegenüber der brutalen israelischen Unterdrückung der nichtexistenten Intifada.

Es gibt Situationen, die auszumalen meinen Wortschatz und meine Fähigkeit zu schreiben – in jeder Sprache – übersteigen. Das gilt vor allem für die systematische Weise, in der Israel die Palästinenser einsperrt – in Gefangenenlagern, in immer kleineren Enklaven, die von Absperrungen umgeben sind, von Straßensperren, von gewundenen Zäunen und Mauern, von Straßen, die nur für Israelis, nur für Palästinenser oder nur für die Armee vorgesehen sind, und von stetig wachsenden Siedlungen. In dieser geographischen Realität verhängt Israel eine «innere Abriegelung» – ein System von Einschränkungen der Bewegungsfreiheit, das mit den Jahren verschärft und verfeinert wurde und den Lebensraum und die Gesellschaft der Palästinenser in kleine, unterentwickelte, getrennte Einheiten zerstückelte; selbst wenn man sie letztlich als «Staat» bezeichnen sollte, wird dieser von vornehrein an der Aufgabe scheitern, dem Volk zu dienen und ihm einen Weg zu Wohlstand und Entwicklung zu weisen. Auch nahen Freunden von mir – die keine Palästinenser sind – fällt es schwer, meine Beschreibungen zu verstehen, solange sie nicht mit eigenen Augen die geographischen Strukturen gesehen haben, welche die Politik der Abriegelung und der Massenverhaftungen angenommen haben, und solange sie nicht Zeugen der Methoden geworden sind, mit denen den Palästinensern Zeit und Lebensraum geraubt werden. Denn es reicht nicht, ein Bild oder einen Film zu sehen oder sich eine Methode zu vergegenwärtigen. Diese Diskrepanz zwischen der Sprache und der Wirklichkeit der systematischen Abriegelung, die Israel als Maßnahme erfunden hat, die angeblich der Aufrechterhaltung seiner Sicherheit dient, begleitet mich ständig – in Gesprächen und beim Schreiben. Auch in diesem Buch.

*Ramallah, im besetzten palästinensischen Westjordanland, 15. Juli 2006*

# Diebstahl von Raum und Zeit

## Israels Politik der Abriegelung

Es war Ende Oktober 2000. Ein Kontrollpunkt der Armee und ein paar schlechtgelaunte Soldaten an der Ausfahrt Beitunia im Südwesten von Ramallah verursachten eine lange Schlange palästinensischer Fahrzeuge, die, eines nach dem anderen, die Scheinwerfer einschalteten, während die Dämmerung sich herabsenkte. Einigen Autofahrern, deren Nerven durch die lange Wartezeit noch nicht zu stark strapaziert waren, fiel vielleicht eine bizarre Veränderung auf der Ostseite der Straße auf. Auf dem weitläufigen Militärgelände, das sich an das israelische Militärlager Ofer anschließt, waren Reihen von dicken, wenn auch harmlos aussehenden Betonplatten aufgestapelt. Jenseits des Lagers und des Militärgeländes befand sich eine breite Schnellstraße im letzten Baustadium. Sie sollte Israel mit seinen tief im Westjordanland gelegenen Ablegern wie der Siedlung Ma'ale Adumim und den Außenposten im Jordantal verbinden. Weniger als einen Kilometer südlich des Militärlagers und der langsam dahinkriechenden Autoschlange sah man die fröhlich blinkenden Lichter der großen Siedlung Givat Ze'ev.

Eine Woche später wurden am Kontrollpunkt Beitunia, der für ein Dutzend Dörfer in der Region die wichtigste Zufahrt nach Ramallah darstellte, keine palästinensischen Fahrzeuge mehr durchgelassen. Einige lässig zurückgelehnte Soldaten, eine bewegliche Barriere und eine Reihe von Spikes auf der Straße sorgten dafür, daß nur ausländische Diplomaten mit ihren Autos passieren konnten. Nach ein paar weiteren Wochen war die Straße vollständig blockiert. Die provisorische Barriere war durch einen dauerhafteren künstlichen Erdwall und ein paar von den so harmlos aussehenden Betonplatten ersetzt worden. Heute, mehr als ein Jahr später, gestattet eine neue Ausfahrt an der inzwischen fertiggestellten Schnellstraße die Zufahrt zum Militärlager Ofer für Israelis. Aber die von Palästinensern benutzte westliche Zufahrt nach Ramallah blieb auf Dauer gesperrt, ebenso wie die Zubringerstraßen, die früher die Dörfer mit Ramallah verbanden.

Seit dem Ausbruch der zweiten palästinensischen Intifada in den letzten Septembertagen 2000 wurden die Städte und Dörfer im ganzen Westjordanland und im Gazastreifen auf ähnliche Weise allmählich und systematisch abgeriegelt. In manchen Gegenden verhindern tiefe Gräben oder Barrikaden aus Sand und Felsbrocken jeden Verkehr zwischen den Dörfern und Regionen. In anderen Gegenden wird das gleiche Ziel mit einfachen

Betonbarrieren erreicht. Je näher eine Gemeinde oder eine Stadt an einer israelischen Siedlung liegt, desto hermetischer ist sie abgeriegelt und isoliert. Überall in der abwechslungsreichen Landschaft des Westjordanlandes schließen solche Barrieren große und kleine palästinensische Gemeinden ein, manchmal verstärkt durch riesige Panzer oder andere gepanzerte Fahrzeuge und befestigte Stellungen, aus denen unsichtbare Soldaten ihre Maschinengewehre und Kanonen auf die Fußgänger richten. Alle Schnell- und Durchgangsstraßen sind für palästinensischen Verkehr gesperrt. An jeder Barriere versammeln sich gelbe Gemeinschaftstaxis. Gruppen von Menschen, die versuchen, zur Arbeit, in die Schule, in die Krankenhäuser und Universitäten, zu ihren Verwandten oder auf einen Markt zu gelangen, klettern über Sandwälle oder durch Gräben, um die Betonplatten und die Soldaten zu umgehen, die manchmal auf sie schießen. Bei jeder Ansammlung von Taxis, die gleichzeitig Endstation und Startpunkt eines weiteren Teilstücks des improvisierten Netzes von ungepflasterten «Straßen» und Feldwegen ist, müssen die Gäste das Fahrzeug wechseln und mehrere hundert Meter weit in glühender Sonne oder strömendem Regen durch Staub und Matsch wandern, um zur nächsten Ansammlung wartender Autos auf der anderen Seite der Barriere zu gelangen. Eine Fahrt, die unter normalen Umständen fünfundzwanzig Minuten dauern würde, ist zu einer zwei- bis dreistündigen und manchmal auch noch längeren Tortur geworden.

Dieses Phänomen hat sich seit dem September 2000 über die gesamten besetzten Gebiete ausgebreitet und wurde auch noch intensiviert, aber es ist nichts Neues. Die 1,1 Millionen Einwohner von Gaza sind seit 1991 in ihrem 360 Quadratkilometer großen Landstreifen eingesperrt, den sie nicht spontan verlassen dürfen. Was jetzt im Westjordanland geschieht, ist eine Wiederholung und Vervielfältigung dessen, was die Menschen in Gaza schon seit einem Jahrzehnt durchgemacht haben. Es handelt sich um eine quantitative, nicht um eine qualitative Veränderung der israelischen Abriegelungspolitik.

### Die Entwicklung einer Politik

Nach der einfachsten Definition bedeutet die «Abriegelung» (auf hebräisch *seger*, auf arabisch *ighlak*), wie sie sich während des letzten Jahrzehnts in den besetzten Gebieten entwickelt hat, daß den palästinensischen Einwohnern das Recht auf Bewegungsfreiheit vorenthalten wird. Damit verbunden ist ein 1991 eingeführtes Paßsystem, das inzwischen verfeinert und perfektioniert wurde. Es erübrigt sich zu sagen, daß israelische Staatsbürger sich in den palästinensischen Gebieten frei bewegen dürfen, in denen Palästinenser Sondergenehmigungen brauchen, um von einem Ort zum anderen zu gelangen.

Am Vorabend des Golfkrieges von 1991 wurde durch einen Erlaß der israelischen Armee eine frühere Verordnung aufgehoben, durch die allen Palästinensern eine generelle Einreisegenehmigung nach Israel zugestanden worden war. Für das Westjordanland war die allgemeine Einreisegenehmigung, die den Palästinensern praktisch das Recht einräumte, sich frei in Israel zu bewegen, bereits Anfang der siebziger Jahre erteilt worden. Erst Mitte der achtziger Jahre wurde sie auch auf Gaza ausgedehnt, aber in der Praxis hatten die Einwohner von Gaza schon seit dem Erlaß für das Westjordanland die gleiche Bewegungsfreiheit genossen. Diese Bewegungsfreiheit wurde den Palästinensern nicht aus Gründen der Gleichheit zugestanden – Juden durften sich in den 1967 eroberten Gebieten ansiedeln und wurden sogar dazu ermutigt, während umgekehrt die Palästinenser dieses Recht in Israel nicht hatten. Es handelte sich um eine von Mosche Dajans Maßnahmen zur wirtschaftlichen Integration der besetzten Gebiete, mit dem Ziel, die nationalen Aspirationen der Palästinenser abzuschwächen und die Gründung eines unabhängigen Palästinenserstaates auf Dauer praktisch unmöglich zu machen. Aber was auch immer die Motive gewesen sein mögen, die Bewegungsfreiheit bedeutete sehr viel für den einzelnen Palästinenser, sowohl in wirtschaftlicher als auch in sozialer Hinsicht. Sie erwies sich auch als ungeheuer wertvoll für die drei bis zu diesem Zeitpunkt voneinander getrennten Teile des palästinensischen Volkes im Westjordanland, im Gazastreifen und in Israel selbst. Nun konnten sie direkte Kontakte miteinander aufnehmen und die nationalen und kulturellen Gemeinsamkeiten ausbauen, die sich trotz der Unterschiede erhalten hatten, welche sich in den Jahren der Trennung entwickelt oder vertieft hatten.

Von Anfang an gab es natürlich Ausnahmen von der generellen Einreisegenehmigung. Personen, die verdächtigt wurden, ein Sicherheitsrisiko darzustellen, und Kriminellen wurde das Recht auf Bewegungsfreiheit zu verschiedenen Zeiten vorenthalten, sofern sie sich nicht der Armee der Kollaborateure anschlossen. Aber das waren Ausnahmen, und im allgemeinen wurde das Recht der Palästinenser auf Bewegungsfreiheit von den israelischen Behörden respektiert. Selbst wenn es zu heftigen Angriffen auf israelische Zivilisten in Israel kam, forderte niemand, daß die Zufahrtsstraßen nach Israel abgeriegelt werden sollten.

Einige einschneidendere Ausnahmen von der Regel wurden 1988 zu Beginn der ersten Intifada eingeführt. In Gaza mußte jeder, der nach Israel fahren wollte, eine Magnetkarte vorweisen können. Durch diesen zweiten Identitätsnachweis, der jährlich gegen ein Entgelt erneuert werden mußte und nur an Palästinenser ausgegeben wurde, die nicht als Sicherheitsrisiko galten, wurde die Kontrolle der Bevölkerung von Gaza verschärft. Etwa gleichzeitig wurde im Westjordanland die «grüne Kennkarte» (im Gegensatz zur normalen orangefarbenen Karte) für sogenannte Sicherheitsfälle – ehemalige Häftlinge und Aktivisten – eingeführt; sie wurden dadurch daran gehindert, die Grüne Linie zu überqueren. Aber die Mehrzahl der Bevölkerung konnte, ebenso wie die Israelis, weiterhin ihr Recht auf Bewegungsfreiheit im gesamten Territorium ausüben.

Erst der Golfkrieg stellte die Gelegenheit dar, die Situation umzukehren, in der die Mehrzahl der Bevölkerung Bewegungsfreiheit genoß und nur wenigen dieses Recht vorenthalten wurde. Von diesem Zeitpunkt an galt eine generelle Verweigerung der Bewegungsfreiheit für alle Palästinenser mit Ausnahme einiger ausdrücklich genannter Kategorien. Dazu gehörten Arbeiter, Kaufleute, Menschen, die eine medizinische Behandlung benötigten, Kollaborateure und wichtige palästinensische Persönlichkeiten, die Pässe erhielten. Im Prinzip war dies die seither geltende Regel, obwohl sie in der Praxis modifiziert und im Laufe der Zeit verschärft wurde.

Zwischen der Rücknahme der allgemeinen Einreisegenehmigung im Jahr 1991 und dem März 1993, als die israelische Polizei begann, «Eindringlinge» erbarmungslos zu verfolgen und zu verhaften, und die Militärgerichtshöfe jeden mit einer hohen Geldstrafe belegten, der ohne den richtigen Paß erwischt wurde, waren die Regelungen immer noch vage. Die Kontrollstellen waren nicht systematisch verteilt, und es gab keine eigentlichen Grenzen. Es war immer noch relativ leicht, sich aus den besetzten Gebieten herauszuschleichen, selbst aus dem Gazastreifen. Außerdem wurden die neuen Regeln vorwiegend für die Einreise nach Israel durchgesetzt, während Fahrten zwischen dem Westjordanland und dem Gazastreifen mehr oder weniger geduldet waren. Dennoch wurde während dieser ersten beiden Jahre der Abriegelung die Zahl der palästinensischen Arbeiter in Israel drastisch reduziert, was eine ganze Kette von wirtschaftlichen Rückschlägen für die einzelnen palästinensischen Familien und die gesamte Gesellschaft bedeutete. Reisen nach Israel zum Einkaufen oder für andere normale Aktivitäten gehörten bereits der Vergangenheit an. Allmählich wurden auch Fahrten zwischen dem Westjordanland und dem Gazastreifen zunehmend schwierig und schließlich so gut wie unmöglich.

Zu einer zweiten Neuheit kam es im März 1993: Das gesamte Stadtgebiet von Ost-Jerusalem, das Israel 1967 stark vergrößert und annektiert hatte, wurde de facto in das für Palästinenser gesperrte israelische Territorium eingegliedert. Seitdem wurde die kulturelle, religiöse, institutionelle und ökonomische Hauptstadt der Palästinenser mit immer noch mehr bürokratischen Maßnahmen eingekreist, welche die Zahl der in die Stadt einreisenden Palästinenser zunehmend «ausdünnten». Zunächst benötigten nur Männer unter vierzig Genehmigungen, dann auch die Frauen, und schließlich wurden sie für alle Palästinenser jeden Alters obligatorisch.

Das israelische Paßsystem, dessen Einführung kurz vor der Friedenskonferenz in Madrid erfolgte, zu einer Zeit also, als der palästinensisch-israelische Verhandlungsprozeß bereits im Planungsstadium war, wurde während der Oslo-Jahre konsolidiert. Tatsächlich wurde die spezielle militärisch-bürokratische Maschinerie des Paßsystems gleichzeitig mit der Einsetzung der Palästinensischen Autonomiebehörde (PA) im Jahr 1994 eingeführt, wobei der Schin Bet in entscheidender Weise Einfluß nahm. Die palästinensischen Beamten übernahmen die Rolle von Mittelsmännern, die ihren Landsleuten entweder die von den Israelis gebilligten Genehmigungen übergaben oder sie von der Ablehnung ihres Antrags in Kenntnis setzten.

Durch das Paßsystem wurde ein für alle geltendes Grundrecht in ein begehrtes Privileg umgewandelt – oder in den Teil eines Privilegs –, welches nur von Fall zu Fall und nur einer Minderheit zustand. Denn das Privileg war nicht vollständig. Es gab Abstufungen. Manche Pässe gestatteten es dem Inhaber, über Nacht in Israel zu bleiben, andere galten lediglich bis zum Einbruch der Dunkelheit, und einige wenige galten einen ganzen Monat lang. Manche ließen als Transportmittel nur die Spezialtaxis zu, die vor dem Erez-Kontrollpunkt im Gazastreifen geparkt waren, einige wenige gestatteten die Verwendung eines Privatwagens von Haustür zu Haustür. Die Hand, die gibt, nimmt auch. In manchen Monaten erhielten bis zu tausend Geschäftsleute einen Paß, in anderen waren es nur dreihundert. Manchmal galten die Pässe für die Bewohner des Gazastreifens für Israel und das Westjordanland, dann wieder nur für das Westjordanland. Auf diese Weise wurde eine ganze Gesellschaft in Klassen und Segmente aufgeteilt, je nachdem, ob und in welchem Maß jemandem das «Privileg» der Bewegungsfreiheit eingeräumt wurde.

Die Segmentierung der Gesellschaft durch das Paßsystem kam zu der Segmentierung des Territoriums hinzu, die Israel unmittelbar nach dem Krieg von 1967 eingeleitet hatte, als die jüdische Besiedlung der besetzten Gebiete begann. Und ebenso wie die Beschränkung der Bewegungsfreiheit der Palästinenser wurde der Prozeß der territorialen Fragmentierung während des «Friedensjahrzehnts» intensiviert. Die Siedlungen wuchsen nicht nur weiter, zusätzlich wurden sie auch noch mit einem gigantischen, immer weiter wachsenden Netz von vorzüglichen Umgehungsstraßen miteinander und mit dem israelischen Mutterland verbunden. Diese Straßen führten um die palästinensischen Ansiedlungen herum und schnitten die Dörfer voneinander, von den größeren Städten und sogar von ihren eigenen Feldern und Obstgärten ab.

Mit Oslo II, dem in Taba unterzeichneten Abkommen vom September 1995, war das letzte Stadium der Segmentierung erreicht. Das Westjordanland war, ebenso wie zuvor der Gazastreifen, in ein verwirrendes Mosaik von kleinen Gebietsfragmenten mit unterschiedlichem Status aufgesplittert, je nachdem, wer für die Sicherheit in dem jeweiligen Teilgebiet verantwortlich war. In den zur Region A gehörigen Enklaven sollten sowohl die Verwaltung als auch die Sicherheit vollständig (in Wirklichkeit nur teilweise) in der Hand der Palästinenser sein. In der Region B sollten die Palästinenser für die Verwaltung und Israel für die Sicherheit verantwortlich sein. Und die Region C, der größte Teil des Landes, verblieb vollständig unter israelischer Kontrolle. So, wie die Palästinenser das Abkommen verstanden, sollte das Gebiet, das vollständig unter palästinensischer Kontrolle stand und das anfangs auf die großen Städte beschränkt war, schrittweise vergrößert werden, so daß es am Ende der Interimsperiode (die ursprünglich bis zum Mai 1999 dauern sollte) den größten Teil des Westjordanlandes umfassen würde. Davon ausgenommen sein sollten (wie in den Abkommen vage angedeutet) lediglich die bereits bebauten Teile der Siedlungen und die Einrichtungen der Armee. Weil aber der Transfer der Gebiete von einer Kategorie in die andere vom Wohlverhalten der Autonomiebehörde und der Erfüllung der israelischen Forderungen bezüglich der Sicherheit (wie dem Kampf gegen den Terror und dem Verhindern von antiisraelischer Gewalt) abhing, konnte Israel alleine über den Zeitplan entscheiden. Im September 2000 umfaßten die Enklaven der Region A nur 18 Prozent des Landes, während sich die Region C – die landwirtschaftlich genutzten Flächen und die als Bauland geeigneten Landreserven – über volle 60 Prozent erstreckte. In Gaza waren 20 Prozent des engen Landstreifens ausschließlich der israelischen Armee und den jüdischen Siedlern vorbehalten, die 0,5 Prozent der Bevölkerung ausmachten.

Rückblickend kommt der Frage, wer die Sicherheitskontrolle in einem Gebiet ausübt, im Gegensatz zur ursprünglichen Ansicht der Autonomiebehörde keine große Bedeutung zu. Seit Beginn der zweiten Intifada wird täglich bewiesen, daß die Zugehörigkeit zur Region A kein Schutz gegen israelische Angriffe und Invasionen ist. Tatsächlich wurde die Genialität der Zoneneinteilung und des Umgehungsstraßennetzes erst mit dem Ausbruch des Aufstands in vollem Umfang erkennbar: Der größte Teil der Bevölkerung lebt auf verstreuten Inseln, die zu den Regionen A und B gehören, getrennt voneinander durch den Ozean der Region C. Dadurch war es möglich, Hunderte von Dörfern und ein halbes Dutzend Städte mit Hilfe von strategisch richtig plazierten Barrikaden, Gräben, Panzern und Scharfschützen der Armee vollständig zu paralysieren, den Zusammenbruch der gesamten Wirtschaft herbeizuführen und jedes soziale Leben zu unterbinden. Gleichzeitig gibt die Tatsache, daß angeblich die Mehrzahl der Palästinenser unter der Verwaltung der Autonomiebehörde lebt, den Israelis die Möglichkeit, jede Verantwortung für die Zivilbevölkerung von sich zu weisen, obwohl sie, juristisch gesehen, nach wie vor die Besatzungsmacht sind. Mit erstaunlichem Erfolg haben die Israelis es vor und während des gegenwärtigen Aufstands geschafft, die verheerenden wirtschaftlichen und sonstigen Folgen der Fragmentierung, die durch die Abriegelung erreicht und von Israel als Besatzungsmacht entwickelt wurde, als etwas darzustellen, daß sie selbst nichts angeht.

## Raum und Zeit:
## die Abriegelung und das Individuum

Raum und Zeit zusammen eröffnen dem Menschen seine Lebenswelt – nicht nur im materiellen Sinn, um Aufgaben zu erfüllen und Leistungen zu erbringen, sondern auch im geistigen Sinn als dasjenige, was die einzelnen Personen und die Gesellschaft befähigt, zu atmen, sich zu entwickeln und schöpferisch zu sein. In den besetzten Gebieten wird der Raum seit mehr als dreißig Jahren durch die fortschreitenden Enteignungen schrittweise, aber erbarmungslos eingeschränkt. Palästinensische Gruppen haben diesen Diebstahl hartnäckig dokumentiert. Seltsamerweise wurde jedoch einer anderen Art von Diebstahl, der besonders im letzten Jahrzehnt gigantische Ausmaße erreicht hat, wenig oder gar keine Aufmerksamkeit geschenkt: dem Diebstahl von Zeit als Nebenprodukt der Abriegelung.

Schon mit der «normalen» Abriegelungspolitik, die 1991 eingeführt wurde und hauptsächlich die Einwohner von Gaza betraf, war ein beträchtlicher Diebstahl von Zeit verbunden. Wer den Gazastreifen aus irgendeinem beliebigen Grund verlassen wollte – um an einer Universität im Westjordanland zu studieren, um ein neues Enkelkind zu besuchen, um an einer Konferenz teilzunehmen, einen Job zu suchen, an einer Hochzeitsfeier teilzunehmen, einen Dermatologen oder sonst einen Facharzt zu konsultieren –, benötigte eine Reisegenehmigung, und es gab keine Garantie, daß man sie auch bekommen würde. Man verschwendete seine Zeit, um Formulare auszufüllen, die geforderten Dokumente zu besorgen, vor dem Büro eines Beamten der Palästinensischen Autonomiebehörde (PA) Schlange zu stehen, der als Mittelsmann für die Israelis diente, zehnmal am Tag verzweifelt anzurufen, um festzustellen, ob die Genehmigung inzwischen eingetroffen sei, nach jemandem zu suchen, der vielleicht jemanden kannte, der gute Beziehungen zu den Israelis hatte, usw.

Die Abriegelungspolitik hatte jedoch noch eine weitere Folge: Seit 1991 und besonders seit dem Gaza-Jericho-Abkommen von 1994 stellten die meisten Einwohner von Gaza – und später auch des Westjordanlandes – fest, daß sie keine Pläne mehr machen konnten. Man erfuhr erst in allerletzter Minute, ob man die erforderliche Genehmigung bekommen würde oder nicht. Die Menschen waren nicht nur daran gehindert vorauszuplanen, sie verloren auch die Fähigkeit, spontan zu handeln, und Spontaneität gehört ebenso zu den Menschenrechten wie Bewegungsfreiheit und Nahrung. Zehn Jahre lang war es ein Ding der Unmöglichkeit, spontan den Entschluß zu fassen, beispielsweise einen Sonnenuntergang in der Wüste anzusehen, einen neuen Buchladen in Ramallah zu erkunden oder einen Abend mit alten Freunden zu verbringen. Mit dem Verlust der Fähigkeit, zu planen oder spontan etwas zu tun, verloren viele auch die nötige Energie und Entschlußkraft, auch nur zu versuchen, ihr Recht auf Bewegungsfreiheit wahrzunehmen und aus dem Käfig auszubrechen. Die Versuchung zuzulassen, daß das von außen verordnete Schrumpfen des Horizonts das gesellschaftliche, geistige und kulturelle Leben bestimmt, ist sehr groß.

Seit dem Ausbruch der Al-Aqsa-Intifada im Oktober 2000 hat der Diebstahl von Zeit und der Möglichkeit, einer auch nur annähernd normalen Aktivität nachzugehen, Ausmaße angenommen, die niemand für möglich gehalten hätte. Studenten können ihre Universitäten nicht erreichen, Kranke und Schwangere werden an den Kontrollpunkten aufgehalten, manche sterben sogar oder bekommen ihre Babys im Straßengraben. Städtische Arbeiter bekommen keine israelische Genehmigung, um einen Wasserrohrbruch in den Außenbezirken ihrer eigenen Stadt zu reparieren, Büros müssen mit halber Belegschaft arbeiten, Tankfahrzeuge mit Trinkwasser werden nicht in die Dörfer gelassen. Die Fahrtkosten haben sich verdreifacht, weil man alle zwanzig Kilometer das Fahrzeug wechseln muß. Die Menschen verbringen Stunden an den Kontrollpunkten, wo sie Schlange stehen müssen oder festgehalten werden. Rohmaterialien gelangen schneller aus China zum Hafen Aschdod als von Aschdod nach Nablus. Die Gegenden, die am schwersten von diesem Diebstahl von Raum und Zeit betroffen sind, sind die Dörfer und Stadtviertel, die das Pech haben, in der Nähe einer jüdischen Siedlung zu liegen. Dort waren schon vor der Intifada alle möglichen Genehmigungen und besondere Abmachungen nötig, wenn die Menschen zu ihren eigenen Feldern und Obstgärten gelangen wollten, wobei ihnen oft auch noch zusätzliche Hindernisse in den Weg gestellt wurden: ein bissiger Hund, ein von der Siedlung beschäftigter bösartiger Wachmann, ein blockierter Feldweg, ein angezündeter Olivenhain. Heute haben diese Orte unter monatelangen Ausgangssperren zu leiden. Das bekannteste Beispiel ist Hebron, wo 20 000 Palästinenser für die Bequemlichkeit von 500 jüdischen Siedlern fast seit dem ersten Tag des Aufstands unter Hausarrest gehalten werden.

Während der letzten siebzehn Monate waren Hunderttausende von Menschen fast ausschließlich mit der Aufgabe beschäftigt, rechtzeitig irgendwohin zu gelangen: durch Schlamm und Regen, unter der brennenden Sonne, bergauf und bergab, schwer atmend und mit schmerzenden Beinen. Die Zeit vergeht, die Panzerkanone wird auf uns gerichtet, ein Baby beginnt zu weinen, eine alte Frau braucht Hilfe, die Augen sind vom Staub verklebt. *Was brüllt dieser Soldat auf hebräisch, der da so mit den Armen fuchtelt? Schießt da jemand? Ja! Der Soldat schießt! Wo kann ich mich verstecken? Hier gibt es kein Versteck... Wurde hier nicht schon letzte Woche jemand getötet?*

Was heute in Form von Hunderten von Straßensperren im ganzen Westjordanland sichtbar geworden ist, war während der Oslo-Jahre weniger offensichtlich, aber dennoch ein reales Phänomen: die Notwendigkeit, zu bitten und zu betteln, die Aussicht, abgewiesen zu werden, die wiederholten Gänge zum palästinensischen Verbindungsbüro, wo Hunderte von Menschen die unglaublichsten Geschichten erzählten, der Gang zu einem israelischen Beamten, der einem mitteilt: «Wenn du uns hilfst, helfen wir dir», womit er sagen will: «Werde Kollaborateur, und du bekommst deine Genehmigung.» Die gescheitesten Leute in privaten und staatlichen Büros sind Tag und Nacht mit der einfachen Aufgabe beschäftigt, eine Reisegenehmigung zu ergattern.

Im Gegensatz zu Grund und Boden, der zurückgegeben, ersetzt und rehabilitiert werden kann, ist die Zeit, die durch die Abriegelungspolitik verlorengeht, für immer verloren. Die Vorteile, die Individuen und Gesellschaften dadurch genießen, daß sie «Raum» haben, gehen für immer verloren, wenn man nicht «zu seiner Zeit» davon Gebrauch machen kann.

## Widerstandskraft contra Widerstand

*19. Februar 2002. Ramallah ist hermetisch abgeriegelt, nachdem sechs israelische Soldaten von palästinensischen bewaffneten Kämpfern an einem Kontrollpunkt im Westen der Stadt getötet worden sind. An einem Hauptkontrollpunkt im Süden der Stadt in der Nähe des Flüchtlingslagers Kalandia beobachten Hunderte von Menschen, wie sich Autos und Fußgänger von beiden Seiten der Barriere nähern. Gerade wurde auf ein Kind geschossen, aber eine entschlossene Frau mit einer Tasche geht auf die schwerbewaffneten und gut gedeckten Soldaten zu, ohne sich von den Schüssen in die Luft abschrecken zu lassen. Sie geht immer weiter. Es fallen weitere Schüsse. Die Leute sind nervös. Sie zögert, aber dann geht sie weiter, bis sie etwa fünfzig Meter von den Soldaten entfernt ist. Eine Kugel schlägt neben ihr in den Boden ein und wirbelt eine Staubwolke auf. Sie bleibt stehen. Aber ihre Entschlossenheit hat einen Soldaten dazu veranlaßt, aus seinem Jeep zu steigen. Er brüllt ihr etwas zu, und sie brüllt zurück. Er geht auf sie zu, sie legt ihre Tasche auf den Boden und kommt näher. Es kommt zu einem Wortwechsel, aber schließlich wird sie durchgelassen.*

Unzählige derartige Beispiele zeigen jeden Tag, wie verbreitet das Phänomen des Trotzes ist. Während der letzten zehn Jahre und vor allem seit dem Ausbruch des gegenwärtigen Aufstands haben die Palästinenser Mittel und Wege gefunden, sich der Abriegelungspolitik mit einem ganzen Arsenal von raffinierten Methoden zu widersetzen, mit denen sie Zäune und Straßensperren umgehen und sich trotz der Soldaten zur Arbeit und nach Hause, zur Schule und zu ihrer Familie durchschlagen. In Gaza wurden während der Oslo-Jahre Arbeitsgenehmigungen gekauft und Pässe und andere Papiere gefälscht. Die Menschen banden sich unter dem Boden von Lieferfahrzeugen fest oder versteckten sich auf Lastautos unter Kartoffeln und Kohlköpfen, um sich nach Israel zu schmuggeln und nach Arbeit zu suchen. Sie fuhren auf dem Landweg nach Kairo und flogen von dort nach Amman, um die Universitäten im Westjordanland zu erreichen (bis die Israelis die Einreise aus Gaza über die Allenby-Brücke einschränkten) – all dies, bevor Selbstmordattentäter die gleichen Tricks benutzten und Israel die Kontrollen verschärfte. Und schließlich, als die Bewohner ihre Ortschaften überhaupt nicht mehr verlassen konnten, machten sie von den Fernstudienprogrammen der Universitäten Gebrauch und benutzten das Internet, um in ihren eingeschlossenen Ortschaften noch so etwas wie ein Gesellschaftsleben zu haben.

In diesen Intifada-Tagen marschieren die Menschen in Gaza meilenweit am Strand entlang, wenn die Straßen für Palästinenser gesperrt sind. Im Westjordanland reiten sie auf Eseln oder wandern zu Fuß auf steinigen Pfaden über Hügel und Berge, immer in der Gefahr, mit Betäubungsgranaten oder scharfer Munition beschossen zu werden. Während der Oslo-Jahre bedeutete die Abriegelung, erstickt zu werden, aber seit dem Beginn des Aufstands bedeutet sie physische Angst, die überwunden werden muß.

Während der Jahre der Abriegelung und ganz besonders seit Beginn der zweiten Intifada haben die Palästinenser bewiesen, daß sie eine erstaunliche Widerstandskraft und eine fast grenzenlose Leidensfähigkeit besitzen. Der einzige Grund, warum ihre Trotzhaltung nicht als «Widerstand» bezeichnet werden kann, ist die Tatsache, daß sie nicht organisiert ist. Es handelt sich um eine individuelle, persönliche Entscheidung und das Verhalten einer ganzen Gesellschaft, das aber nicht Teil einer zentralen, kalkulierten Strategie ist, um sich den Befehlen und der Politik Israels zu widersetzen und eine Veränderung zu erzwingen. Der kollektive Charakter dieser persönlichen Trotzhaltung ist heute sichtbarer als während der Oslo-Jahre, weil die Abriegelung in den gesamten besetzten Gebieten sichtbarer geworden ist. Die Abriegelung ist nicht mehr die abstrakte, bürokratische Prozedur, eine Reisegenehmigung zu beantragen und abgewiesen zu werden. Sie ist Teil der palästinensischen menschlichen und natürlichen Topographie geworden.

### Warum gab es keine organisierte Widerstandsstrategie?

Während der gesamten Besatzungszeit wurden von palästinensischen, israelischen und internationalen nichtstaatlichen Organisationen gemeinsame, wenn auch letztlich wirkungslose Anstrengungen unternommen, um gegen die israelische Siedlungspolitik zu protestieren. Mit etwas größerem Erfolg wurden Kampagnen gegen die Rücknahme des Wohnrechts palästinensischer Einwohner von Jerusalem und ihrer israelischen Pässe und gegen die Hauszerstörungen organisiert. Angesichts dieser Situation drängt sich die Frage auf: Warum hat die Abriegelungspolitik sowenig Aufmerksamkeit erregt? Warum wurde diese Politik von allen Beteiligten – von der palästinensischen Führung, den Wissenschaftlern, den politischen Parteien und ihrer Leitung, den israelischen Friedensaktivisten, den internationalen propalästinensischen Vereinigungen und den palästinensischen Aktivisten in der Diaspora – zu der Zeit, als sie in Gaza zum festen Bestandteil des Lebens wurde (abgesehen von ein paar Hinweisen auf die wirtschaftlichen Folgen), fast vollständig ignoriert? Und warum wurde danach, als die verheerenden Folgen immer offensichtlicher wurden, kein strategisch organisierter, gewaltloser Widerstand dagegen entwickelt?

Dafür, daß es versäumt wurde, das Thema auch nur anzusprechen, gibt es mehrere mögliche Erklärungen, die gleichzeitig ein Licht auf die Soziologie des palästinensischen Kampfes gegen die Besatzung auf der einen und die Soziologie der israelischen Politik auf der anderen Seite werfen.

Seit die Abriegelung im Jahr 1991 eingeführt wurde, ist es Israel gelungen, sie als ad hoc verhängte Sicherheitsvorkehrung und vorbeugende Maßnahme gegen oder Reaktion auf Terroranschläge darzustellen. (Die meisten Beobachter erinnern sich nicht mehr daran, daß die generelle Einreisegenehmigung für Palästinenser nach Israel im Januar 1991 aufgehoben wurde, also lange bevor die Hamas die ersten Selbstmordattentäter in israelische Städte und Busse schickte.) In späteren Jahren wurde dieser Eindruck auch noch dadurch verstärkt, daß auf jeden tödlichen Anschlag bzw. die Aufdeckung eines (mutmaßlich?) geplanten Anschlags eine Verschärfung der Abriegelungsmaßnahmen erfolgte. Sogar die Palästinenser selbst machten sich den Vorwand der Israelis zu eigen. Wie oft habe ich

Freunde, denen eine Reisegenehmigung verweigert wurde, mit echter Überraschung ausrufen gehört: «Aber ich habe doch gar nichts getan!» oder «Meine Gefängnisstrafe liegt doch schon Jahre zurück!» Auf diese Weise ist in Israel, bei den Palästinensern und im Ausland der Eindruck entstanden, daß die Abriegelung eine vorübergehende Maßnahme sei, die bald aufgehoben werden würde. Diese Vorstellung verdeckte den wahren Charakter der Abriegelung und ließ die Notwendigkeit eines Protests weniger dringlich erscheinen.

Nachdem das Hauptinteresse den wirtschaftlichen Folgen galt, hieß es während der gesamten Oslo-Jahre jedesmal, wenn ein paar palästinensische Arbeiter und Geschäftsleute nach Israel gelassen wurden, die Abriegelung sei «aufgehoben» worden. Solange der Zustrom von palästinensischen Arbeitskräften nicht vollständig abgeschnitten wurde und man an dem stark befestigten Kontrollpunkt in Erez im Norden des Gazastreifens ein paar Menschen passieren sah, zeigten sich die ausländischen und palästinensischen Befürworter des Friedensprozesses und des Aufbaus einer Friedenswirtschaft zufrieden, ja sogar dankbar und optimistisch. Die große Mehrheit der Bevölkerung, die den Gazastreifen nicht verlassen konnte, weil sie weder Arbeit noch sonstige Geschäfte in Israel hatte, wurde von den Verfassern der «offiziellen Version» der Realität – den meisten Journalisten und den Regierungsvertretern und Diplomaten, die mit der Presse redeten – ganz einfach nicht wahrgenommen. Die Tatsache, daß die überwiegende Mehrzahl der Bevölkerung auch dann, wenn die Abriegelung gerade aufgehoben war, nirgends hingehen konnte, befand sich außerhalb ihres Gesichtskreises.

Im Laufe der Zeit wurde Bewegungsfreiheit für einen anderen Zweck als Arbeit oder eine medizinischen Behandlung (und selbst für solche Fälle wurde sie oft durch ad hoc verhängte Restriktionen eingeschränkt) nicht mehr als Recht betrachtet, sondern als Luxus, für den zu kämpfen man sich schon fast schämte. Ein gutes Beispiel für die Haltung, die viele Palästinenser einnahmen, ist die Antwort einer israelischen Regierungsvertreterin auf meinen Vorschlag, den ich während des Anfangsstadiums des Friedensprozesses im Jahr 1994 machte, daß es eine gute, «vertrauensbildende Maßnahme» wäre, allen Frauen und alten Menschen eine einjährige «offene Genehmigung» zu erteilen, den Gazastreifen zu verlassen. «Aber sie haben keinen Grund, Gaza zu verlassen», antwortete sie. Für viele, die die Hoffnung längst aufgegeben hatten, sich über einen Radius von ein paar Dutzend Kilometern hinausbewegen zu dürfen, war die Abriegelung, vom Standpunkt der Allgemeinheit aus gesehen, zu einem abstrakten Phänomen geworden.

Die Abriegelung in der Form, wie sie vor der Intifada gehandhabt wurde, betraf zwar eine riesige Gemeinschaft von Individuen, wurde jedoch als persönliche Tortur wahrgenommen. Eine Reisegenehmigung zu beantragen, darauf zu warten, abgewiesen zu werden, eine Genehmigung für zwei Tage zu erhalten, wenn die Vorlesungen, die man hören wollte, ein ganzes Semester dauerten, sich vergeblich danach zu sehnen, einmal wieder das Meer zu sehen, seine Verwandten zu vermissen – all das waren gemeinsame Erfahrungen, die das gesamte Volk betrafen, aber jeder bewältigte die Situation auf eigene Faust: das Individuum gegen die Einschränkungen, das Individuum gegen die Besatzung, so, als ob das alles eine persönliche Angelegenheit und nichts als persönliches Pech wäre. Die Besatzung in ihrer Form als restriktives Paßsystem wurde in drei Millionen Teile aufgesplittert, und irgendwie wurde dabei übersehen, daß es sich um ein generelles Reiseverbot handelte.

Die einzelnen Menschen entwickelten ihre eigenen Methoden, mit der Situation fertig zu werden. Als der Gazastreifen 1994 mit einer «elektronischen Mauer» umgeben und es schwieriger wurde, Israel zu «infiltrieren», und als 1995 der elektronische Paß eingeführt und die Herstellung und Fälschung von Dokumenten komplizierter wurden, machten viele von *Wasta* (Beziehungen) Gebrauch, besonders von Beziehungen zu hochrangigen Beamten in der einen oder anderen palästinensischen Sicherheitsbehörde, die für ihre einträglichen Beziehungen mit ihren israelischen Gegenspielern bekannt waren. Manche hatten das Glück, Verbindungen zu internationalen Organisationen zu haben, die dabei behilflich sein konnten, eine Reisegenehmigung ins Ausland zu bekommen. Einige wenige hatten Kontakte zu israelischen Organisationen oder Persönlichkeiten, die willens waren, zu helfen, einen Paß für die Einreise nach Israel zu besorgen. Manche fanden die richtige Kontaktperson, die man bestechen konnte.

Ebenso wie die Abriegelung als private Tortur empfunden wurde, hielt man es für einen persönlichen Glücksfall, wenn man sich eine Reisegenehmigung verschaffen konnte. Dadurch wurde die Idee eines kollektiven Protests absurd. Eine «privilegierte» Einzelperson, deren ganzer Lebensunterhalt samt dem Wohl ihrer Familie von einer Reisegenehmigung abhing, wagte es nicht, mit anderen an einem öffentlichen Protest teilzunehmen, mit dem er oder sie womöglich die persönliche Verdienstmöglichkeit aufs Spiel gesetzt hätte. Bei einem organisierten politischen Protest gab es keine Erfolgsgarantie, und man konnte dafür bestraft werden – bei guten Beziehungen zu einem Sicherheitsbeamten war das anders.

Schließlich nahm die Abriegelung während der Oslo-Jahre typische Merkmale von Klassenunterschieden an. Die politischen, wirtschaftlichen, gesellschaftlichen und intellektuellen Eliten fanden immer eine Möglichkeit, sich Reisegenehmigungen zu verschaffen und den Gazastreifen zu verlassen. Ihnen blieb der ständige Druck erspart, eingesperrt zu sein und das Gefühl zu haben zu ersticken. Dieses Klassenphänomen kam am deutlichsten in dem VIP-System zum Ausdruck, das durch die Osloer Abkommen eingeführt wurde. Vom Augenblick der Einsetzung der Autonomiebehörde an wurde den führenden Männern der PLO und der PA das Recht auf Reisefreiheit zwischen dem Westjordanland und Jordanien und zwischen dem Gazastreifen und Ägypten eingeräumt. Wie ein israelischer Regierungsvertreter erklärte, wurde dieses Privileg auf Wunsch der PA schon sehr bald auf die Einreise nach Israel und Reisen zwischen dem Gazastreifen und dem Westjordanland ausgedehnt. Es gab drei Kategorien von VIPs mit abgestuften Privilegien. Die VIPs der ersten Kategorie durften ohne vorherige Anmeldung mit dem eigenen Auto fahren, wurden nicht durchsucht und durften Familienmitglieder und andere Begleiter mitnehmen. VIPs der Kategorie II hatten weniger Privilegien und VIPs der Kategorie III noch weniger. Die Sehnsucht, aus dem Gazastreifen herauszukommen und ungehindert in das Westjordanland zu fahren, war so groß, daß selbst ehemalige einfache Kämpfer, die in das palästinensische Parlament gewählt wurden, die Einteilung in VIP-Kategorien widerspruchslos akzeptierten, statt zu versuchen, sich ihre Bewegungsfreiheit auf weniger klassengebundene und kolonialistische Weise zu sichern. Dennoch wurden diese Privilegien im Laufe der Zeit abgebaut, weil die Israelis behaupteten, daß sie mißbraucht würden – und tatsächlich ist bekannt, daß Parlamentsmitglieder (VIPs II) häufig Studenten aus Gaza, die an Universitäten im Westjordanland studierten, in ihren Autos mitnahmen. Trotz allem genossen hochrangige Mitglieder der Autonomiebehörde und einige führende Männer der PLO bis zum Ausbruch der gegenwärtigen Intifada annähend normale Bewegungsfreiheit.

## Das Fehlen von Vorkämpfern

Das Organisieren eines ernst zu nehmenden Protests ist nicht möglich, wenn es nicht eine Gruppe von politischen und intellektuellen Vorkämpfern gibt. Aber aus den bereits erwähnten Gründen haben diejenigen, die diese Rolle hätten übernehmen können, entweder den Zweck der Abriegelung als Kontrollmaßnahme und politisches Druckmittel nicht in vollem Umfang begriffen, oder sie waren unfähig, sich an einem Kampf dagegen zu beteiligen. Dies gilt aus unterschiedlichen Gründen für verschiedene Gruppen, die theoretisch eine bedeutende Rolle hätten spielen können: die palästinensische Autonomiebehörde, die Fatah, islamistische Gruppen, die palästinensische Linke und das israelische Friedenslager.

*Die PA:* Als die Macht im Gazastreifen im Mai 1994 an die neue Autonomiebehörde übergeben wurde, diente die Tatsache, daß das Gebiet bereits vollständig abgeriegelt war, bis zu einem gewissen Grad den politischen und wirtschaftlichen Interessen der neuen Führung und entsprach auch ihren früheren Erfahrungen. Politisch ist es leichter, eine Bevölkerung in einem kleinen, abgeschlossenen Gebiet zu kontrollieren, wo jede Bewegung genau beobachtet werden kann. Außerdem machten die Abriegelung und der Verlust der Arbeitsplätze in Israel einen großen Teil der Bevölkerung direkt abhängig von (schlechtbezahlten) Jobs im öffentlichen Sektor, womit die persönliche Verpflichtung gegenüber der PA zusätzlich verstärkt wurde. Die aufgeblähten Sicherheitsdienste und die zivilen Ministerien wurden zu den größten Arbeitgebern im Gazastreifen (so überflüssig diese Jobs vom wirtschaftlichen und verwaltungstechnischen Standpunkt aus auch waren) und nahmen die Stelle eines staatlichen Wohlfahrtssystems ein. In wirtschaftlicher Hinsicht erleichterte und beschleunigte die Abriegelung die Schaffung der Handelsmonopole der PA, wobei alteingesessene Geschäftsleute gezwungen wurden, ihren Marktanteil aufzugeben und sich dem Monopol anzuschließen. Wurde ein «Fusionsangebot» zurückgewiesen, konnte die PA dafür sorgen, daß der widerspenstige Geschäftsmann keine Reisegenehmigungen mehr bekam.

Die Vertreter der PA und der Sicherheitsdienste beschweren sich niemals über die Abriegelung, wenn sie sich mit ihren israelischen Gesprächspartnern treffen. Einige israelische Parlamentsmitglieder von der Kommunistischen Partei erzählten mir, daß Jizchak Rabin, als sie ihn auf die Abriegelung ansprachen, geantwortet habe, daß Arafat das Thema niemals erwähnt habe und deshalb auch keine Notwendigkeit bestehe, etwas daran zu ändern. Und als die Palästinenser merkten, was für verheerende Folgen die Abriegelung hatte, war es zu spät, noch irgendwelche Gegenmaßnahmen zu entwickeln.

*Die Fatah:* Als dominierende Partei in der PA mit der größten Anhängerschaft und Infrastruktur in den besetzten Gebieten war die Fatah die erste Organisation, die die Vorteile der Macht in Geld umsetzte – Vorteile, die nicht nur von der Vetternwirtschaft der PA, sondern auch vom guten Willen der Israelis abhingen. Einer der Hauptvorteile dieser Art war die Bewegungsfreiheit, ein Privileg, zu dem die «Neuankömmlinge» der PA aus Tunis am leichtesten Zugang hatten, weil sie der Macht am nächsten waren. Dadurch trat die Kluft zwischen ebendiesen Neuankömmlingen und der ortsansässigen Führung der Fatah noch deutlicher zutage. Der Kampfgeist der lokalen Führungskräfte, soweit er die Verhandlungen von Oslo überdauert hatte, wurde von der Bewegungsfreiheit und anderen Privilegien betäubt, was nach kurzer Zeit zu einer Entfremdung von der Basis führte. Das hatte Bitterkeit und sogar Selbstverachtung zur Folge, wodurch die Bereitschaft, Vorteile wie Bewegungsfreiheit, wirtschaftliche Möglichkeiten, erholsame Abende außerhalb des Käfigs und dergleichen anzunehmen, noch größer wurde.

Im Jahr 1977 fragte ich einige einfache Mitglieder der Fatah, die darüber klagten, im Gazastreifen eingesperrt zu sein, warum sie keine Aktivitäten organisierten, mit denen sie die Aufmerksamkeit der Welt auf ihre Realität lenken könnten. So war zum Beispiel vorgeschlagen worden, daß die Fatah in Ausübung ihres Rechts auf Bewegungsfreiheit einen Protestmarsch von Zehntausenden von Menschen zur «Nordgrenze» des Gazastreifens organisieren könnte und daß eine Möglichkeit, nicht hinausgeschmissen zu werden, darin bestünde, ein paar von Arafats wichtigsten Kampfgefährten an der Spitze marschieren zu lassen. Aber die jungen Männer antworteten sofort: Da machen die großen Tiere niemals mit.

*Die islamistischen Gruppen:* Die einzige Organisation in Palästina, die in der Lage ist, Zehntausende von Menschen zu einem Protestmarsch oder einer Demonstration auf die Straße zu bringen, ist die Hamas. Im Januar 1996 nahmen mehr als 100 000 Menschen an der Beerdigung von Jahja Ajjasch teil, der von Israel für zahlreiche Angriffe mit tödlichem Ausgang ermordet worden war. Aber die islamistischen Gruppen würden niemals Demonstrationen gegen die Siedlungen, die Abriegelung oder auch nur die Besatzung an sich organisieren, weil sie damit indirekt die Zwei-Staaten-lösung der «Oslo»-Realität akzeptieren würden, die sie aus ideologischen Gründen ablehnen. Im allgemeinen beschäftigen sich die islamistischen Organisationen mit Wohltätigkeitsaktivitäten, sozialen Massenveranstaltungen und bewaffneten Aktionen, aber ziviler Ungehorsam steht nicht auf ihrem Programm. An den gewaltlosen Protestmärschen zu den israelischen Kontrollpunkten im Westjordanland, die manchmal von NGOs und säkularen Aktivisten durchgeführt werden, beteiligen sich nur wenige Anhänger der Hamas.

*Die linksgerichteten Gruppen:* Die Demokratische Front für die Befreiung Palästinas (DFLP) und die Volksfront für die Befreiung Palästinas (PFLP) schrieben Kritik an Oslo und dem Verhalten der PA auf ihre Fahnen, entwickelten jedoch keine Widerstandsstrategie gegen Israel. Zusätzlich zu dem Bewußtsein der geringen Rolle, die sie in der Gesellschaft spielten, und dem Übergewicht der PA, von der viele von ihnen ihr Gehalt bezogen und finanziell abhängig waren, waren sie auch noch infolge ihres antiquierten Systems der «zentralisierten Demokratie» im Nachteil. Ihre Politik wurde ihnen von ihrer Führung im Ausland diktiert, wo die Verhältnisse anders waren. Von den verschiedenen linksgerichteten Organisationen befaßte sich die Volkspartei (die ehemaligen Kommunisten) auf der untersten Ebene am stärksten mit gegen die Besatzung gerichteten Aktivitäten, bei denen eine Kooperation mit israelischen Aktivisten erforderlich war, obwohl sich diese Aktivitäten vorwiegend gegen die Siedlungen und die Enteignung von Land richteten. Der größte Teil der PFLP vermied gemeinsame Aktionen mit Israelis mit der Begründung, daß eine solche Zusammenarbeit zu sehr nach «Normalisierung» aussehe.

*Das israelische Friedenslager:* Das Friedenslager interpretierte die Abriegelung 1991 zunächst als Rückkehr zur Grünen Linie und begrüßte sie als eine Art Beweis dafür, daß der Konflikt im Endeffekt nur durch Aufgeben der besetzten Gebiete gelöst werden könne. Was das Friedenslager dabei übersah, war die Tatsache, daß die Grüne Linie nur für die Palästinenser eine Grenze war, während Israelis sie jederzeit überqueren, sich in den Palästinensergebieten niederlassen und frei im Land bewegen konnten. Diese Fehleinschätzung hielt sich bis weit in die Oslo-Jahre hinein. Außerdem glaubte die überwiegende Mehrzahl der israelischen Friedensaktivisten seit dem Beginn des Oslo-Prozesses, daß ihr Eingreifen auf dem Weg zu einem palästinensischen Staat nicht mehr erforderlich sei. Das Friedenslager nahm «unbedeutende Kleinigkeiten» wie die drakonische Einschränkung der Bewegungsfreiheit der Palästinenser, die Vergrößerung der Siedlungen, den Bau der Umgehungsstraßen und die Zersplitterung der Palästinensergebiete in winzige Enklaven ganz einfach nicht zur Kenntnis und hielt diese Entwicklungen für vorübergehend, zufällig und korrigierbar.

### Die Strategie Israels: geplant oder improvisiert?

Außer der Frage, warum es keine strategisch organisierte palästinensische Reaktion auf die Abriegelungspolitik gab, muß noch eine zweite Frage gestellt werden: Inwieweit sahen die verantwortlichen Männer in Israel die verheerenden Nebenwirkungen der Abriegelung voraus, als sie sie in den späten achtziger Jahren einführten und ihre Politik dementsprechend gestalteten? Ich selbst schließe aus der Tatsache, daß die Abriegelung in den frühen Jahren stückweise eingeführt wurde, daß die kolonialistischen Vorteile des Systems erst im Lauf der Zeit erkannt und verfeinert wurden. Die Tatsache, daß das Phänomen weder im Ausland noch in Israel, noch von den Palästinensern selbst ausreichend zur Kenntnis genommen wurde, machte es möglich, daß sich die israelische Unterdrückungspolitik verfestigte und entwickelte.

Aber selbst in seiner embryonalen Form in der Zeit vor Madrid war das Paßsystem ein gutes Beispiel für die grundlegenden Vorstellungen Israels, die sich allmählich zur Apartheid weiterentwickelten. Eine Begrenzung der Einreise von Palästinensern nach Israel wurde als Antwort auf die wachsende Sorge gesehen, daß die immer noch andauernde Intifada auf Israel übergreifen könnte, insbesondere wenn die nationalen Forderungen der Palästinenser nicht erfüllt würden. Einige tödliche Angriffe auf Juden (wenn auch nicht in der Größenordnung der späteren Jahre) bestärkte die Israelis in dieser Sorge. Und ohne Druck von der israelischen Bevölkerung, das Übel bei der Wurzel zu packen und auf die Forderungen der Palästinenser einzugehen – im Gegenteil, die überwiegende Mehrzahl der Israelis wollte «keine Araber in unserer Mitte» haben –, war natürlich keine Regierung geneigt, eine politische Lösung des Problems zu finden. Hinzu kam, daß die Sorgen um die «Sicherheit» sich hervorragend mit den Entwicklungen auf dem Arbeitsmarkt und dem Wunsch vereinbaren ließen, die Abhängigkeit von palästinensischen Arbeitskräften zu reduzieren. Arbeit, die bislang von Palästinensern verrichtet worden war, wurde angesichts des Zustroms von Neueinwanderern aus der Sowjetunion als Beschäftigungsmöglichkeit für diese Immigranten betrachtet. Durch die langen Ausgangssperren der vorangegangenen drei Intifada-Jahre hatten sich die israelischen Arbeitgeber besonders in der Industrie bereits daran gewöhnt, die Palästinenser durch israelische Arbeitskräfte zu ersetzen. (Ariel Scharon war in seiner Eigenschaft als Wohnungsbauminister in den achtziger Jahren der erste, der den Import von ausländischen Gastarbeitern anregte.) Die Verhängung einer «hermetischen» Abriegelung erschien deshalb als Lösung für beide Probleme.

Aber was als militärisch-bürokratische Maßnahme begonnen hatte, die zur Unterdrückung von Unruhen dienen sollte, entwickelte sich schon bald zu etwas sehr viel Gravierenderem. Ein Paßsystem von solchen Ausmaßen muß im Laufe der Zeit zwangsläufig seine eigene bürokratische Logik entwickeln. Innerhalb weniger Jahre war es so festgefahren, daß bewußte Anstrengungen erforderlich gewesen wären, um es wieder aufzuheben. Gleichzeitig bewirkten Veränderungen der internationalen Situation im Anschluß an den Golfkrieg und das Ende der Aufteilung der Welt in die Einflußsphären zweier Supermächte, daß Israel einsehen mußte, daß es seine direkte Besatzung nicht ungestört fortsetzen konnte – schließlich erfordert eine Besatzung nicht unbedingt die direkte militärische Anwesenheit, solange die Militärmacht in der Lage ist, die Entwicklung und die Zukunft der nicht wahlberechtigten Bevölkerung zu kontrollieren. Das Ergebnis dieser neuen Methoden waren die Verträge von Oslo, in die das inzwischen fest eingeführte Paßsystem nahtlos eingefügt wurde.

Die Abriegelung erwies sich jedoch auch für den Verhandlungsprozeß als außerordentlich nützlich. Besonders unter Rabin und Peres war die Anwendung der Abriegelung als wirtschaftliches Zwangsmittel ganz offenkundig. «Du verhaftest diesen oder jenen, dann geben wir dir weitere 500 Arbeitsgenehmigungen» oder «Wenn du dich gut benimmst und nichts dagegen einwendest, daß wir unseren Verpflichtungen mit Verspätung nachkommen, erlauben wir dir, mehr Gemüse zu exportieren, und lassen die schweren Maschinen, die du importiert hast, durch den Zoll.»

Solche Vorbedingungen für die Verhandlungen wurden zwar niemals ausgesprochen, aber von allen verstanden.

Im Laufe der Zeit entwickelte sich aus den ursprünglich ad hoc beschlossenen militärisch-bürokratischen Maßnahmen eine bewußte Strategie mit einem eindeutigen politischen Ziel: die Trennung der beiden Völker mit dem *Anschein* einer politischen Trennung, wobei jedoch nur eine Regierung, die israelische, tatsächlich die Macht hatte, das Schicksal beider Völker zu bestimmen. Die Hoffnungen, die seitens der internationalen Gemeinschaft und der Palästinenser mit Oslo als Friedensprozeß verbunden waren, verwischten zusammen mit den oben beschriebenen verheerenden Nebenwirkungen der Abriegelung und der Lähmung der palästinensischen Politik diesen Eindruck und paralysierten die Fähigkeit der Palästinenser, gegen die Abriegelung als Instrument der Kontrolle Widerstand zu leisten.

Gleichzeitig kam es während der Oslo-Jahre noch zu einer Beschleunigung der Ausweitung der Siedlungen, durch die die gewünschten inneren Grenzen der palästinensischen Enklaven festgelegt werden sollten. Das Versprechen der Palästinenser, Terror und Gewalt zu bekämpfen und weiterzuverhandeln, obwohl der Ausbau der Siedlungen weiterging, vermittelte den Israelis den Eindruck, daß ein Frieden mit den Siedlungen möglich sei. Deshalb war die Vergrößerung der Siedlungen nicht etwa ein unschuldiger Fehler, als den Yossi Beilin, einer der Architekten von Oslo, sie heute hinstellen will. Sie trieb die Schaffung «eines Staates in einem Land» voran. Als Besatzungsmacht hatte Israel freien Zugang zu Land, Wasser und Raum, konnte seine Ableger in das Westjordanland hineinschicken und Siedlungen im Jordantal, entlang der Grünen Linie und neben den großen palästinensischen Städten und Flüchtlingslagern errichten. De facto dehnte der Staat Israel seine Souveränität vom Meer bis zum Fluß aus: israelische Infrastruktur, israelische Gesetze, israelische Steuern und Steuerbefreiungen, ein israelisches Stromnetz, israelische Wasser- und Telefonleitungen, israelische Subventionen, Ministerien und Schulen. Und eingekeilt zwischen diesen Ablegern, eingekreist von dem riesigen, hypermodernen, sorgfältig geplanten Netz von Verbindungs- und Umgehungsstraßen, soll ein zweiter «Staat» geduldet werden: eine Kette von Minigebieten und voneinander abgeschnittenen Enklaven, wo ein zweites Volk unter anderen Gesetzen lebt (einer Kombination aus Anordnungen der israelischen Armee und einem verkrüppelten palästinensischen Rechtssystem, das willkürlich außer Kraft gesetzt werden kann). Aber dieser zweite «Staat», der keinerlei Zugang zu Land, Wasser und Raum haben soll, wird auch jeder Chance auf freie Entwicklung des einzelnen und des ganzen Volkes beraubt.

Die palästinensische Führung, die die Wirkung der israelischen Politik unterschätzt hatte und von den persönlichen Vorteilen geblendet war, die die Oslo-Jahre für sie bedeuteten, versäumte es, gegen die Schaffung des «Einen Staates» und die de facto demographische Trennung mit einer geplanten Strategie des zivilen Ungehorsams anzukämpfen, die vielleicht die Aufmerksamkeit der Welt rechtzeitig auf die kombinierten Folgen der Abriegelungs- und der Siedlungspolitik hätte lenken können.

Während der Oslo-Jahre gelang es, die Beziehungen zwischen dem Gazastreifen und dem Westjordanland vollständig abzuschneiden und de facto einen palästinensischen Ministaat in Gaza zu schaffen. Die Labor-Regierung hatte 1995 damit gerechnet, daß Arafat im Endeffekt diesen Ministaat akzeptieren und sich bereit erklären würde, die Schaffung eines Palästinenserstaates, der das Westjordanland und den Gazastreifen umfassen würde, ad infinitum aufzuschieben. Aber in dieser Hinsicht verteidigte die PA ihren Standpunkt, und die Abriegelung als Druckmittel brachte Israel nicht zum gewünschten politischen Ziel: einer Legitimation der als «Staat» bezeichneten demographischen Trennung durch die Palästinenser, ohne die wahren Attribute eines Staates und ohne echte Souveränität.

### Konsequenzen

Vor den Oslo-Jahren hätte Israel seine Verpflichtungen als Besatzungsmacht gegenüber der unter der Besatzung lebenden Bevölkerung nicht einfach ignorieren können, wie es das jetzt tut. Die Bemühungen, die tiefe Unzufriedenheit in den besetzten Gebieten im Zaum zu halten, konnten noch nicht allzuweit über die einschränkenden Bestimmungen der internationalen Konventionen hinausgehen. Damals hätte Israel den «Früchten des Zorns» nicht in dem Ausmaß freien Lauf lassen können, wie es das im Libanon tat, und es hätte nicht versuchen können, «den Terror mit der Wurzel auszureißen», indem es Flüchtlingslager vom Land und aus der Luft bombardierte und massive Angriffe auf Zivilisten mit Panzern und Hubschraubern durchführte, um ein paar bewaffnete Kämpfer und potentielle Selbstmordattentäter zu töten. Es hätte auch nicht Hunderte von Häusern mit Bulldozern niederwalzen, hemmungslos Privateigentum zerstören und große landwirtschaftliche Nutzflächen verwüsten können. Die direkte Kontrolle der von Palästinensern bewohnten Gebiete durch die israelische Armee hatte naturgemäß auch den Zugang der Palästinenser zu Waffen und Munition eingeschränkt und sie daran gehindert, selbstgebastelte Bomben und Raketen herzustellen, was während der Jahre einer begrenzten Selbstverwaltung möglich wurde. Das wiederum hat Israel die propagandistische Aufgabe erleichtert, seinen Krieg gegen eine ganze Bevölkerung als Kampf zwischen zwei etwa gleich starken politischen Gebilden hinzustellen, wobei die PA als Aggressor dargestellt wurde, der Israel dazu zwang, sich zu verteidigen.

Versuche, gewaltlos gegen die Abriegelung zu protestieren, haben sich als riskant und manchmal sogar als tödlich erweisen. Die israelische Armee – die keinerlei Hemmungen hat, auf Zivilisten zu schießen, selbst auf Aktivisten der internationalen Solidaritätsbewegung, die manchmal in die besetzten Gebiete kommen, um gegen die Belagerung zu protestieren – hat deutlich gemacht, daß sie keine Massendemonstrationen dulden wird, die sich ihren gut geschützten Panzern und Panzerfahrzeugen und Stellungen nähern. Die Al-Aqsa-Intifada entwickelte sich von den allerersten Tagen an zu einer Situation, in der ein paar bewaffnete Machos aus unbewaffneten Demonstrationen heraus in die Luft schossen und Israel damit den Vorwand lieferten, «zurückzuschießen» und Hunderte von Menschen zu töten und zu verletzen. Guerillaangriffe auf den Straßen in den besetzten Gebieten und Terroranschläge auf Zivilisten in Israel führten unter anderem dazu, daß die innere Abriegelung an den Kreuzungen zwischen «israelischem» (Region C) und palästinensischem Gebiet gemäß Oslo II noch verstärkt wurde.

Inzwischen gibt es keine Intifada im eigentlichen Sinn des Wortes mehr. Es gibt keine Massenbeteiligung an Aktivitäten, die sich gegen die Besatzung richten. Es gibt jedoch den *Geist* der Intifada, der im zähen individuellen Widerstand aller gegen die gnadenlose Belagerung zum Ausdruck kommt. So besteht die Intifada nur noch im tapferen Ausharren von drei Millionen Menschen unter dem Gewicht von Israels brutaler Unterdrückung eines nicht existenten Aufstands. Ebenso wie in den Oslo-Jahren greifen drei Millionen Individuen auf ihre immensen inneren Reserven zurück und ertragen die Härten der Belagerung, ohne aufzugeben. Was ihnen fehlt, ist eine zentrale Führung, die ganz bewußt diese unendlichen individuellen Fähigkeiten in eine kollektive, gewaltlose – und daher sehr viel wirkungsvollere – Widerstandsstrategie umwandeln könnte.

Während der Oslo-Jahre hofften die Israelis allem Anschein nach, daß die Abriegelung als Druckmittel mit ihren alles umfassenden, vernichtenden Folgen die Palästinenser schließlich dazu zwingen würde, dem von Israel gewünschten «endgültigen Status» zuzustimmen. Das Fiasko von Camp David zeigte, wie sehr sie sich täuschten. Die gegenwärtige Intensivierung der Abriegelungspolitik wurde mit der Absicht verhängt, den bisher letzten Palästinenseraufstand niederzuschlagen. Statt dessen hat er sich zu einem erbarmungslosen Krieg zwischen einer der stärksten und am besten ausgerüsteten Armeen der Welt und einem Bataillon von freiwilligen Selbstmördern entwickelt. Weit davon entfernt, die Widerstandskraft zu brechen, verstärkt die Abriegelung lediglich die Frustration und den Zorn. So greifen die Palästinenser in zunehmendem Maß auf von einzelnen Kämpfern durchgeführte Morde und Selbstmordanschläge zurück, die von der überwiegenden Mehrheit einer verbitterten, eingesperrten Bevölkerung gebilligt und unterstützt werden.

Der Text erschien im Original auf englisch unter dem Titel «Israel's Closure Policy: An Ineffective Strategy of Containment and Repression» im *Journal of Palestine Studies,* Vol. XXXI/3, Nr. 123, 2002.

# Berichte aus Palästina und Israel

## 2001

*9. Februar 2001*

Einer meiner Freunde lebt in Silwad, dreizehn Autominuten von meiner Wohnung in Ramallah entfernt. Das Dorf stand fünf Tage lang ohne jede Unterbrechung unter Ausgangssperre, weil ein paar unbekannte Kämpfer Schüsse auf ein Siedlerauto abgegeben hatten. Viertausend Menschen waren in ihren Wohnungen eingesperrt und von der Außenwelt abgeschnitten, ohne die Möglichkeit, auch nur ein wenig frische Luft zu schöpfen.

Eine Freundin lebt im Flüchtlingslager Deheische bei Bethlehem. Die ganze Gegend war drei Monate lang ein einziger, riesiger Käfig. Die Hauptstraßen waren gesperrt und ausschließlich den Juden vorbehalten. Auch jetzt riskiert man, schießwütigen Soldaten zu begegnen, wenn man den Käfig verläßt. Meine Freundin wagt es nicht, mit ihren Kindern Bekannte in einer anderen Stadt zu besuchen.

Meine Freunde aus dem Flüchtlingslager Rafah im Gazastreifen rufen mich an. Der Lärm der täglichen Bombardierungen und Schüsse ist deutlich zu hören. Selbst ohne Ausgangssperre sind die Menschen in Gaza auf einen zersplitterten, engen Landstreifen beschränkt. Überall wimmelt es von schwerbewaffneten israelischen Soldaten, die im Abstand von 50, 100 und 300 Metern von den schäbigen Häusern postiert sind. Meine Freundin ist schon seit vier Monaten nicht mehr aus Gaza herausgekommen. Sie bittet mich, bei meinem nächsten Besuch ein paar Bücher mitzubringen.

Das Recht auf Bewegungsfreiheit wird den Palästinensern nicht erst seit Beginn der Intifada vor einigen Monaten verweigert, sondern schon seit 1991. Eine Fahrt von einer Ortschaft in eine andere ist nur mit einer israelischen Reisegenehmigung möglich.

Obwohl ich in einer palästinensischen Stadt wohne, steht es mir als israelischer Staatsbürgerin frei, die Stadt zu verlassen und wieder zurückzukehren, wann immer ich das wünsche. Die Soldaten bedrohen mich nicht. Schließlich bin ich immer noch Jüdin, und das Gefühl, privilegiert zu sein, ist widerwärtig.

### 19. Februar 2001

Ein neuer Mieter ist in unseren Wohnblock in El Bireh in Ramallahh eingezogen: der palästinensische Arbeitsminister, Rafik a-Natsche. Er muß schon seit einiger Zeit hier wohnen, aber ich habe seine Anwesenheit erst diese Woche bemerkt, als er gerade sein Auto parkte. Er stammt aus Hebron und war bisher täglich zwischen seiner Heimatstadt und Ramallah gependelt. Aber die wichtigsten Mittel Israels zur Unterdrückung der palästinensischen Intifada sind die drastische Beschränkung der Bewegungsfreiheit und das Blockieren von Straßen. Die Ministerien können nicht richtig arbeiten, weil sie von den Beamten und Angestellten nicht rechtzeitig erreicht werden können. A-Natsche muß sich entschlossen haben, jede Woche einige Nächte in der palästinensischen Regierungshauptstadt zu verbringen, um sich die erbittend langen Fahrzeiten zu ersparen.

Kein Wunder, daß ich nicht bemerken konnte, daß er hier wohnt. Sein Auto hat ganz normale Nummernschilder, grün auf weißem Grund, nicht die rot-weißen Kennzeichen, mit denen alle Regierungsfahrzeuge seit der Gründung der palästinensischen Autonomiebehörde im Jahr 1994 ausgestattet sind.

Die Besitzer der Autos mit den rot-weißen Nummernschildern sind die beliebtesten Zielscheiben für israelische Soldaten und für Belästigungen durch Siedler auf den Straßen geworden: Die Soldaten lassen sie an den Straßensperren länger warten als alle anderen, die Siedler bewerfen sie mit Steinen, die Soldaten richten ihre Gewehre besonders bedrohlich auf sie. Wer weiß, was noch alles passiert. Viele Regierungsmitglieder haben deshalb ihre Nummernschilder ausgetauscht.

Was für eine Ironie! Nach dem Osloer Abkommen zwischen Israel und der PLO waren die roten Autokennzeichen dazu gedacht, den «VIPs» eine bevorzugte Behandlung sowohl durch die israelischen Behörden als auch durch die palästinensischen Sicherheitskräfte zu sichern. Diese Bevorzugung hat bei der Bevölkerung endlose Kritik und ständigen Ärger hervorgerufen. So hat also ausgerechnet die Unterdrückung der Intifada durch Israel ein äußeres Unterscheidungsmerkmal zwischen der palästinensischen Führungsschicht und den gewöhnlichen Staatsbürgern zumindest teilweise beseitigt.

### Gaza-Stadt, 5. März 2001

Die Familie A'idy hat jahrelang in einem der üppigen Obstgärten des Gazastreifens gewohnt, zwischen grünen Blättern, dicken Baumstämmen, schweren Orangen und singenden Vögeln. Jetzt wurde ein großer Teil dieser Obstbäume von der israelischen Armee entwurzelt und zerstört, wie so viele andere Obstgärten und Felder auch. Ihr Verbrechen: Sie liegen in der Nähe einer israelischen Siedlung oder einer Straße, die von Siedlern benutzt wird. Es gibt rund 6000 israelische Siedler im Gazastreifen, verteilt auf zwei große Siedlungsblöcke und drei einzeln gelegene Siedlungen. Die Fläche, die nach dem Osloer Abkommen vollständig von Israel kontrolliert und von den Siedlern benutzt wird, umfaßt 20 Prozent der 360 Quadratkilometer des Gazastreifens. Im restlichen Gebiet leben 1,3 Millionen Palästinenser.

Die Familie A'idy wohnt in der Nähe einer Straße, die von den Siedlern in einer der einzeln gelegenen Siedlungen, Netzarim, benutzt wird. Jetzt hat die Armee das Dach von A'idys Haus besetzt und benutzt es als Beobachtungsposten, Lager und Schießplatz.

Vier der zehn Familienmitglieder müssen sich immer im Haus aufhalten. Ihre Anwesenheit dient zum Schutz der Soldaten. Wenn jemand das Haus verlassen oder betreten will, muß er um Erlaubnis bitten und warten, bis ein Soldat die Tür öffnet. Besucher sind nicht gestattet. Die Hausbewohner müssen zu Fuß gehen, wenn sie das Areal verlassen wollen – wobei sie manchmal im tiefen Schlamm versinken. Sie dürfen kein Auto und nicht einmal einen Esel benutzen, um in die Schule oder in ein Krankenhaus zu gelangen. Wenn sie kommen oder gehen, müssen sie den Soldaten Bescheid sagen. Manchmal vergessen die Soldaten dann, andere Einheiten in der Gegend über die Bewegungen der Familie zu informieren, und sie schießen in ihre Richtung.

Und wenn die Armee nachts von ihrem Dach aus auf weit entfernte Ziele schießt, erzittert das ganze Haus.

### 20. März 2001

Letzte Woche wurde ich durch den Krankenhausaufenthalt eines geliebten Menschen von meinem gegenwärtigen Wohnort, der belagerten Stadt Ramallah, ferngehalten. Ich wagte es nicht, jeden Abend nach Hause zurückzukehren, um nicht zu riskieren, am nächsten Morgen stundenlang an einer israelischen Straßensperre warten zu müssen und mich zu verspäten. Also verbrachte ich zehn Tage auf der anderen Seite des Konflikts, wenn auch in einem israelischen Krankenhaus in West-Jerusalem – am Krankenbett meiner Mutter.

Was konnte ich daraus schließen? Das Leben verläuft normal auf der israelischen Seite des Konflikts. Schulen, Kinos und Konzertsäle sind geöffnet, Cafés und Restaurants sind gut besucht. Zugegeben, die Schlagzeilen der Zeitungen und die Fernsehnachrichten vermitteln den Eindruck, daß sich hier eine ganze Gesellschaft infolge der «palästinensischen Aggression» im Kriegs- und Katastrophenzustand befindet.

Niemand weiß etwas oder will etwas wissen von den täglichen israelischen Schüssen und Angriffen auf palästinensische Häuser. Ohne meine Freunde in Nablus und Rafah, die mich das heftige Gewehrfeuer in der

Nähe ihrer Häuser durch das Telefon hören lassen, würde ich auch nichts davon wissen. Es fällt leichter, sich als Opfer zu fühlen – wie die meisten Israelis es derzeit tun –, wenn man nichts von den Todesopfern auf der anderen Seite weiß. Es ist gar nicht schwer, sich als der Angegriffene zu betrachten, wenn man die fast grenzenlose Macht Israels ignoriert, jede Einzelheit des täglichen Lebens der Palästinenser zu bestimmen: ob sie zur Schule oder zur Arbeit gehen dürfen, ob sie Brot holen, Familienbesuche machen, eine Zeitung oder frische Milch kaufen, Zement oder Waschpulver importieren dürfen oder ob sie am Krankenbett ihrer Lieben in einer Klinik sein und trotzdem jede Nacht in ihrem eigenen Bett zu Hause schlafen können.

**3. April 2001**

Am letzten Sonntagmorgen wurde ich von einem führenden Mann in der PLO und Mitglied der Fatah-Organisation angerufen. Er hatte gerade einen Artikel von mir in der Tageszeitung *Ha'aretz* gelesen. «Er hat mir nicht gefallen», sagte er. «Was haben Sie damit bezweckt, ihn zu schreiben?»

Tatsächlich hatte ich nicht erwartet, daß er oder sonst jemand in der Autonomiebehörde den Artikel mögen würde. Es war der letzte Beitrag in einer Reihe von fünf Artikeln über die schwierige Situation im Gazastreifen unter den von Israel verhängten Kollektivstrafen. Im letzten Artikel ging es um das Verhalten der palästinensischen Autonomiebehörde und die Einstellung der Menschen zu ihr. Oder, besser gesagt, um die Wut der Menschen darüber, daß die PA als unterstützende Organisation praktisch nicht vorhanden ist. Sie bietet den Menschen angesichts der israelischen Angriffe weder eine echte, materielle Hilfe noch moralische Unterstützung, und sie hat in den vergangenen Monaten des allgemeinen Elends nicht einmal versucht, die Privilegien und den Luxus ihrer Mitglieder einzuschränken und die Korruption abzustellen.

«Was haben Sie damit bezweckt?» wollte der PLO-Mann wissen, ohne beleidigend oder aggressiv zu sein. Nur betrübt. Seine Frage war nicht unbegründet. Schließlich hatte der neue israelische Premierminister, Ariel Scharon, klar und deutlich ausgesprochen, daß er gegen die palästinensische Führung vorgehen wolle. Auf den ersten Blick konnte man meinen Artikel als Echo der Absichten der israelischen Regierung interpretieren.

«Was ich damit bezweckt habe? Zu beschreiben, was ich höre und sehe», antwortete ich. Ein wenig unbehaglich war mir dabei zumute, muß ich gestehen. Mein Unbehagen wuchs am nächsten Tag noch, als ein Beamter des wichtigsten Organs der Besatzung, der «Zivilverwaltung» (gegen deren Politik ich mich in vielen Artikeln wende), mich zu ebendiesem Artikel und den darin enthaltenen Enthüllungen beglückwünschte. Andererseits traf ich am nächsten Tag in Ramallah zufällig eine feministische Aktivistin, die froh gewesen war, meinen Artikel zu lesen. Schließlich steht es mir frei aufzuschreiben, was die Palästinenser in einem System mündlicher Demokratie untereinander reden, was jedoch nur selten den Weg in die geschriebene Presse findet.

### 17. April 2001

Eine sehr sichtbare Gruppe von zweiundzwanzig Italienern, vorwiegend oder sogar ausschließlich Frauen, die Palästina/Israel besuchten, nahm am letzten Samstag und Montag an einem hauptsächlich palästinensischen Versuch teil, den Charakter der Intifada als Ausdruck eines allgemeinen, gewaltlosen zivilen Ungehorsams gegen die Quelle aller Gewalt, die Besatzung, wiederherzustellen und neu zu beleben.

Etwa zweihundert Menschen marschierten eine Landstraße entlang zu einer Hauptstraße, die ein Dorf mit mehreren anderen und einigen größeren Städten verbindet. Diese Hauptstraße ist für die überwiegende Mehrheit der Einwohner dieses Landstrichs, die Palästinenser, gesperrt und nur einer Minderheit der Bewohner, den israelisch-jüdischen Siedlern, vorbehalten.

Eine Anzahl palästinensischer nichtstaatlicher Organisationen kämpft gegen diese Realität der israelischen Blockade, der diskriminierenden Reglementierung und Einschränkung der Bewegungsfreiheit. In den letzten Monaten haben immer weniger palästinensische Zivilisten an solchen Massendemonstrationen teilgenommen, womit sie das Feld vorwiegend bewaffneten und ziemlich fruchtlosen Formen des Widerstands überlassen haben.

Die rund zweihundert Demonstranten erreichten einen der vielen Kontrollpunkte der israelischen Armee, die dafür sorgen, daß kein Palästinenser passieren kann. Die Soldaten waren augenblicklich in Alarmbereitschaft. Einer warf einen Tränengaskanister, die anderen richteten ihre Gewehre auf die Ankömmlinge. Eine Gruppe von fünf Ausländern, darunter eine Israelin und ein italienisches Mitglied des europäischen Parlaments, Louisa Morgantini, ging mit erhobenen Händen auf die Soldaten zu. Man begann zu verhandeln. Schließlich erklärten die Soldaten sich bereit, beiseite zu treten und die Demonstranten durch die Straßensperre zu lassen, damit sie eine Weile auf der konfiszierten Straße stehen und über die Aussichten eines Volksaufstands diskutieren konnten.

Kein Stein wurde auf die Soldaten geworfen, kein Schuß fiel. Die Straße wurde für die Palästinenser nicht wieder geöffnet, aber die Organisatoren hoffen, daß irgendwann Tausende solcher Demonstranten zu Dutzenden von Straßensperren marschieren und daß die Macht ihrer Zahl, die moralische Grundlage ihrer Forderung und die Aufmerksamkeit der Welt die Sperren schließlich beseitigen werden.

### 1. Mai 2001

Am letzten Montag, dem 30. April, wurden durch zwei gewaltige Explosionen im Abstand von sechs Stunden in Wohnvierteln zweier verschiedener Städte sechs Palästinenser getötet. Die erste Explosion ereignete sich in Gaza, die zweite in Ramallah. Bei der ersten starben zwei Vettern im Alter von 16 und 21 Jahren, die eine lose Verbindung zur islamistischen Hamas-Bewegung hatten. Erste Ermittlungen ergaben, daß ein anonymer Mann sein Auto zur Reparatur in die Werkstatt der Familie gebracht hatte.

Bei der zweiten Explosion starben zwei Kinder – ein Junge und seine Schwester – und zwei Erwachsene, die unter den Trümmern eines zweistöckigen Gebäudes begraben wurden. Nach ersten Gerüchten sollte das Haus einem Hamas-Anhänger gehören. Dann hieß es, daß eines der Opfer ein Fatah-Aktivist sei, der verdächtigt wurde, in den Mord an einem israelischen Studenten verwickelt gewesen zu sein.

Palästinensische Politiker werfen Israel vor, zwei gezielte Tötungen mit Hilfe von Kollaborateuren durchgeführt zu haben. Ein israelischer Militärsprecher bestritt jedoch jede Verbindung zu den beiden Explosionen. Während der letzten sieben Monate der Intifada hat Israel es niemals für nötig befunden, seine Verwicklung in die gezielte Tötung von Palästinensern zu leugnen, die als «führende Terroristen» dargestellt wurden.

Kann man die israelischen Unschuldsbeteuerungen nun unbestritten akzeptieren? Ist ein solches Zusammentreffen – zwei tödliche Explosionen am gleichen Tag – wirklich so unverdächtig? Oder erleben wir hier eine neue israelische Taktik: Schläge gegen palästinensische menschliche Ziele mitten im Herrschaftsgebiet der palästinensischen Autonomiebehörde unter Zurückweisung jeder Verantwortung, wobei Verwirrung, Verdächtigungen und Angst gesät werden? Niemand ist sicher in seinem eigenen Zuhause. Kein Geräusch ist harmlos. Keine Explosion ist zufällig. Und was das Schlimmste ist: Keinem Passanten und keinem unbekannten Besucher kann man trauen. Jeder kann einen Koffer voller Sprengstoff bei sich haben und unter deinem Haus verstecken.

Ein legitimer Vergeltungsschlag, würden die Israelis sagen, selbst wenn die Obrigkeit ihn nicht als staatliche Aktion anerkennt.

Und am Dienstag morgen wurde in der Nähe von Ramallah ein Siedler von einem bewaffneten Palästinenser getötet.

### 15. Mai 2001

Im lokalen Fernsehen wurden am Montag, dem 14. Mai, zwei verschiedene Massenversammlungen gezeigt. Bei der ersten feierten Zehntausende von Israelis den Sieg einer israelischen Basketballmannschaft in Europa. Bei der zweiten trauerten Zehntausende von Palästinensern um fünf Mitglieder der palästinensischen Sicherheitskräfte, die früh am Montagmorgen von einer israelischen Militäreinheit getötet worden waren.

Die fünf befanden sich zusammen mit einem Kollegen, der den Schüssen entkam, auf ihrem Posten an der Straße, die Ramallah in westlicher Richtung mit Jerusalem verbindet, die aber bereits seit sechs Monaten für Palästinenser vollkommen geschlossen ist. Die palästinensische Polizeistation befindet sich auf der Grenzlinie zwischen einer der israelischen Sicherheitszonen im Westjordanland (die insgesamt 88 Prozent des Westjordanlandes umfassen) und einem von palästinensischen Sicherheitskräften kontrollierten Gebiet. Fünfhundert Meter davon entfernt befindet sich eine riesige israelische Militärbasis mit «Hafteinrichtung» und einen weiteren Kilometer südlich davon eine riesige Siedlung.

Alle sechs stammten aus Gaza. Die Westbankbewohner sind nicht gerade begeistert davon, weit von zu Hause entfernt diesen undankbaren Polizeidienst zu verrichten. Die Station besteht aus einer Wellblechhütte, einigen Betten und einer zweiten Hütte, in der sich die Küche und das Bad befinden, ein paar Felsbrocken, die das Ende der Straße kennzeichnen, und einigen Sandsäcken. Vier der Männer schliefen, zwei standen Wache, als eine israelische Einheit von einem gegenüberliegenden, halbfertigen (palästinensischen) Gebäude aus, das die Armee einige Monate zuvor «besetzt» hatte, das Feuer eröffnete. Anschließend näherten sich die Soldaten und schossen aus kurzer Entfernung in das Innere der Hütte. Einem der Palästinenser gelang es, rechtzeitig fortzukriechen und sich in einen Graben rollen zu lassen. Er hörte die Schritte der Soldaten und dann Schüsse.

Später gab die Armee zu, daß die tödlichen Schüsse «ein Irrtum» gewesen seien.

Die israelischen Fernsehnachrichten begannen mit der großen Feier in Tel Aviv. Sind wir nicht, wenigstens was den Sport betrifft, ein Teil von Europa?

### 9. Juli 2001

J., ein achtunddreißigjähriger, in Jordanien geborener Musiker und Handwerker mit palästinensischen Eltern, der bisher die Wohnung mit mir geteilt hat, hat beschlossen, das Land zu verlassen. Fünf Jahre sind genug, sagt er. Er war in verschiedenen Ländern in der Fatah-Bewegung aktiv, darunter auch im Libanon während Israels Krieg gegen die dortigen Palästinenser, bis er schließlich nach Palästina kam, genauer gesagt, nach Ramallah, der inoffiziellen Hauptstadt des Westjordanlandes. Das war 1995. Seine Phantasie hatte sich an den Versprechungen des Oslo-Prozesses entzündet oder wohl eher an den Hoffnungen, die er in den Palästinensern geweckt hatte. Er träumte davon, in das geliebte, unbekannte Heimatland zurückzukehren, in den Wohlstand einer modernen Gesellschaft, in die

Wärme und die offenen Arme der angestammten ethnischen Gruppe. So etwas kennt man im Ausland nicht, wo man als Palästinenser wegen des anderen Akzents und einer anderen Geschichte ausgegrenzt wird.

Er war als Tourist gekommen. Israel hatte ihm ein Visum für einige Monate gegeben und noch einmal verlängert, danach jedoch nicht mehr. Er solle das Land verlassen und ein neues Visum beantragen, sagte man ihm. Dennoch ließ er sich hier nieder, er war des Vagabundenlebens müde. Aber ohne israelische Genehmigung kann kein Palästinenser ständiger Bewohner der Palästinensergebiete werden. So lauten die Bestimmungen des Osloer Abkommens.

Jahrelang zog er ohne gesetzliche Papiere herum, immer in Gefahr, verhaftet zu werden. Als Künstler hatte er es immer geschafft. Einmal hielt ihn ein Soldat an einem Kontrollpunkt an und wollte seine Papiere sehen. Ich bin Jordanier, sagte er und präsentierte ein vergilbtes, unbedeutendes jordanisches Dokument mit einem alten Foto. Das ist meine jordanische Kennkarte, behauptete er. Es tut mir leid, aber ich habe meinen Paß zu Hause liegengelassen. «Aber dies hier ist in arabischer Schrift geschrieben», protestierte der Soldat. «Natürlich, wie sollte sie denn sonst geschrieben sein?» gab er zurück. Als ihm aber die phantastische Gelegenheit geboten wurde, als Musiklehrer für Kinder in einem palästinensischen Dorf innerhalb Israels zu arbeiten, lehnte er ab. Zu gefährlich. Man kann so eine Fahrt einmal im Monat riskieren, aber nicht viermal in der Woche.

Keine Arbeit also und keine echte Möglichkeit, sich weiter als bis an die Ortsgrenze von Ramallah zu wagen – eine Situation, die sich während der gegenwärtigen Intifada noch verschärft hat, seit man alle zwei Kilometer auf eine Straßensperre und einen Soldaten stößt, der einen durchsucht.

Letzte Woche verabschiedete er sich von seinen Freunden, gab jedem von uns ein Geschenk, packte ein paar Kleidungsstücke ein, polierte sein Saxophon und telefonierte mit der jordanischen Botschaft, die ihm versicherte, daß es kein Problem geben würde, obwohl er seit fünf Jahren kein Visum gehabt hatte. Die Israelis würden ihn nur zu gerne ziehen lassen.

Ich gehe nicht nur wegen der Bombardierungen und der Einschränkungen, sagte er. Ich gehe auch aufgrund dessen, was innerhalb der Gesellschaft passiert. Er erinnert sich an den Libanon und die Herrschaft der PLO über die dortige palästinensische Gesellschaft: bewaffnete Männer, die Furcht verbreiteten und den Unbewaffneten Bequemlichkeiten und Vorteile abpreßten. Eine Gruppe von Bewaffneten kämpfte gegen die andere. Überall Mißtrauen. Nein, hier ist es nicht so, gibt er zu. Aber die Zustände werden immer ähnlicher, glaubt er. Den großen Tieren hier sind wir, das Volk, vollkommen gleichgültig. Ihre Politik ist nicht eindeutig, ihre Taktik gegen Israel bringt nichts. Warum sollte ich also den Preis bezahlen?

### 24. Juli 2001

Von den drei Millionen palästinensischen Einwohnern des Gazastreifens und des Westjordanlandes leben heute über zwei Millionen, also mehr als zwei Drittel, unterhalb der Armutsgrenze. Das ist das Ergebnis einer Umfrage, die das palästinensische statistische Zentralbüro im Mai und Juli unter Beteiligung von 3000 Haushalten durchgeführt hat und die Anfang dieser Woche veröffentlicht wurde. Die Folgen sind im ganzen Land zu spüren, man erkennt es an den leeren Regalen der Lebensmittelgeschäfte in den meisten Orten (es ist sinnlos, etwas zu bestellen, was sowieso keiner kauft) und an den vielen Kindern, die versuchen, ein Päckchen Kaugummi oder Kaffee an die Fußgänger zu verkaufen.

Vor dem Ausbruch der Intifada lebten fast 30 Prozent der Palästinenser, vor allem in Gaza, unterhalb der Armutsgrenze. Das starke und rasante Anwachsen dieser bedenklichen Zahl läßt sich unmittelbar auf Israels wichtigste Maßnahmen zur Unterdrückung der Intifada zurückführen: die Abriegelungen und die massive Beschränkung der Bewegungsfreiheit. Zehntausende von Arbeitern werden daran gehindert, ihre Arbeitsplätze innerhalb von Israel zu erreichen; Dörfer und Städte sind durch primitive, aber außerordentlich wirkungsvolle Sandhaufen, Betonblöcke und häßliche Gräben in den asphaltierten Straßen voneinander abgeschnitten. Alle Bauarbeiten und Entwicklungsprojekte in den Palästinensergebieten wurden eingestellt. 14,2 Prozent der Haushalte (zwei Erwachsene und vier Kinder) melden, daß sie seit dem Ausbruch der Intifada alle Einkommensquellen verloren haben.

Mehr als 50 Prozent der Familien berichten, daß sie die Qualität ihrer Nahrung reduzieren mußten. 35 Prozent erklären, daß sie auch die Quantität der Nahrung, die sie verzehren, reduzieren mußten. Etwa 65 Prozent verringern den Verbrauch von Fleisch und Obst. 71 Prozent der Familien in Gaza und 48,9 Prozent der Familien im Westjordanland haben im Mai und Juni dieses Jahres humanitäre Hilfe gebraucht. Aber in den meisten Fällen betrug diese Hilfe weniger als 25 Dollar im Monat. (Die «Armutsgrenze» liegt bei etwa 400 Dollar im Monat.)

### 4. September 2001

Manchmal ist das Einkaufsviertel im israelischen West-Jerusalem fast menschenleer. Die noch frischen Erinnerungen an den grauenhaften Anblick blutiger, von einer Explosion zerfetzter Körper halten die Menschen fern. Der Gedanke läßt sie nicht los, daß es wieder einmal einer menschlichen Bombe gelingen könnte, an einen geschäftigen Ort vorzudringen, an dem sich viele Menschen versammeln – ein Einkaufszentrum, eine Pizzeria, eine Bar.

Die leeren Straßen sind ein unübersehbares Zeichen der Angst. Aber auch in den belebten Straßen herrscht Angst. Eltern haben Angst, wenn sie ihre Kinder zur Schule schicken, die Passanten blicken um sich, wo immer sie sich hinsetzen, andere fahren zusammen, wenn sie ein Auto mit arabisch aussehenden Insassen entdecken.

Nur fünf oder zwanzig Minuten entfernt kann das Grauen vom Himmel fallen: Kampfhubschrauber kreisen ununterbrochen über den palästinensischen Städten. Wird dieser hier die nächste tödliche Rakete abfeuern? Oder ist die plötzliche Stille noch erschreckender? Einige der Raketen, mit denen gezielte Tötungen durchgeführt wurden, wurden von Hubschraubern abgeschossen, die niemand gehört hatte. Oder die Flugzeuge, die die Luft durchschneiden: Ist das schon wieder ein Kampfbomber, eine F16 oder F15, ein wanderndes Erdbeben, das einfach so vom Himmel fällt?

Und auch die unzähligen Ketten sichtbarer und unsichtbarer israelischer Militärposten und Panzer und Wachtürme mit ihren hochmodernen Kameras und die gepanzerten Scharfschützentürme, aus denen nur die Gewehrläufe herausragen, verbreiten Angst. Dutzende von Menschen wurden bereits von den anonymen Soldaten in diesen Militärposten getötet. Und dann erst die Soldaten mit ihren todbringenden Waffen, die die Eingänge zu praktisch jedem palästinensischen Dorf und jeder Stadt bewachen und immer wieder jemanden erschießen, der versucht, nach Hause zu gelangen! Tausende von Palästinensern kennen den Anblick verspritzter Gehirne, kopfloser Leichen und blutender Hälse.

Angst, dieses unfaßbare Gefühl, herrscht nun in unserem Land.

### 11. September 2001

Letzte Woche versammelten sich ranghohe israelische Offiziere im Westjordanland zu einer eintägigen geschlossenen Konferenz zum Thema «menschliche Würde». Genauer gesagt, sie kamen zusammen, um über das Verhalten der israelischen Soldaten zu diskutieren, die die Bewegungen der Palästinenser an den Hunderten über das ganze Westjordanland verteilten Straßensperren kontrollieren. Die Offiziere waren alarmiert durch die immer häufiger auftretenden Fälle von offenbar unnötiger Schikane seitens der Soldaten, von demütigenden Handlungen und kleinlichen Racheakten.

Die Offiziere waren der Meinung, daß sie diesen Phänomenen durch eine entsprechende Schulungskampagne ein Ende setzen könnten.

Drei Redner waren eingeladen: ein Militärrechtsberater, ein Philosophieprofessor und ich. Ich sagte das Offensichtliche: daß die Rolle einer Besatzungsarmee nicht ehrenhaft sei und daß man deshalb von den Soldaten auch nicht erwarten könne, daß sie die menschliche Würde der unter der Besatzung lebenden Menschen respektieren. Wenn das so ist, ist es dann nicht per definitionem sinnlos, bei einer solchen Veranstaltung zu sprechen?

Ich tat es, weil ich von den Palästinensern selbst erfahren habe, was für einen Unterschied es macht, wenn ein Soldat sich anständig benimmt.

K.D., ein ranghoher Fatah-Aktivist, passierte eine Straßensperre, um sich mit einigen israelischen politischen Aktivisten zu treffen. Der Soldat fragte ihn, wo er hinwolle. «Ich will mit Israelis über den Frieden verhandeln», antwortete er halb im Scherz. Als er zurückkam, brannte der Soldat offenbar darauf, mit ihm zu reden. «Und?» drängte er. «Haben Sie etwas erreicht? Waren Sie erfolgreich?»

Am letzten Montag beobachtete derselbe K.D., wie ein Soldat mit einer Eisenstange die Scheinwerfer von Fahrzeugen zerschmetterte, die stundenlang an einer der Straßensperre gewartet hatten. Anschließend warf der Soldat Tränengaskanister in die Autos. Wenigstens weiß K.D. nun, daß nicht alle israelischen Soldaten so sind.

### 17. September 2001

Der Jubel einiger Palästinenser in Ost-Jerusalem nach den Terrorangriffen in den USA erregte die Aufmerksamkeit der Welt und Israels. Andere Äußerungen palästinensischer Freude wurden unterdrückt, oder, besser gesagt, die gefilmten Beweise dieser Freude wurden unterdrückt: Sicherheitsbeamte der palästinensischen Autonomiebehörde konfiszierten Fotos und Videofilme, die angeblich Tausende von feiernden Einwohnern von Nablus zeigten.

Vielleicht waren es Hunderte und nicht Tausende, vielleicht hat die PA das Leben der Fotografen nicht bedroht. Aber die Menschen auf den palästinensischen Straßen haben ohne Zweifel eine kurze Zeit der Befriedigung erlebt. In den israelischen und vermutlich auch in den amerikanischen Medien wurde alles, was die Palästinenser taten, kritisiert. Offizielle Beileidsbekundungen wurden als Heuchelei hingestellt, die Verurteilung durch die Intellektuellen wurde als billiger Versuch bezeichnet, die Unterstützung der Bevölkerung für Bin Laden zu vertuschen, und der Jubel wurde als Beweis dafür dargestellt, daß alle Terroristen gleich und die zivilisierte Welt, vor allem Israel und die USA, ihre Opfer sei.

In einer solchen Atmosphäre und ein Jahr nach Ausbruch der gegenwärtigen Intifada verhallen alle Nachrichten, die die Palästinenser betreffen, vollkommen ungehört: daß innerhalb einer Woche 26 Palästinenser (darunter vier Kinder und eine Frau) von der israelischen Armee getötet wurden, daß sich die Stadt Jenin im Belagerungszustand befindet, daß Ramallah hermetisch abgeriegelt ist und weder Autos noch Fußgänger herein- oder hinausgelassen werden, daß die wichtigsten palästinensischen Städte tagtäglich beschossen werden.

In dieser Woche mußte ich wieder an etwas denken, das mir ein jüdischer Immigrant aus der Sowjetunion einmal erzählt hat: In den frühen fünfziger Jahren beteten die Insassen von Stalins Gulags darum, daß die Amerikaner eine Atombombe auf ihr Land werfen sollten. Damit dieses Unrecht aufhörte zu existieren, auch wenn es ihre eigene Vernichtung bedeutet hätte.

### 19. September 2001

Die Stimme Abu Jamils aus dem Flüchtlingslager Jabalia im Gazastreifen klang sehr besorgt, als er mich anrief.

«Sami, Sie erinnern sich an ihn, er ist im Krankenhaus in Tel Aviv. Wir möchten Sie bitten, anzurufen und festzustellen, wie es ihm geht.» Blödsinn! Sie – seine Freunde, die auch meine Freunde sind – wollten, daß ich ihn besuchte. Und das tat ich auch.

Sami und seine Freunde waren in den sandigen Gassen des größten Flüchtlingslagers im Gazastreifen aufgewachsen, hatten sich an der ersten Intifada beteiligt und hatten gemeinsam in israelischen Gefängnissen gesessen. Jetzt mußte Samis Hand amputiert werden (wegen Durchblutungsstörungen infolge Diabetes), und einige seiner Freunde hatten darauf bestanden, daß er in Israel behandelt wurde, wo die Medizin auf dem neuesten Stand ist. Darauf bestanden ist eine Untertreibung. Sami erzählte mir, daß Abu Jamil tatsächlich einen Revolver gezogen und den Arzt bedroht habe. Nein, nein, mißverstehen Sie mich nicht: Der Arzt ist ebenfalls ein Freund aus dem Flüchtlingslager. Es war ein Scherz, der nur demonstrieren sollte, wie ernst es Abu Jamil war.

Und jetzt dürfen die Freunde ihn nicht besuchen. Kein gesunder Palästinenser darf Gaza verlassen und nach Israel einreisen. Samis Vater hat eine Ausreisegenehmigung für nur einen Tag bekommen. Seitdem hat er «illegal» am Krankenbett seines Sohnes ausgeharrt.

Dann gibt es noch das Kommunikationsproblem. Die israelischen Behörden gestatten den Palästinensern nicht, ein Handy mitzunehmen, wenn sie den Gazastreifen verlassen. Die ganze Familie und alle seine Freunde können ihn nicht nur nicht besuchen, sie können ihn nicht einmal anrufen. (Ich habe ihm ein Handy aus den Beständen der *Ha'aretz* besorgt...)

Und das dritte Problem ist die Kleidung. Sami hatte geglaubt, daß er nur zwei bis drei Tage in der Klinik sein würde. Jetzt wird es mindestens zehn weitere Tage dauern. Die Übergänge nach Gaza sind abgeriegelt. Es gibt keine Möglichkeit, ihm die Kleider mit der Post oder durch Kurier zu schicken, obwohl die Klinik nur 50 Autominuten entfernt ist. Abu Jamil sucht nach einem europäischen Diplomaten, der sich bereit erklärt, ein Päckchen mit T-Shirts und Unterwäsche und einer Zeichnung von seiner kleinen Tochter mit hinauszunehmen. In der Zwischenzeit haben entfernte Verwandte, die in Israel leben, ein paar Kleidungsstücke für den Notfall gekauft.

## 2. Oktober 2001

*Zeit:* Dienstag, 2. Oktober 2001, 10:30 Uhr.

*Ort:* Surda (Kontrollpunkt der israelischen Armee), nördlich von Ramallah an der Straße zur (palästinensischen) Bir-Zeit-Universität.

*Hintergrund:* Ein Armeestützpunkt, der das gesamte Tal beherrscht und kein palästinensisches Fahrzeug passieren läßt. Nur Fußgänger werden durchgelassen. Die Menschen gehen mindestens einen Kilometer weit von einem Taxi zum nächsten oder von ihrem eigenen, am Straßenrand geparkten Auto zu einem anderen, das sie zur Bir-Zeit-Universität oder zu einem der rund dreißig Dörfer nördlich von Ramallah bringt. Der Name des Spiels heißt Warten. Das Stehlen von Zeit.

*Wer:* Zwei Armeen. Die kleine Armee: etwa 20 bis 30 israelische Soldaten. Die große Armee: in paar hundert Studenten und Professoren der Bir-Zeit-Universität und palästinensische politische Aktivisten.

*Was:* Vier bis acht israelische Panzerfahrzeuge, Gewehre, Betäubungsgranaten, Tränengaskanister, Gasmasken, Dutzende von Munitionskisten.

*Auf der anderen Seite:* Ein Lautsprecher, einige Plakate in englischer Sprache, Flugblätter, jede Menge Steine am Straßenrand.

*Warum:* Die Studenten fordern die Auflösung dieses Militärstützpunkts, der sich mitten zwischen palästinensischen Gemeinden befindet. Er macht jedes regelmäßige Studium unmöglich. «Selbst als Soldaten», heißt es auf einem in englischer, arabischer und hebräischer Sprache geschriebenen Flugblatt, «müssen Sie Ihr Gewissen und Ihr Herz prüfen und fundamentale Fragen zu dem stellen, was Sie tun.»

*Wie:* Mehrere hundert Menschen marschieren auf den Kontrollpunkt zu. Ein Panzerfahrzeug rollt den Hügel hinunter, den die Armee besetzt hält. Einige Dutzend beginnen den Sand- und Erdhaufen zu entfernen, den die Armee mitten auf der Straße aufgehäuft hat – ein symbolischer Akt. Die anderen marschieren weiter auf den Kontrollpunkt zu, wo die Soldaten die Personalpapiere kontrollieren. In einer Entfernung von fünfzehn Metern setzen sie sich auf den Boden. Die Soldaten legen Gasmasken an. Die Studenten brüllen Slogans. Die Soldaten ziehen die Gasmasken wieder aus. Und so weiter. Dann kommen ein paar Studenten näher und setzen sich einen halben Meter vor den Jeeps und den Soldaten auf den Boden. Die anderen folgen ihrem Beispiel. Ein Soldat in einem Jeep läßt den Motor aufheulen. Die anderen ziehen ihre Gasmasken wieder an. Ein Universitätsprofessor versucht, einem Offizier zu erklären, warum eine solche Straßensperre nur weitere Selbstmordattentate provoziert. Einige Studenten stehen mit erhobenen Händen vor den Soldaten. Die Slogans werden lauter. Ein weiterer Jeep rollt auf einem anderen Weg den Hügel hinunter, dann ein zweiter. Verstärkung für die Soldaten, die innerhalb von Sekunden mit Tränengas und Betäubungsgranaten und dann mit plastiküberzogenen Metallgeschossen auf die Studenten losgehen. Krankenwagen fahren mit heulenden Sirenen hin und her. Die Studenten erwidern das Feuer mit Steinen und Tränengaskanistern, die sie vom Boden aufheben.

Die Fußgänger hasten zwischen den Olivenbäumen durch das Tal. Das Leben geht weiter, sie müssen nach Hause oder zur Arbeit. Sie schleppen Taschen mit Joghurt oder Baumaterial oder Babys oder originalverpackte Computer. Sie klettern bergauf und bergab. Um sie herum explodieren Betäubungsgranaten.

### 9. Oktober 2001

Und nun ist passiert, was alle erwartet haben: Beim Zerstreuen einer nicht genehmigten Demonstration am letzten Montag in Gaza hat die palästinensische Polizei mit scharfer Munition geschossen und drei Personen getötet. Zwei davon waren Demonstranten, der dritte ein dreizehnjähriger Schüler. Die Demonstration war vom Studentenrat der Islamischen Universität organisiert worden (unter der Leitung von Hamas-Anhängern), um gegen den Angriff Amerikas auf Afghanistan zu protestieren und die Solidarität mit Osama bin Laden zu bekunden.

Die Polizisten versuchten, die Demonstranten aufzuhalten. Die Demonstranten bewarfen die Polizisten mit Steinen, worauf diese mit Steinwürfen, Tränengas, Stockschlägen – und zuletzt mit Schüssen reagierten. Anschließend kam es in mehreren Flüchtlingslagern in Gaza zu gewalttätigen Demonstrationen. Die Polizei behauptet, die ersten Schüsse seien von den Studenten abgefeuert worden. Stimmt nicht, sagt mein Freund B. Er ist nicht religiös und kann die Hamas nicht ausstehen, aber er hat alles mitangesehen.

Dieser Vorfall zeigt, wie dünn die Decke der «nationalen Einigkeit» ist, die als ein Ergebnis der gegenwärtigen Intifada gepriesen wird. Am Dienstag hat die PA den Krieg gegen Afghanistan noch immer nicht verurteilt oder gutgeheißen, aber sie hindert die Hamas daran, ihre Meinung zu äußern. Die PA weiß, daß die große Mehrheit der Palästinenser gegen den amerikanischen Angriff ist. Das könnte die Hamas stärken, eine islamistische Gruppierung, die während des letzten Jahres mehr Zulauf bekommen hat. Die PA hofft auf einen raschen amerikanischen Vorstoß in Richtung einer politischen Lösung im Nahen Osten. Wie immer ist sie bereit, ein paar Grundrechte zu opfern, um gute Beziehungen zu den Amerikanern aufrechtzuerhalten und zu politischen Verhandlungen mit Israel zurückkehren zu können.

### 16. Oktober 2001

Hurra! Diese Woche hat die israelische Armee zwei Straßensperren zwischen Jerusalem und der Bir-Zeit-Universität entfernt. Freier Zugang für die Studenten und die Belegschaft.

Das erinnert mich an folgende Geschichte:

Ein armer Jude bittet seinen Rabbi um Rat. «So können wir unmöglich weiterleben», erklärt er dem Rabbi. «Ich, meine Frau und unsere sechs Kinder wohnen alle zusammengedrängt in einem einzigen kleinen Raum. Es ist kaum möglich, Arbeit zu finden. Dank der Ziege im Hof haben wir wenigstens Milch für die Kinder. Was sollen wir machen?»

Der Rabbi denkt eine Weile nach, dann bestimmt er: «Laßt die Ziege mit euch im Zimmer wohnen.» Der Mann traut seinen Ohren nicht, aber dem Urteil eines Rabbis muß man sich fügen.

Eine Woche vergeht. Der Mann kommt wieder zum Rabbi. «So können wir unmöglich weiterleben. Die Ziege stinkt so entsetzlich, und sie zerkaut unsere Möbel.»

«Wirf die Ziege hinaus», ordnet der Rabbi an. Eine Woche später kommt der arme Jude noch einmal. Er ist voller Dankbarkeit. Das Leben ist soviel leichter, seit die Ziege wieder draußen ist.

Das muß die Logik sein, der die israelische Politik gegen die Palästinenser schon seit Jahren folgt. Erst werden ein paar neue, drakonische Maßnahmen über die Bevölkerung verhängt – ganze Gemeinden werden abgeriegelt, Gemüse kann nicht zu den Märkten gebracht werden, internationale Verkehrsverbindungen werden gesperrt, Baugenehmigungen verweigert. All das sind «Sicherheitsmaßnahmen», wie Israel versichert, keine «Kollektivstrafen», als welche die Palästinenser sie interpretieren. Wenn die Palästinenser sich dann wieder «benehmen», bietet Israel ein paar «Gesten» an: Sie läßt zwei oder drei Ziegen heraus, entfernt zwei oder drei Straßensperren. Und dann erwartet die Regierung, daß die Palästinenser alle anderen 998 vergessen sollen, die neu hinzugekommen sind.

### 24. Oktober 2001

Am Donnerstag, dem 18. Oktober, wurde El Bireh, das Stadtviertel im Norden von Ramallah, in dem ich lebe, von der israelischen Armee besetzt – einen Tag nachdem die Volksfront für die Befreiung Palästinas (PFLP) die Verantwortung für die Ermordung Rehavam Zeevis übernommen hatte. Zeevi, der israelische Tourismusminister, hatte seit Jahren den «Transfer» als Lösung für den Konflikt befürwortet – das heißt die Deportation der Palästinenser in andere arabische Staaten, am besten mit ihrer eigenen «Zustimmung». Auge um Auge, Leben für Leben, sagte die ehemals marxistische, säkulare Volksfront. Ihr Generalsekretär Abu Ali Mustafa war am 27. August von Israel gezielt getötet worden.

Die Panzer rollten in unseren Stadtteil – ein relativ neues Viertel mit etlichen Ministerien und vielen hohen Beamten, die hier wohnen. Die Armee hat schon seit einer Woche eine Ausgangssperre verhängt. Nur einmal in fünf Tagen durften die Menschen zwei Stunden lang ihre Wohnungen verlassen. Die Panzer jagen ungehorsame Taxis. Die Soldaten konfiszieren die Autoschlüssel. Inzwischen haben die Fahrer Ersatzschlüssel bei sich. Die Armee behauptet, daß diese Operation zum Schutz von nahe gelegenen jüdischen Gemeinden, oder besser gesagt, Kolonien, notwendig sei.

Hier ist es relativ ruhig. Keine ernsthaften Versuche, vorzugeben, daß bewaffneter Widerstand möglich sei. In Bethlehem, das am nächsten Morgen besetzt wurde, herrscht erbitterter Kampf. Palästinenser schießen aus den Lücken zwischen den Häusern und aus den engen Gassen heraus auf die gigantischen Metallmonster, die überall herumrollen. Die Panzer schießen zurück. Die israelische Armee hat jedoch noch weitere, dichtbesiedelte Viertel in anderen Städten besetzt. Und so sieht die Bilanz der «Kämpfe» aus: In sechs Tagen wurden sieben israelische Soldaten verwundet, einer davon schwer, sechs nur leicht. Im Westjordanland wurden achtundzwanzig Palästinenser getötet, neun davon waren bewaffnet und fielen im Kampf, vier weitere wurden gezielt getötet, die übrigen waren Zivilisten, darunter vier Frauen, zwei Jungen und ein Mädchen.

### 7. November 2001

Beseligende Stille. Es ist fast sechs Uhr morgens, und die Panzer mit ihren schweren, grollenden Motoren und ihren rasselnden Ketten stören nicht mehr den Schlaf. Nach Mitternacht sind sie abgerückt.

Drei Wochen lang war El Bireh von schweren gepanzerten Fahrzeugen und Panzern beherrscht. Die Ausgangssperre galt Tag und Nacht. Das Leben war paralysiert.

Viele Bewohner von El Bireh, die überwiegend der Mittelklasse angehören, hatten das Viertel nach und nach verlassen und bei Familienangehörigen oder Freunden im Stadtzentrum von Ramallah Unterschlupf gesucht. Gegen die vielen hundert Einwohner der umliegenden Dörfer und eines Flüchtlingslagers im Norden von Ramallah wurde die Ausgangssperre am strengsten durchgesetzt. Mit wachsender Brutalität gelang es den Soldaten in ihren Panzern, die Zahl der «Gesetzesbrecher» zu reduzieren. Zuerst konfiszierten sie ihre Autoschlüssel, dann blockierten sie die Straßen, und schließlich begannen sie, Betäubungsgranaten und Tränengas auf die Menschen zu werfen, die versuchten, auf dem einzig möglichen Weg zur Schule, zur Arbeit, in die Krankenhäuser oder zum Markt zu gelangen.

Hat diese Aktion die Sicherheit Israels in irgendeiner Weise verbessert? Die Panzer sind sowieso in einem Militärstützpunkt gleich auf der anderen Seite der Straße stationiert. Dieser Stützpunkt und die nahe gelegene israelische Siedlung sorgen ohnehin dafür, daß hier kein palästinensisches Fahrzeug durchkommt. Keine Terrorverdächtigen wurden in unserem Viertel gesucht oder gefunden. Nördlich von Ramallah wurde trotz allem ein israelischer Soldat aus dem Hinterhalt getötet. Und was die Fußgänger, die von den Panzern gejagt wurden, vor sich hinmurmelten, klang ganz nach einer Billigung von blutigen Racheakten.

### Paris, 14. November 2001

Eine Entdeckung, die wie ein unerwarteter Gruß von zu Hause anmutet: In einer der Seitenstraßen von Paris fand ich ein Buch mit dem Titel *La Guerre D'Algerie, images inedites des archives militaires* (Der Algerienkrieg, unveröffentlichte Bilder aus den Militärarchiven) von 1993. «... l'armee etait restee jusqu'au bout maitresse du jeu.» (Die Armee blieb bis zum Schluß Herrin des Spiels.) Oder: «Tous les rapport signalent l'ardeur et l'enthousiasme» der Soldaten und Offiziere. (Aus allen Berichten sprechen der Kampfgeist und die Begeisterung der Soldaten und Offiziere.) Oder: «(Les) methodes et les qualités des nouveaux materiels... n'ont cesse d'ameliorer les conditions du combat.» (Die Methoden und die Qualität neuer Ausrüstung haben die Bedingungen des Kampfes beständig verbessert.) Begeisterte Soldaten, militärische Überlegenheit, ständig verbesserte Methoden und Techniken – das lädt wirklich zu Vergleichen ein.

Oder dieses Foto, eines von 120: Vier Männer, deren Köpfe mit großen Säcken verhüllt sind, sitzen mit einem Armeeoffizier und einem Polizisten zusammen.

Es sind, so das Buch, «denonciateurs» – Denunzianten, die Aktivisten der FLN (Front de Libération Nationale), der Nationalen Befreiungsfront, identifizieren. Palästinensische Kollaborateure verstecken sich nicht mehr auf so primitive Weise, aber sie sind nach wie vor eine Trumpfkarte in der Hand des israelischen Geheimdienstes. Innerhalb von drei Wochen wurden fünf palästinensische Aktivisten des bewaffneten Flügels der Fatah (Arafats Organisation) getötet, als sie ihre neuen Autos ausprobierten, drei in Bethlehem und zwei in Jenin. Jemand muß von ihrer männlichen Leidenschaft für neue Autos gewußt haben, und die Fahrzeuge waren problemlos von bekannten und daher als zuverlässig geltenden Schiebern, die mit gestohlenen Autos handeln, aus Israel hereingeschmuggelt worden. Der eine war ein israelischer Jude, der andere ein israelischer Palästinenser. Zwei Stunden nachdem die Empfänger sie bekommen hatten, explodierten die Autos. Augenzeugen berichten, daß zu der Zeit jeweils ein Hubschrauber über der Stelle kreiste, von dem aus die Bombe, vermutlich durch Fernzündung, zur Explosion gebracht wurde. Übrigens, in dem französischen Buch werden ebenfalls die Hubschrauber der französischen Armee gerühmt.

#### 4. Dezember 2001

Nach zwei entsetzlichen palästinensischen Selbstmordattentaten in Jerusalem und Haifa, durch die 26 israelische Zivilisten ihr Leben verloren, wurden auf Yassir Arafats Befehl zahlreiche Islamisten im Westjordanland und in Gaza verhaftet. Die meisten sind politische Aktivisten. Dennoch hat sich diese Methode in der Vergangenheit bewährt: Arafat wird unter Druck gesetzt, er setzt seinerseits die politischen Kreise der oppositionellen Gruppierungen unter Druck und hofft, daß sie irgendwie den militanten, bewaffneten Kern ihrer Organisationen erreichen und von derartigen Aktionen abbringen. Die Begründung für diese Verhaftungswelle, die weder nach internationalem noch nach palästinensischem Recht gesetzmäßig ist, lautet, daß solche Angriffe «dem nationalen Interesse der Palästinenser schaden».

Gibt es einen Ort, an dem ausgesprochen werden kann, daß solche Aktionen unmoralisch sind? Ist es fair, über die Moral oder Unmoral der Unterdrückten zu diskutieren? Die Mehrheit der Palästinenser befürwortet Angriffe auf israelische Zivilisten. Sie sagen: Greift die israelische Armee nicht unsere Zivilisten in unseren Häusern und Städten und Schulen an? Wir leben in Angst, also sollen auch die Israelis in Angst leben.

Eqbal Ahmad, ein Politologe aus Pakistan, der eng mit verschiedenen nationalen Befreiungsbewegungen (in Vietnam und in Algerien) zusammengearbeitet hat, wiederholte in einem Interview, was er bereits im Jahr 1967 bei einem Vortrag vor PLO-Anhängern gesagt hatte: «Israels fundamentaler Widerspruch bestand von Anfang an darin, daß es als Symbol der leidenden Menschheit gegründet wurde ... auf Kosten eines anderen Volkes, das frei von Schuld war. Diesen Widerspruch müssen Sie deutlich machen. Und das schaffen Sie nicht durch bewaffneten Widerstand ... Die wichtigste Aufgabe des revolutionären Kampfes besteht darin, die moralische Isolation des Gegners zu erreichen, in seinen eigenen Augen und in den Augen der Welt.»*

#### 11. Dezember 2001

Es ist wirklich deprimierend zu hören, wie die Palästinenser offen aussprechen, daß sie auf mehr Selbstmordattentate in Israel hoffen, wie sie aus den Protokollen der Weisen von Zion «zitieren» und eine direkte Verbindung zwischen ihren Leiden unter israelischer Besatzung und den Plänen des «Weltjudentums» sehen. Es ist beunruhigend zu hören, daß die Palästinenser die israelische Besatzung mit dem Naziregime vergleichen und gleichzeitig behaupten, daß alles falsch sei, was die Juden (und natür-

---

* Aus: Eqbal Ahmad, *Confronting Empire, Interviews with David Baramian*, South End Press, 2000.

lich auch alle anderen) über den deutschen Genozid an den Juden erzählen.

Ich werde fast täglich mit solchen Reaktionen und Ansichten konfrontiert, besonders jetzt, wo drei Millionen Palästinenser praktisch in ihren Städten eingesperrt und Tag für Tag Bombardierungen aus der Luft und Artilleriebeschuß ausgesetzt sind.

Die Abriegelung durch die Israelis ist in den letzten zwölf Tagen enorm verschärft worden. Hunderte von palästinensischen Gemeinden sind voneinander abgeschnitten, und die Menschen riskieren ihr Leben, wenn sie versuchen, die vielen Straßensperren und Stellungen der israelischen Armee zu umgehen.

Ich höre derartige Bemerkungen von Menschen, die vor den furchterregenden Panzern davonlaufen, die durch meine Straße rollen, oder von Menschen, die sich die Augen wischen, wenn ein Tränengaskanister nach ihnen geworfen wurde, weil sie sich der Ausgangssperre widersetzt haben, oder wenn sie mir von einem kranken Baby erzählen, das starb, nicht lange nachdem seinen Eltern an einem der Kontrollpunkte der Durchgang verweigert worden war.

Unter solchen Umständen kann man nicht auf korrekte historische Details pochen. Nur wenn meine Freunde ähnliche Dinge sagen, gestatte ich mir, mich meinem Kummer und meinem Schmerz zu überlassen.

## *18. Dezember 2001*

Dienstag abend. Ein eiliger Telefonanruf von der Redaktion meiner Zeitung. Arafat hat gerade eine Rede gehalten und gesagt, daß die Palästinenser bereit seien, siebzig «Shuhada» (Märtyrer) für jeden «Shahid» (Märtyrer) auf «ihrer», der israelischen Seite loszuschicken. Die Nachricht war gerade auf einer Nachrichtenwebsite aufgetaucht, dann war im Radio und schließlich in den Fernsehnachrichten darüber berichtet worden. Das ist natürlich eine wichtige Neuigkeit: Gerade einmal zwei Tage nachdem er zu einem Waffenstillstand aufgerufen hat, stellt er sich wieder hin und redet von Märtyrern und Kampf.

Dreistündige Nachforschungen waren von Erfolg gekrönt: Schließlich fand ich einige Anwesende. Tatsächlich hatte Arafat aus Anlaß des mohammedanischen Festes *eid el fiter* eine riesige Delegation von Palästinensern aus Ost-Jerusalem empfangen. Die meisten waren Anhänger seiner eigenen Bewegung, der Fatah. Natürlich wurden alle möglichen Schlagworte und Slogans und sonstige schwülstige Redensarten zum besten gegeben. Tatsächlich lobte er die Einwohner von Ost-Jerusalem für die Standfestigkeit, mit der sie, trotz harter israelischer Unterdrückungsmaßnamen, an ihrem Wohnort (dem von Israel 1967 besetzten Ostteil der Stadt) festhalten und dadurch die Judaisierung der arabischen Stadt verzögern.

Hat er auch etwas über «unsere» und «ihre» Märtyrer gesagt? Nein, er hat einen dem Propheten Mohammed zugeschriebenen Ausspruch zitiert, nachdem alles in Jerusalem mehr wert ist als das gleiche an anderen Orten: Ein Märtyrer in Jerusalem ist soviel wert wie 70 an einem anderen Ort.

Die falsche Übersetzung verbreitete sich wie ein Lauffeuer in den israelischen Medien. Schließlich paßte sie genau in das Konzept, das in Israel fast allgemein akzeptiert wird: Arafat ist ein Lügner, was er sagt, ist Augenwischerei, man darf ihm nicht glauben, und wir müssen ihn immer wieder demaskieren.

## 2002

### 29. Januar 2002

Innerhalb von vier Wochen haben sich sechs israelische Soldaten an mich gewandt und ihren Abscheu über ihre militärischen Aufgaben und die Rolle der israelischen Armee ausgedrückt. Drei waren Wehrpflichtige, die ihren obligatorischen Wehrdienst ableisteten, also neunzehn Jahre alt, die anderen waren Reservisten, alle drei Ende Zwanzig.

Das war nicht nur ein zufälliges Zusammentreffen. Es ist ein offenes Geheimnis, daß viele junge Menschen Mittel und Wege finden, um den Militärdienst zu umgehen. Die Armee und die israelische Gesellschaft ziehen diese «graue Wehrdienstverweigerung» der politischen vor. Aber einige wenige haben den Mut, offen auszusprechen, daß sie sich aus ideologischen Gründen und wegen ihrer Ablehnung der israelischen Politik in den Palästinensergebieten weigern, in den besetzten Gebieten (oder überhaupt) in der Armee zu dienen.

Insgesamt haben mehr Reservisten als Wehrpflichtige den Mut, den Wehrdienst zu verweigern. Die Wehrpflichtigen (18 bis 21 Jahre), die es bisher getan haben, stammen gewöhnlich aus linksgerichteten Familien, in denen sie moralische und ideologische Unterstützung finden. Letzte Woche haben rund 50 Reserveoffiziere das gleiche getan und in einer hervorragend vorbereiteten Kampagne ihren Zorn und Überdruß zum Ausdruck gebracht, in diesem «Krieg für den Frieden der Siedlungen» die Rolle der Besatzer zu spielen. Schließlich hatten sie während des letzten Jahres mehrere Wochen damit zugebracht, ebendies zu tun.

Ihre Gegner sind zugegebenermaßen stärker und in der Überzahl, und sie haben sich augenblicklich zusammengetan und zurückgeschossen. Dennoch spiegelt das Phänomen der Wehrdienstverweigerung, begrenzt wie es ist, die wachsende Skepsis der Israelis bezüglich der Rolle der Armee und der Politik ihres Landes gegenüber den Palästinensern wider.

### 13. Februar 2002

Als ich letzte Woche nach Warschau fuhr, nahm ich mir fest vor, mich nicht auf «Morbidika» einzulassen, also keine Todes- und Gedenkstätten aufzusuchen (wie ich es vor rund 13 Jahren getan habe), und eine Zeitlang auch nicht an zu Hause zu denken.

Wie naiv von mir. Die Vergangenheit drängt sich einem überall auf, ob man will oder nicht. Genaugenommen zwei Vergangenheiten: die der Nazibesatzung und ihrer Mordindustrie und die der sogenannten kommunistischen Jahre und des Massenbetrugs. Von den Straßen des Warschauer Ghettos sind nur noch die Namen übrig. Häuserblöcke, die in den fünfziger Jahren gebaut wurden, häßliche, stalinistische Plattenbauten, das Rattern der Straßenbahn, das so typisch für Filme über die Besatzungsjahre ist, ein Antiquitätenladen. In einer Vitrine sind «Relikte» der Nazizeit ausgestellt. Hakenkreuze (30 bis 60 Zloty), Hitlerbilder (23 Zloty), ein Davidstern (240 Zloty), ein paar Stoffstreifen von der Ghettoverwaltung (49 Zloty). In einer zweiten Vitrine liegen viele Überbleibsel aus der stalinistischen «kommunistischen» Zeit.

Aber auch meinen Gedanken konnte ich nicht entkommen: Dieses Haus wäre ein gutes Versteck. Das da ist ein Wald, in den man flüchten könnte. Wer hat hier gelebt? Wer ist hier gestorben?

Es ist also unmöglich, die «Vergangenheit» zu vergessen. Und wie ist es mit dem Zuhause? Wenn ich normale Polen sah, die durch die «Vergangenheit» meines jüdischen Volkes gingen, konnte ich nicht umhin, an uns Israelis zu denken, die, ohne nachzudenken, in Städten und Landschaften leben und herumgehen, die in einer nicht allzuweit zurückliegenden Vergangenheit (vor 53 Jahren) die Heimat von Palästinensern waren. Ich vergleiche das nicht, nein. Der Tod von Millionen kann nicht mit der Vertreibung von Hunderttausenden verglichen werden. An den Lebenden kann man das Unrecht immer noch gutmachen. Und doch, auch in Warschau konnte ich das Zuhause nicht vergessen.

### Ramallah, 26. Februar 2002

Manchmal, und das geschieht immer häufiger, fehlen mir ganz einfach die Worte. Die Gedanken weigern sich, sich in Worte, Sätze und geregelte Syntax fassen zu lassen. Anscheinend gibt es nichts Neues zu sagen. Es ist immer das gleiche, nur immer noch schlimmer.

Bombardierungen, der Tod von fünf oder drei oder dreizehn Palästinensern pro Tag, bei militärischen Angriffen, an den Straßensperren, bei Demonstrationen. Drei Millionen Palästinenser sind einer drakonischen Belagerung unterworfen und in ihren Enklaven eingesperrt. Dient das wirklich der Sicherheit, oder ist es eine Methode, den Palästinensern eine politische Lösung in Form einer Semi-Autonomie in einem von israelischen Kolonien eingekreisten und zerstückelten Staatsgebiet aufzuzwingen, die dann von der Welt als Ende der Besatzung gefeiert wird? Der israelische Premierminister versucht immer noch, den alten Traum der letzten dreißig Jahre zum Leben zu erwecken: für die Palästinenser eine servile Führung zu erfinden, die das israelische Diktat akzeptiert. Sein Traum und der Alptraum dieses Landes.

Die Palästinenser schlagen zurück. Die meisten nur durch ihre Unbeugsamkeit, durch das Mißachten der über sie verhängten Restriktionen. Manche denken sich wirksamere militärische Aktionen gegen Soldaten und Siedler aus. Andere träumen davon, Juden zu töten – so viele wie möglich, in Städten innerhalb Israels. Manchen gelingt ihr Plan, was zu alptraumhaften Geschehnissen führt.

Israelische Sprecher werfen Arafat vor, dies alles zu planen. «Planen?» seufzte ein Fatah-Aktivist. «Ich wünschte, es würde überhaupt irgend etwas geplant.» Hier in Ramallah ist das Chaos deutlich zu spüren. Die Palästinenser lassen sich von Vorbildern und der allgemeinen Stimmung leiten. Für Arafat ist es unmöglich, die zornigen Kämpfer durch Befehle zu kontrollieren. Er müßte seinem Volk eine Zukunft anbieten können, die weniger dunkel ist, als sie zur Zeit aussieht. Aber das liegt nicht in seiner Macht.

### 6. März 2002

Vor dem Ausbruch des gegenwärtigen Aufstands besuchte ich einen der vielen Empfänge, die von den ausländischen Repräsentanten in den palästinensischen Autonomiegebieten veranstaltet wurden und auf denen Beamte der PA, Aktivisten nichtstaatlicher Organisationen und Akademiker so taten, als herrschte Normalität. Ein palästinensischer Bekannter von mir bemerkte trocken: «Wir haben noch Glück, daß wir eine jüdische Besatzung haben. Wer würde noch an uns denken, wenn wir von irgendeiner anderen Macht besetzt worden wären?»

Aber das ist nur eine Seite der Medaille. Andere behaupten, daß die Leidenszeit der Palästinenser nicht so lange hätte dauern müssen, wenn sie von einer anderen Nation und nicht vom israelischen Teil des jüdischen Volkes besetzt worden wären. Vielleicht wären die Europäer dann nicht so zurückhaltend gewesen und hätten eine so lange und verheerende Besatzung nicht geduldet. Sie hätten ernsthaft etwas unternommen, um eine vernünftige und faire politische Lösung zu erzwingen.

In diesen Tagen, besser gesagt, in diesen Stunden, in diesen Augenblicken, in denen die israelische Armee Dutzende von palästinensischen Zielen und Dörfern und Flüchtlingslagern angreift – als Vergeltung für den Tod israelischer Zivilisten und Soldaten in Israel selbst und in den besetzten Gebieten, der wiederum die Vergeltung für das Töten von Palästinensern in ihren Häusern und Straßen ist –, hat es den Anschein, daß es weder in diplomatischer noch in taktischer Hinsicht ein Vorteil ist, von dem jüdischen Israel besetzt zu sein.

Die Palästinenser fühlen sich vollkommen im Stich gelassen, nicht nur von den Europäern, sondern auch von ihren arabischen «Brüdern». Ebenso fühlen sie sich dem Diktat des mächtigen George Bush hilflos ausgeliefert, der von Arafat verlangt, er solle «aufhören, Israel anzugreifen». Vom jüdischen Staat besetzt zu sein macht die Palästinenser anscheinend automatisch nicht zu Opfern, sondern zu Tätern.

### *Ramallah, 14. März 2002*

Zwischen den Steinhäusern des normalerweise stillen Wohnviertels in Ramallah krachten Schüsse und donnerten Explosionen, die näher und näher zu kommen schienen. Die Sirenen von Sanitätsfahrzeugen heulten durch die Stadt. Die Elektrizität war abgeschaltet. In einer solchen Situation breitet sich Angst aus, nicht so sehr vor den Schüssen als vor der Unmöglichkeit zu erfahren, was einen Block weiter oder an der nächsten Kreuzung wirklich passiert. Die Familienmitglieder bauten sich ihre «Bunker»: Matratzen auf dem Fußboden, möglichst weit vom Glas der Fenster entfernt, hinter schweren Möbelstücken. In dieser Wohnung ist man privilegiert. Die Steinmauern des achtzig Jahre alten Hauses sind einen Meter dick. Normale Gewehrkugeln dringen nicht durch. Vielleicht würde sogar eine Rakete diese Mauern nicht so leicht durchschlagen wie die Häuser in einem Flüchtlingslager, die aus dünnen Betonmauern, Wellblechdächern und Asbest bestehen. Ein sich drehender Panzer reicht aus, um eine solche Konstruktion zum Einsturz zu bringen. Wie ein Panzer es in dem nahe gelegenen winzigen Flüchtlingslager Kadura getan hat. Nur fünf Minuten von hier entfernt ist die Haltung der Invasionstruppen eine vollständig andere. In vier Flüchtlingslagern wurden 1620 Häuser durch Beschuß schwer beschädigt.

Liegt das nur daran, daß die Armeeführung annimmt, daß es in den Flüchtlingslagern mehr «Terroristen» gibt, mehr Menschen, die bereit sind zu sterben? Oder liegt es daran, daß sie vor dem Eigentum der Wohlhabenden mehr Respekt hat?

Selbst in Kriegszeiten spielen Klassenunterschiede eine entscheidende Rolle. In den Flüchtlingslagern und den ärmeren Städten, die schon früher Invasionen der israelischen Armee über sich ergehen lassen mußten, wurde der Strom für die Dauer der gesamten Operation ausgeschaltet. Hier, in dem wohlhabenderen Ramallah, geschah das nur für ein paar Stunden und nicht einmal in allen Teilen der Stadt. Invasionen in die Städte und Lager in Gaza und in die Flüchtlingslager des Westjordanlandes beginnen immer mit schwerem Beschuß durch Panzer und Hubschrauber, um eventuellem bewaffnetem Widerstand zuvorzukommen, selbst wenn ein solcher Widerstand kaum zu erwarten ist. Infolgedessen haben die ärmeren Gegenden innerhalb weniger Stunden oder gar Minuten einen unerträglich hohen Blutzoll zu bezahlen. Am vergangenen Montag abend wurden in Jabalia, dem größten Flüchtlingslager des Westjordanlandes, in einer etwa fünfstündigen Operation 17 Menschen getötet.

Einige der Getöteten hatten tatsächlich versucht, sich mit selbstgebastelten Bomben und einfachen Gewehren den Truppen entgegenzustellen, die von Osten her in das Lager eindrangen. Viele waren jedoch Zivilisten, die sich zu Hause oder auf den Straßen befanden. Zumindest drei starben später an ihren Wunden. Unter den Toten waren zwei Brüder, die anscheinend einer Zelle angehörten und versuchten, die Panzer mit Sprengladungen zu bekämpfen. Ein Vater, der auf dem Dach seines Hauses stand und die Invasion beobachtete, wurde verwundet. Sein Sohn, der ihm zu Hilfe kommen wollte, wurde ebenfalls verletzt. Nur vier Tage zuvor waren bei einer Invasion in Gaza innerhalb einer Stunde 16 Menschen getötet worden, obwohl es keinen ernsthaften Widerstand gegeben hatte.

In Erwartung einer israelischen Invasion in Ramallah hatte ich am Montag meine von allen Ereignissen zu weit abgelegene Wohnung verlassen und mich bei Freunden einquartiert, die im Stadtzentrum leben. Während um uns herum die Schüsse krachten und das Röhren von Panzern aus der Ferne zu uns herüberdröhnte, schlug die älteste Tochter (19) vor: «Warum organisieren wir nicht eine Massendemonstration von Zivilisten, um gegen die Invasion zu protestieren?» Sie griff bereits nach dem Telefonbuch und begann, die Nummern herauszusuchen. So logisch, so nüchtern und doch so unmöglich im gegenwärtigen Stadium des Konflikts.

Ihr Vater geht vorsichtshalber in Kleidern und Schuhen zu Bett. Wenn die Soldaten an die Tür klopfen, ist es besser, angezogen zu sein. Und wenn man fliehen muß, spart es Zeit. Die Mutter reagiert vollständig anders: Sie ist extrem ruhig und scherzt viel. Einen Tag vor der Invasion hatte sie eine Versammlung einer neuen palästinensischen Gruppe organisiert: Die feministischen Aktivistinnen für die Demokratie wollten in Ramallah zusammenkommen. Jetzt ist sie damit beschäftigt, E-Mails zu versenden und das Treffen abzublasen.

Unterdessen erhalte ich einen Telefonanruf aus Gaza: Die beiden getöteten Brüder sind Verwandte meines Freundes. Eine weitläufige Familie, die ursprünglich aus Burair stammt, einem großen Dorf, das etwa 15 Kilometer östlich des Gazastreifens lag, wo sich heute ein israelischer Kibbuz befindet. Der Tod der Brüder ist nicht nur ein Schlag für die Familie, sondern auch für die zahlreichen Nachkommen der vertriebenen Bewohner dieses 1948 zerstörten palästinensischen Dorfes. Sie sind über sämtliche Flüchtlingslager im Gazastreifen zerstreut.

Ob in Flüchtlingslagern in Jordanien, in Europa oder in Ramallah, die palästinensischen Flüchtlinge haben sich durch all die Jahre des Exils ihren typischen Lokalpatriotismus erhalten. Ein bewußter Akt und ein Symbol der Stabilität für ein Leben in einem ewigen Provisorium.

Im Laufe der Zeit hat sich dieser Lokalpatriotismus von den Nachkommen der Bewohner des gleichen Dorfes auf alle Flüchtlinge ausgebreitet. Ein Flüchtling, der in seinem Lager getötet wird, und erst recht ein ganzes Lager, das angegriffen wird, lösen unter Flüchtlingen aus vollkommen anderen Dörfern und in weit entfernten Lagern besonders großen Zorn und einen intensiven Wunsch nach Rache aus. Deshalb war es nicht verwunderlich, daß ein Flüchtling aus dem Lager Deheische (südlich von Bethlehem) Rache für den Tod von 25 Flüchtlingen in zwei anderen Lagern, Balata in Nablus und Jenin, nahm. Er sprengte sich in die Luft und riß zehn Israelis mit in den Tod, die gerade ein orthodoxes jüdisches Gästehaus in West-Jerusalem verließen. Unter den Toten war eine ganze Familie. Kinder und Eltern. Sie feierten gerade den Geburtstag eines Verwandten.

Ein weiterer Flüchtling, diesmal aus Jabalia, nahm Rache, indem er sich um zwei Uhr nachts ins Stadtzentrum von Tel Aviv begab und auf die Gäste eines beliebten Restaurants schoß. Ein Polizist und vier Zivilisten wurden getötet. Dies sind nur zwei Beispiele aus der Kette von Racheakten, die die Reaktion auf israelische Angriffe auf Flüchtlingslager waren. In einigen der neuesten Fälle sind die Täter immer noch nicht bekannt.

In Israel erklärt man diese Invasionen als notwendigen Schritt, um «Terrornester» zu lokalisieren und zu vernichten, bewaffnete Widerstandskämpfer und die Planer von bewaffneten Angriffen zu verhaften und die Werkstätten, in denen Bomben und selbstgebastelte Raketen hergestellt werden, zu entdecken. Solche Werkstätten sollen in den Flüchtlingslagern Balata, Tul Karem und Jabalia gefunden worden sein. Und diese Entdeckungen erfordern so viel Tod und Zerstörung, daß eine neue Generation von jungen Männern Rache schwört.

Die Israelis zählen ihre Toten mit Angst und Zorn. Die Palästinenser tun das gleiche. Wenn Sie einen Israeli fragen, wie viele Palästinenser getötet worden sind, weiß er es höchstwahrscheinlich nicht. Er wird versuchen zu raten, und dann wird er annehmen, daß die Toten alle gesuchte Terroristen waren. Vermutlich hat er auch keine Ahnung, daß Frauen und Kinder und Alte zu den Opfern zählen und daß sie in vielen Fällen vom Hubschrauber aus erschossen wurden. Das israelische Fernsehen zeigt keine Szenen, in denen Palästinenser sterben und um ihre Toten trauern, keine von israelischen Kugeln zerschmetterten Schädel und verspritzten Gehirne.

Die Palästinenser hingegen zählen die israelischen Toten. Für sie sind sie der Beweis dafür, daß Scharon sich täuschte, als er Sicherheit versprach, und daß seine Politik zur Wiederherstellung der Sicherheit gescheitert ist. Sie sehen genau hin, wenn das israelische Fernsehen Horrorszenen von in die Luft gesprengten Cafés und zerstückelten Leichen zeigt. Wenn Israel das Leben unserer Zivilisten nicht respektiert, wenn unsere Zivilisten ihnen gleichgültig sind, warum sollen wir dann ihre Zivilisten respektieren und schonen, sagen viele.

Ein solches Café in Jerusalem war der Schauplatz des bisher letzten Selbstmordattentats, wieder ausgeführt von einem Flüchtling, in diesem Fall aus dem Lager Aroob an der Straße nach Hebron. Seine Familie stammt aus einem Dorf namens Masmiye. Für mich ist dieses Café ein Meilenstein in meinen Kindheitserinnerungen. Ich pflegte dort meine Mutter abzuholen, die in dem Lokal mit ihren Freundinnen zusammensaß – es muß Jahrhunderte her sein. Während ihrer letzten Lebensjahre sind wir wieder regelmäßig dorthin gegangen. Es gibt dort keine Treppen, meine Mutter konnte leicht hineingelangen.

Dieses Café – es heißt «Moment» – liegt gleich neben der Residenz des Premierministers. Aber, was noch wichtiger ist, es liegt nahe am «Paris-Platz» (der heute inoffiziell Hagar-Platz genannt wird), wo in den letzten fünfzehn Jahren jeden Freitag die «Schwarzen Frauen» gegen die israelische Besatzung protestiert haben. Hinterher gehen einige von ihnen in ebendieses Café «Moment», um eine Tasse Kaffee zu trinken und ein bißchen zu plaudern.

### *Ramallah, 27. März 2002*
Eine Bekannte von mir ist die Mutter eines jungen Soldaten, der im Westjordanland Dienst tut. Beide sind entsetzt über das, was er dort zu tun hat. Manchmal, erzählte sie mir, ruft er an und sagt: «Jetzt bin ich ein legitimes Ziel», womit er meint, daß er gerade an einer direkten Besetzung eines palästinensischen Dorfes oder einer Stadt teilnimmt.

Vor zwei Wochen beteiligte er sich unter schweren Gewissensbissen an der Besetzung von Ramallah und den brutalen Hausdurchsuchungen im Flüchtlingslager al-Amari.

Die Straßen, die zu dem Lager führten, waren verlassen. An einer Ecke stand ein Panzer, es wimmelte von unsichtbaren israelischen Scharfschützen und sichtbaren bewaffneten Palästinensern. Am Tag zuvor hatten israelische Soldaten Rafaello Ciriello getötet, einen italienischen Fotografen. Ich informierte den Armeesprecher, daß ich mich auf dem Weg ins Lager befand, «also sagen Sie den Soldaten bitte, daß sie nicht schießen sollen». Die Mannschaft eines Panzers hatte die Information offenbar erhalten – sie richtete nicht automatisch ihre Kanone und ihre schweren Maschinengewehre auf mich. Die Besatzungen eines zweiten Panzers und einer Stellung waren offensichtlich nicht vorgewarnt worden, aber die Soldaten schossen nicht, als sie mich kommen sahen. Wir verhandelten aus einiger Entfernung brüllend auf hebräisch miteinander, ob ich das Lager betreten dürfe oder nicht. Sie sprachen Hebräisch mit russischem Akzent. Sie ließen mich nicht hinein. Ich suchte mir einen Seiteneingang.

Als ich mich auf dem Rückweg befand, beschossen Palästinenser eine israelische Stellung. Ich fuhr darauf zu, und ein Panzer richtete seine Kanone auf mein Auto. Einen Augenblick lang wurde ich von lähmender Panik erfaßt. Dann stieg ich aus dem Wagen und rief den unsichtbaren Soldaten mehrmals auf hebräisch zu: «Nicht schießen!» Aus dem Inneren des Panzers hörte ich jemanden zurückrufen: «Wir schießen gar nicht, das ist jemand anderes!»

Der Sohn meiner Bekannten war an anderer Stelle im Lager und hörte durch das Sprechfunkgerät seiner Einheit, «daß hier eine hebräischsprechende israelische Frau herumläuft». Der Junge war ganz aufgeregt: Das ist Amira! Bestellt ihr Grüße von meiner Mutter!

### *Ramallah, 10. April 2002*

In Ramallah herrscht immer noch strikte Ausgangssperre, und gelegentlich hört man Schüsse, aber verglichen mit dem Flüchtlingslager in Jenin, ist es das reinste Paradies. Dort wird erbittert gekämpft. Die Israelis schießen aus Hubschraubern, Panzern und befestigten Stellungen für Scharfschützen, die Palästinenser legen Minenfallen aus, durch die am 9. April dreizehn Soldaten starben (und sparen sich ihre Munition für die Fälle auf, in denen die Soldaten näher herankommen). Das alles findet auf einer einen Quadratkilometer großen, dicht mit Häusern bebauten Fläche statt, auf der 13 000 Menschen leben. Niemand wird dorthin gelassen, keine Journalisten, keine Ärzte oder Sanitäter, und die meisten Telefonleitungen wurden durchtrennt. In den wenigen Nachrichten, die herausgelangen, ist von Leichen die Rede, die tagelang herumliegen, von Verwundeten, die vergeblich um Hilfe schreien. Seit einer Woche kein Wasser und keine Elektrizität.

N. S. wurde in dem Lager geboren und lebt jetzt in Ramallah. «Am zweiten Tag der Invasion, am 5. April, habe ich zuletzt von meiner Familie gehört, insgesamt einunddreißig Personen. Danach war am Telefon immer nur das Besetztzeichen zu hören. Am ersten Tag haben Scharfschützen ihr Haus besetzt. Sie mußten sich alle in einem einzigen Raum zusammendrängen. Am zweiten Tag sind sie fortgegangen. Inzwischen (seitdem die Armee begonnen hat, Dutzende von Häusern zu zerstören, und die Bevölkerung aufruft, das Lager zu verlassen) weiß ich, daß sich viele in den umliegenden Dörfern aufhalten. Aber ich bin ganz krank vor Sorge. Wenn sie draußen und am Leben wären, hätten sie mich angerufen. Mein Bruder hat ein neugeborenes Baby, das zwei Wochen vor der Invasion zur Welt gekommen ist. Sicher hat er jetzt keine Milch für das Kind. Wenn er überhaupt noch lebt.»

### Flüchtlingslager Jenin, 17. April 2002

Am letzten Montag war das Flüchtlingslager Jenin in Dunkelheit gehüllt. Um Mohammed zündete ein paar Kerzen an. Es war ein heißer Tag gewesen, aber der Wind drang durch die zerbrochenen Fensterscheiben, die vor zehn Tagen allesamt durch Schüsse zertrümmert worden waren. Ziad, ein graubärtiger Mann, rief seine Familie mit dem Handy seines Gastgebers an (das an der Autobatterie aufgeladen worden war). Er hatte seine Familie am Abend vor der Invasion veranlaßt, aus dem Lager zu fliehen. Jetzt sagte er seinen Kindern, die unbedingt nach Hause wollten, daß es kein Zuhause mehr gebe. Alles ist weg, keine Schulbücher, kein Radio, keine Videokassetten. Das Haus wurde von mehreren Raketen getroffen und brannte aus, ebenso wie die umliegenden Häuser, die alle von Ziad, der Bauarbeiter ist, gebaut worden waren.

Das hügelige, steile Lager, in dem 13 000 Menschen dicht an dicht auf einem Quadratkilometer hausen, war nun schon seit zwölf Tagen ununterbrochen ohne Strom und fließendes Wasser. Und ohne schnelle und direkte medizinische Hilfe. Es war der erste Tag, an dem es einer größeren Zahl von Journalisten gelang, sich in das Lager zu schleichen, das von der israelischen Armee zum militärischen Sperrgebiet erklärt worden war. Einige waren schon einen Tag früher hereingelangt und hatten die von Bulldozern, Panzern und suchenden Soldaten angerichtete Zerstörung dokumentiert. Aber an jenem Montag hob die Anwesenheit von uns Journalisten und unser offensichtlicher Schock über das, was wir hier zu sehen bekamen, die Stimmung der Menschen ein wenig, die bis zu diesem Zeitpunkt in einem Gefängnis endloser Schießereien und vernichtender Zerstörung gefangen waren. Sie waren von der Außenwelt vollkommen abgeschnitten gewesen, selbst von den Krankenhäusern, die nur 200 Meter vom Eingang zum Lager entfernt waren und in die die Verwundeten nicht rechtzeitig gebracht werden konnten, weil die Armee es den Sanitätsfahrzeugen nicht gestattete, ohne Koordination in das Lager fahren. Und die Koordination nahm Tage in Anspruch.

Die Menschen wanderten zwischen den Trümmern herum, zwischen Bergen von zerschmettertem Beton und verbogenen Eisenträgern, zwischen zerbrochenem Glas, Wasserpfützen, Schlamm, zerfetzten Matratzen und den Resten der letzten Mahlzeit. Sie deuteten auf die Trümmerhaufen und murmelten: Mein Vater ist darunter begraben oder mein Sohn, oder niemand weiß, ob die Nachbarn, zwei alte Schwestern, geflohen sind oder nicht. Innerhalb von wenigen Tagen wurden Hunderte von Häusern, die Zivilisten gehört hatten, total zerstört oder unbewohnbar gemacht. Jetzt stocherten sie in den Trümmern und versuchten, ein zerrissenes Hemd zu retten oder einen Schuh, einen Sack Reis. Die Menschen teilten das wenige Wasser miteinander, das sie noch aufgespart hatten, und warteten darauf, daß die Rettungsteams hereingelassen wurden, um frisches Wasser und Nahrung zu bringen.

Man weiß noch nicht, wie viele Menschen bei den endlosen Schießereien umgekommen sind. Dutzende? Zweihundert? Oder noch mehr? Wie viele davon waren palästinensische Kämpfer, die entschlossen waren, sich der Armee entgegenzustellen, die ihrerseits entschlossen war, alle «Nischen des Terrors» auszumerzen? Angeblich sollen viele solcher Nischen in dem Flüchtlingslager konzentriert gewesen sein, aus dem im letzten Jahr etwa ein Dutzend Selbstmordattentäter und sonstige Kämpfer gekommen waren. Wie viele Opfer waren Zivilisten, die von den anfänglichen wahllosen Schüssen aus Panzern und Hubschraubern getroffen, verwundet und getötet wurden? Wie viele Verwundete sind verblutet? Wie viele wurden getötet, weil die Bulldozer ihre Häuser über ihnen zum Einsturz brachten? Wie viele konnten rechtzeitig fliehen?

Zwei von Ziads Neffen kamen ums Leben. Beide waren bewaffnete Kämpfer, die bei dem Versuch fielen, sich der einrückenden israelischen Armee entgegenzustellen. In Israel werden sie als Terroristen bezeichnet, weil ihre Organisationen in Angriffe gegen israelische Soldaten und Zivilisten verwickelt waren. Einer war ein führendes Mitglied der Fatah, der schon während der ersten Intifada verhaftet worden war, der zweite war ein junges Mitglied des Islamischen Jihad. Beide waren von den letzten Jahren des Oslo-Prozesses enttäuscht, in denen sie feststellen mußten, daß es trotz aller Versprechungen keine lebenswerte Zukunft für sie und ihre Kinder gab. Mindestens neun von Ziads Nachbarn, alle Zivilisten, wurden ebenfalls getötet. Jetzt schwören ihre Verwandten, daß dieser Angriff auf das Flüchtlingslager Jenin nur noch mehr Menschen hervorgebracht hat, die willens sind, zu töten und getötet zu werden.

### 24. April 2002

Zunächst ist man schockiert. Schockiert über den Anblick des total verwüsteten Büros: die Computer verschwunden oder zerstört oder auf einen Haufen geworfen, die Programme weg, die Drucker gestohlen oder beschmutzt, das Kopiergerät zertrümmert, Wände, Türen und Fenster eingeschlagen und zerschmettert. Dann ist man noch mehr schockiert, wenn man erfährt, daß nicht nur das eigene Büro so aussieht, sondern auch das Nachbarbüro und die Arztpraxis eines Freundes und das Erziehungsministerium und das Finanzministerium und andere Ministerien und ein Forschungsinstitut und zwei Banken und ein Internetcafé und noch ein Café und mehrere Schulen. Hunderte von zivilen Büros wurden auf ähnliche Weise von der israelischen Armee während ihrer dreiwöchigen Operation gegen die «Infrastruktur des Terrors» gezielt zerstört.

Dann kommt die Wut. Was, zum Teufel, haben sie sich davon versprochen, wenn nicht das Gegenteil dessen, was sie erreichen wollten? Viele palästinensische Yuppies (Puppies im Slang von Ramallah) sagen nun das gleiche: Jetzt, nachdem all unsere Bemühungen, eine normale bürgerliche Gesellschaft aufzubauen, von ein paar Soldaten in einem Rachefeldzug zerstört worden sind, glauben auch wir, daß Selbstmordattentate das einzig Mögliche sind.

Und dann kommt die Entschlossenheit: Von der ersten Stunde an, seit die Armee Teile von Ramallah und anderen Städten verlassen hat, waren alle damit beschäftigt, aufzuräumen, die Fußböden zu kehren, die Trümmer zu beseitigen, den Schaden abzuschätzen, neue Regale und Stühle zu bestellen, festzustellen, welche Daten noch gerettet werden konnten und wie, Kinder und Lehrer wieder in die Schulen zu schicken, Handwerker zu bestellen, um Safes und Aufzüge zu reparieren.

Bis zur nächsten israelischen Operation gegen den Terror und umgekehrt.

### 30. April 2002

Einer der leitenden Angestellten des palästinensischen Planungsministeriums ist soeben nach 18 Tagen in einem israelischen Gefangenenlager zurückgekehrt. Er wurde bei einer der vielen Razzien, die die israelische Armee in Ramallah und an anderen Orten durchgeführt hat, in seinem Haus verhaftet. Viele Tausende – die genauen Zahlen sind noch nicht bekannt – wurden festgenommen. Und viele Tausende wurden inzwischen wieder freigelassen.

Zum Glück wurde das Planungsministerium nicht wie die anderen Ministerien besetzt und verwüstet. Darum mußten die Angestellten auch keine Trümmer beseitigen und konnten sich mit dem frisch entlassenen Kollegen, der 18 Tage lang ein mutmaßlicher Terrorist gewesen war, zusammensetzen und hören, was er über sein Erlebnis zu erzählen hatte.

Er sprach auch von seinem Sohn, der mitangesehen hatte, wie er verhaftet wurde. Deine Aufgabe, sagte die Mutter dem kleinen Jungen, ist es, in die Schule zu gehen, fleißig zu lernen, erwachsen zu werden, Architektur zu studieren und Häuser zu bauen. Das Kind klammerte sich an seine Mutter. Ich will nicht in die Schule, jammerte er. Denn wenn ich erwachsen werde und Häuser baue, machen die Juden sie wieder kaputt.

Das brachte einen der Anwesenden im Raum (die zufällig alle ehemalige oder altgediente Marxisten waren) auf den Witz vom Fischer und dem

Geschäftsmann. Der Geschäftsmann versuchte, den Fischer zu einem Geschäft zu überreden. Wozu, fragte der Fischer. Damit du immer reicher wirst und schließlich so reich bist, daß du nicht mehr zu arbeiten brauchst und zum Angeln gehen kannst. Aber das tue ich jetzt doch auch, war die Antwort.

### 7. Mai 2002

Ola brachte mir den milchschaumgekrönten Cappuccino an den Tisch, wie immer mit einem strahlenden Lächeln in den Augen und im Gesicht. Sie habe ständig an mich gedacht, sagte sie, und sich gefragt, wie ich wohl in den letzten Wochen während der israelischen Angriffe auf Ramallah zurechtgekommen sei. Tatsächlich war dies der erste Tag in fünf Wochen, an dem ich das palästinensische Territorium verlassen und mich in Israel aufhalten konnte. Ich erzählte ihr von der Zerstörung, dem Töten, der Belagerung, dem Verhalten der Soldaten.

Ich war die einzige Kundin in dem kleinen, hübschen Restaurant, in dem es einfaches, wohlschmeckendes und billiges Essen gibt. Ola ist eine Immigrantin aus der ehemaligen Sowjetunion. Sie spricht Hebräisch mit leichtem Akzent, aber fließend und mit vielen Mundartredewendungen und Slangausdrücken. Sie ist Geophysikerin, konnte hier jedoch keine Arbeit finden. Also suchte sie sich einen Job im Catering-Business. Sie träumte davon, ein eigenes Restaurant zu besitzen. Das Café liegt in einer kleinen Straße fast direkt dem *Ha'aretz*-Büro in West-Jerusalem gegenüber. Einige der entsetzlichsten Selbstmordattentate ereigneten sich nur wenige Meter von hier entfernt.

Ein orthodoxer Jude betritt das Café. Ola ist offensichtlich nicht religiös. Sie unterhalten sich auf hebräisch und lachen. Ihr Koch ist jünger, aber religiöser. Er kommt herein, macht sich eine Tasse Kaffee und fragt, wo die Burrekas, ein für den Balkan typisches Gebäck, seien. Eine kleine Oase einfacher, warmer Freundlichkeit. Auch das ist ein Gesicht Israels. Nicht weniger wirklich als das militärische Gesicht.

Am Abend erschütterte ein Selbstmordattentat eine weitere israelische Stadt: fünfzehn Tote.

### 15. Mai 2002

O. und F. sind seit rund drei Jahren verheiratet. Er ist Palästinenser und kam vor acht Jahren, als die palästinensische Autonomiebehörde gegründet wurde, aus Tunis nach Ramallah. Sie ist Palästinenserin und israelische Staatsbürgerin. Sie haben einen zweijährigen Sohn.

Vor etwa zwei Wochen traf ich sie zufällig an der Ortsausfahrt von Ramallah, der einzigen Straße, auf der noch einige wenige privilegierte Fahrzeuge in die Stadt oder aus der Stadt herausfahren dürfen. Alle anderen

Ein- und Ausfahrten sind mit Zementblöcken und künstlich aufgeschütteten Sand- und Erdhaufen unpassierbar gemacht. Die Bewohner von Ramallah können ihre Stadt nicht durch die südliche Ausfahrt verlassen. Wenn sie in eine andere palästinensische Stadt oder ein Dorf gelangen wollen, müssen sie zu Fuß und illegal mehrere Kontrollpunkte der Armee umgehen.

Aber F. ist Israelin, also konnte sie die Stadt für das Pessachfest verlassen. Ihr Mann hatte eine Genehmigung von der israelischen Armee erhalten, mit ihr zusammen zum Haus ihrer Eltern zu fahren. Die Genehmigung galt für zwei Tage, aber jeweils nur bis 22.00 Uhr. Am Abend sollte er wieder zu Hause in Ramallah sein. Die Eltern wohnen in der Nähe von Haifa, etwa zwei Autostunden entfernt. Also verstieß er gegen die Bedingungen und blieb über Nacht bei seinen Schwiegereltern. Seine Frau lebt illegal in Ramallah. Israelis dürfen dort eigentlich überhaupt nicht hin, geschweige denn dort wohnen. Ihr Mann hingegen darf nicht in Israel leben.

Als die Frau schwanger war, fuhren die beiden in die USA, wo sie ihr Kind zur Welt brachte. Jetzt hat ihr Sohn einen amerikanischen Paß und ist weder Israeli noch Palästinenser.

### 21. Mai 2002

Derzeit sind 52 Prozent der Palästinenser für Selbstmordattentate in Israel. Im Dezember 2001 waren es noch 58 Prozent. Das ist das Ergebnis einer Umfrage, die kürzlich von einem palästinensischen Meinungsforschungsinstitut durchgeführt wurde. Zugegeben, es sind weniger geworden, aber mehr als die Hälfte der Bevölkerung hält Selbstmordattentate immer noch für eine wirkungsvolle und gerechtfertigte Art des Widerstands. Fast überall hört man Diskussionen über das Für und Wider von Selbstmordattentaten in Israel. Oft sind es die älteren Menschen, die sich dagegen aussprechen und dann – manchmal sehr aggressiv und zornig – von den jüngeren zum Schweigen gebracht werden, die sich fragen, was für Alternativen es denn gebe. Töten die Israelis denn nicht auch unsere Zivilisten, fragen sie beharrlich.

N. aus Gaza ist Hamas-Aktivist und seit neuestem ein strikter Gegner dieser Praxis. Ich schiebe das teilweise auf die Tatsache, daß er Vater geworden ist. Und zum Teil liegt es auch an unserer langen und herzlichen Bekanntschaft. Inzwischen hat er die israelische Gesellschaft besser kennengelernt, und durch mich hat er die Bekanntschaft mit etlichen anderen israelischen Juden gemacht. Jetzt kann er differenzieren.

Er glaubt, daß zur Zeit die Mehrheit der Bewohner von Gaza gegen Selbstmordattentate ist. Sie fürchten sich, sagt er, vor den Auswirkungen einer möglichen israelischen Invasion. Sie wollen den Israelis keinen Vorwand liefern, Gaza zu besetzen, wie sie die Städte im Westjordanland besetzt haben. Über die moralischen Aspekte wird allerdings kaum geredet. Neulich hielt er sich im Haus eines jungen Freundes auf, der Islamist ist wie er selbst. Sie unterhielten sich flüsternd über die Sinnlosigkeit solcher Operationen. «Sagt eure Meinung doch laut», mischte sich der Vater des Freundes ein. «Warum flüstert ihr?»

### 28. Mai 2002

Jedesmal, wenn ich Ramallah verlasse, muß ich bei Freunden übernachten. Meistens in Jerusalem. Es ist vollkommen ausgeschlossen, am gleichen Tag noch in meine Wohnung in Ramallah zurückzukommen. Ramallah ist, wie alle anderen palästinensischen Städte auch, hermetisch abgeriegelt, eingeschlossen von einer ganzen Kette israelischer Sicherheitskontrollpunkte und Straßensperren, die jede Reise zur Qual und zu einer unerträglichen Zeitverschwendung machen.

Also übernachtete ich letzte Woche bei meiner Freundin in Jerusalem. Sie wohnt in einem Stadtviertel namens Gilo, das auf besetztem palästinensischem Territorium gebaut und offiziell von Israel annektiert worden ist. Es liegt ein paar hundert Meter nördlich von Bethlehem. Um Siedler anzulocken und die Siedlungen zu erweitern, haben die israelischen Regierungen dafür gesorgt, daß Wohnungen in den besetzten Gebieten (für jüdisch-israelische Bewohner) erheblich billiger sind als im eigentlichen Israel. Und meine Freundin konnte sich anderswo in Jerusalem keine anständige Wohnung leisten, nur in Gilo.

Es ist jedesmal emotional schwierig für mich, sie zu besuchen und in so kurzer Entfernung die Minarette und Kirchtürme der palästinensischen Stadt zu sehen. Zwei Kontinente, Seite an Seite, getrennt voneinander durch einen Ozean israelischer Gleichgültigkeit gegenüber dem, was die Besatzung bedeutet. Wenn ich meine gute Freundin besuche, bin ich deshalb jedesmal hin und her gerissen zwischen meinem Wunsch, sie zu sehen und mit ihr zu reden, und meiner Wut über diese Doppelmoral.

Letzte Woche war es besonders schwer. Zwei Stunden nachdem ich Bethlehem verlassen hatte, drang die israelische Armee wieder in die Stadt ein. Die ganze Nacht über hörte ich die riesigen Lastwagen, mit denen die Panzer transportiert wurden, und die darüber kreisenden Hubschrauber. Ich konnte mir die Angst und das Entsetzen der Bewohner vorstellen, die Lähmung allen Lebens und das Schwinden jeder Hoffnung.

### 5. Juni 2002

Zwei in Hamburg lebende Künstlerinnen, eine Palästinenserin und eine israelische Jüdin, hielten es nicht mehr aus, angesichts des andauernden Blutbads zu Hause nur still vor sich hin zu leiden. Sie beschlossen, eine Fotoausstellung und eine offene Debatte über den blutigen Konflikt zu organisieren. Sie hofften, dadurch nicht nur mehr Aufmerksamkeit auf die so wenig wahrgenommene Situation zu lenken, sondern auch eine weitere europäische Stimme zu mobilisieren, die mehr internationale Einmischung fordert.

Die Unternehmung hatte einen außerordentlich schwierigen Aspekt: Einerseits zögern die Deutschen, Kritik am jüdischen Staat zu äußern, und die deutschen Juden behaupten, daß jede Kritik an Israel ein Zeichen von Antisemitismus sei, andrerseits muß man jedoch mit einem echten antisemitischen Mißbrauch einer solchen Debatte rechnen.

Aus diesem Grund organisierten die beiden jungen Frauen eine Reihe von Vorträgen, die sich mit dem problembeladenen Dreieck der deutsch-jüdisch-palästinensischen Beziehungen befassen sollten. Nach der Eröffnung der Ausstellung, an der ich als eine der Rednerinnen teilnahm – meine palästinensische Partnerin konnte nicht kommen, weil die israelischen Behörden ihr nicht gestatteten, Bethlehem zu verlassen –, fanden die Organisatoren im Besucherbuch von Juden geschriebene Eintragungen, in denen sie als Verräter, Nazis etc. beschimpft wurden. Und sie fanden auch einen Satz, der von einer deutschen Frau geschrieben worden war, die sich nicht geschämt hatte, mit ihrem vollen Namen zu unterschreiben: «Jetzt, wo ich 68 Jahre alt geworden bin, verstehe ich, warum meine Eltern eine Abneigung gegen Juden hatten.»

Ein palästinensischer Teilnehmer, der dies hörte, meinte dazu: «Wir müssen uns vor dem versteckten Antisemitismus solcher Leute hüten, die die Sache der Palästinenser unterstützen, aber aus den falschen Gründen.»

### 12. Juni 2002

Aus Amsterdam zurück. Eine neue Invasion der israelischen Armee in Ramallah und eine totale Ausgangssperre hindern mich daran, nach Hause zurückzukehren. Das gleiche ist ein paar Nichtpalästinensern passiert, die, ebenso wie ich selbst, in Ramallah wohnen und arbeiten, aber am letzten Sonntag zufällig in Jerusalem waren. Frustriert, sorgenvoll und von Schuldgefühlen gequält, weil wir uns frei bewegen dürfen, während unsere Freunde eingesperrt sind, fanden wir uns – ohne das geplant zu haben – in der Cinemathek wieder, wo ein Film von Gillo Pontecorvo gespielt wurde: *Die Schlacht um Algier*. Er wurde als Teil eines Programms mit dem Titel «Autoren wählen Filme» gezeigt, das parallel zur Bücherwoche in Israel läuft. Der israelische Dichter und Schriftsteller Jizchak Laor hatte diesen Film ausgesucht, «nicht, weil es nicht noch viele andere gäbe, die gezeigt werden könnten, sondern weil dieser Film der einzige ist, der gerade jetzt gespielt werden muß» – wegen der Parallelen, weil in Ramallah Ausgangssperre herrscht und wir Filme ansehen, wegen des Kolonialismus, wegen des blutigen israelisch-palästinensischen Konflikts.

Pontecorvo, ein italienischer Jude und Marxist, der sein Studium im faschistischen Italien nicht fortsetzen konnte, hat nach Ansicht Laors einen Film gemacht, der «erklärt, ohne zu verurteilen». Er hat das schwierigste Kapitel des algerischen Widerstands herausgegriffen: den Terror gegen Zivilisten. Manche der französischen Folterer, die den Zusammenbruch der algerischen FLN bewirkten, hatten sich an der französischen Résistance gegen die deutsche Besatzung beteiligt. Pontecorvo zeigt Kinder – sowohl Kinder von europäischen als auch von algerischen Eltern – vor ihrem grausamen Tod. Man beginnt, Sympathie für die Freiheitskämpfer zu entwickeln, *trotz* ihrer zweifelhaften Moral und ihrer Gewalttaten. Und die Klugheit des Kommandeurs der französischen Besatzungsarmee kann den Abscheu gegenüber dem Kolonialismus nicht abschwächen.

### Ramallah, 21. August 2002

Wieder zu Hause. Zurück zu Ausgangssperren, zu rund 750 000 Menschen, die praktisch unter Hausarrest stehen. Bisher war das Los Ramallahs, verglichen mit allen anderen Städten, in denen die israelische Armee die Kontrolle übernommen hat, noch relativ leicht. Es gab weniger Tage, an denen Ausgangssperren verhängt wurden, erheblich weniger Zusammenstöße mit der Armee, mehr Stunden, in denen die Ausgangssperren unterbrochen wurden (in Nablus zum Beispiel wurde die Ausgangssperre in *62 Tagen* nur *39 Stunden* lang unterbrochen). Vielleicht hängt es davon ab, wie groß die Wahrscheinlichkeit eingeschätzt wird, daß es zu Widerstand kommt, vielleicht hat es auch etwas mit dem «höheren Profil» Ramallahs zu tun – mit den einflußreichen Persönlichkeiten, den amerikanischen Staatsbürgern, die hier leben, den Intellektuellen, die besser in der Lage sein könnten, die Öffentlichkeit auf das aufmerksam zu machen, was hier geschieht. Aber es kann auch eine Sache der persönlichen Entscheidung des Kommandeurs der zuständigen Einheit der israelischen Armee sein.

Aber heute, am 21. August, wurde eine Ausgangssperre verhängt. Gestern abend war eine Operation einer verdeckten israelischen Einheit (in Zivilkleidung) fehlgeschlagen. Sie hatte den Auftrag, Mohammed Saadat zu verhaften, den jüngeren Bruder Ahmed Saadats, des Generalsekretärs der Volksfront für die Befreiung Palästinas (PFLP). Sie wollten ihn vernehmen, weil sie seinen Bruder, der ohne Gerichtsverfahren in einem palästinensischen Gefängnis sitzt, nicht vernehmen können. Er schöpfte augenblicklich Verdacht. Er wohnt in einer kleinen Straße, wo jeder Fremde sofort auffällt. Nach Darstellung der Armee hat er auf die Soldaten geschossen, worauf diese zurückschossen und ihn töteten. Es war noch hell, viele hielten sich im Freien auf. Die Nachbarn sahen ihn rennen und hörten Schüsse aus nur einer Waffe. Die Armee verhängte eine Ausgangssperre und brach in das Haus seiner Familie ein. Und früh an diesem Mittwoch morgen wurde eine allgemeine Ausgangssperre verhängt. Die Armee befürchtet Zusammenstöße oder eine Beerdigung, die die Stimmung aufheizen könnte. Werden sie die Ausgangssperre nun tagelang aufrechterhalten? Wer kann das wissen?

**28. August 2002**

Wie zwei Autos, die Kühler an Kühler stehen, beide tief im Sand festgefahren und unfähig, sich vorwärts zu bewegen; die Räder drehen durch, verspritzen Sand nach allen Seiten und wühlen sich immer tiefer in den Boden – so sieht die gegenwärtige israelisch-palästinensische Situation aus. Festgefahren. Die israelische Regierung und die Bevölkerung glauben, daß nur noch ein bißchen mehr Abschreckung nötig sei. Bisher haben die Abschreckungsmaßnahmen die Bereitschaft der Palästinenser zum Untergrundkampf und zu Terroranschlägen nicht verringern können. Zwei Monate Ausgangssperre für etwa 750 000 Menschen und die vollständige Vernichtung jedes normalen Lebens, gezielte Tötungen, Massenverhaftungen, Hauszerstörungen, die Verwüstung von landwirtschaftlichen Nutzflächen, die härtesten Einschränkungen der Bewegungsfreiheit, die es hier jemals gegeben hat und von der drei Millionen Menschen betroffen sind, und anderes mehr.

Die palästinensische Führung war von Anfang an, wie schon seit einer Ewigkeit, gelähmt und ohne jede Strategie. Sie hat weder eine Strategie für den Widerstand noch für Nachgiebigkeit, weder für ein Aufbegehren noch für die bedingungslose Kapitulation. Von ihr kommt weder ein klares *Nein* zum bewaffneten Kampf, noch sagt sie eindeutig, wie die Alternative aussehen soll. Die palästinensische Bevölkerung ist gefangen in ihrer Erschöpfung und dem verbreiteten Glauben, daß Selbstmordattentate die richtige Antwort seien. Die Palästinenser sind gelähmt durch ihre Fraktionen und politischen Splitterparteien, von denen jede vorgibt, genau zu wissen, wie das nationale Interesse aussieht, von denen jedoch keine zu ernsthaften Gesprächen und zur Koordination bereit ist.

Sieht denn hier niemand, daß wir jemanden brauchen, der von außen kommt und die beiden festgefahrenen Autos auseinanderzieht? Die Logistik erfordert jedoch, daß der israelische Wagen zuerst weggezogen wird. Er blockiert ganz einfach die Einfahrt.

**Ramallah, 4. September 2002**

*Ein Telefonanruf*

Am letzten Montag morgen gegen 10:00 Uhr klingelte mein Handy. «Ich warne dich», sagte jemand auf englisch, «halte dich nicht in Eretz Israel (dem Land Israel) auf.» Ich schaltete das Handy augenblicklich aus. Es klingelte wieder. Ich antwortete nicht. Später fand ich eine hebräische Nachricht auf meiner Mailbox: «Amira, halte dich nicht in Israel auf, und wenn du es tust, dann nur unter der Erde. Das teile ich dir mit. Und es wird durchgeführt werden. Es gibt eine Gruppe von Leuten, die das beschlossen haben. Zieh nach Ramallah. Bleib in Ramallah. Hörst du? Hure!»

Was hatte diese anonyme Person zu dem Anruf bewogen? Ein Artikel über einen israelischen Vorarbeiter in einem israelischen Steinbruch im besetzten Westjordanland, den ich geschrieben hatte? Der Mann ist Zeuge der Politik der sinnlosen Unterdrückung, die die Armee betreibt, ihrer Untätigkeit angesichts krimineller Handlungen von Siedlern gegen Palästinenser und der ununterbrochenen Schikanen der Soldaten an den Straßensperren, und er ist empört darüber. War der anonyme Anrufer wütend über einen Augenzeugenbericht, den ich an diesem Tag zitiert hatte und in dem behauptet wurde, daß vier von Soldaten getötete palästinensische Arbeiter erst nach ihrer Verhaftung umgebracht worden waren? Oder war es die Statistik der palästinensischen Todesfälle im August, die ich am Vortag veröffentlicht hatte? Aus dieser Liste geht hervor, daß die große Mehrzahl (32 von 52) der Palästinenser, die in diesem Monat im Gazastreifen und im Westjordanland getötet worden waren, Zivilisten waren. Weitere zehn, die als «gesuchte Verbrecher» bezeichnet wurden, waren gezielt getötet worden. Meine Zeitung veröffentlichte auch die Liste der israelischen Opfer: achtzehn Personen. Abgesehen von einem Soldaten, drei Siedlern und einem in Ost-Jerusalem wohnhaften Palästinenser, starben alle bei Anschlägen in Israel selbst.

### *Ramallah, 11. September 2002*

Ein Teil meiner Arbeit besteht darin, endlose, manchmal verzweifelte Telefonanrufe entgegenzunehmen. Wie den Anruf aus einem Dorf in der Nähe von Nablus Anfang dieser Woche: Vor zwei Monaten hatten Soldaten ein Haus besetzt, in dem achtzehn Personen lebten. Nach einem Monat gestatteten sie den Bewohnern nur noch, das Erdgeschoß zu benutzen (zwei Zimmer), und erlaubten ihnen nicht, irgend etwas dorthin mitzunehmen (Matratzen, Haushaltsgegenstände etc.).

Jetzt befinde ich mich in einem Dilemma: Ich weiß, daß meine Tätigkeit hier die normale Rolle eines Journalisten übersteigt. Informationen wie die oben beschriebene gelten nicht als berichtenswerte «Neuigkeit». Noch schlimmere Dinge werden von der Presse längst nicht mehr beachtet. Aber ich habe gelernt, zwischen Befehlen von oben und Eigenmächtigkeiten der Soldaten zu unterscheiden. Ich weiß, daß ein Anruf von mir bei der vorgesetzten Stelle helfen und etwas verändern würde. Ohne es zu wollen, betätige ich mich als Vermittlerin zwischen der Armee und den Besetzten. Es ist nicht meine Aufgabe und auch nicht mein Wunsch, mich in dieser Weise einzumischen. Ich glaube an politische Arbeit, nicht an Wohltätigkeit oder das «Ziehen von Fäden». Aber die Macht der Medien befähigt mich, in manchen Fällen das Leiden von einzelnen zu erleichtern.

Ich rufe im Büro des Sprechers der Israelischen Verteidigungskräfte (IDF) an, wo Dutzende von jungen Soldaten Fragen aufschreiben und bei den zuständigen Offizieren überprüfen. Die erste Antwort lautet: «Die Leute haben das Haus sowieso verlassen.» Die Soldaten lügen, antworte ich. Eine zweite Überprüfung. Die Antwort: Kein Problem, die Bewohner können sich holen, was immer sie wollen. Ich informiere die Familie. Sie versuchen, in den oberen Stock zu gehen, aber ein Soldat sagt ihnen, kommen Sie morgen. Sie rufen mich wieder an. Ich telefoniere mit dem freundlichen Soldaten im Büro des Armeesprechers. Er erkundigt sich noch einmal und versichert, daß die Soldaten den klaren Befehl bekommen haben, die Hausbewohner jederzeit alles holen zu lassen, was sie brauchen. Und sagen Sie uns Bescheid, wenn es Probleme gibt.

### Ramallah, 17. September 2002

*Ein musikalisches Zwischenspiel*

Am letzten Dienstag war für 16:00 Uhr ein Oud-Konzert angesetzt. Die Ausgangssperre beginnt gewöhnlich um 19:00 Uhr. Die meisten kulturellen Veranstaltungen finden deshalb am Nachmittag statt.

Einige Dutzend Menschen versammelten sich im Hof des Kulturzentrums in Ramallah. Viele Frauen waren darunter, ein paar Autoren, einige Ehepaare, ein paar Mütter mit kleinen Kindern, ein paar junge Leute, die wie Hippies aussahen. Alle sehnten sich nach einer Pause, ein bißchen Normalität. Der Musiker war ein Palästinenser aus Israel, Chaled Jubran. Seine Partner waren ein zweiter Oud-Spieler und ein Cellist.

Das Programm war notgedrungen kurz – Ausgangssperre etc. Chaled Jubran spielte seine eigene Musik, emotional, aber nicht sentimental, eindringlich, aber nicht aufdringlich, manchmal schroff, manchmal sanft. Das Publikum sog die Musik in sich auf, verfolgte begeistert den Flirt zwischen dem Cello und dem Oud. Dann, als er aufhören wollte – «Ausgangssperre etc.» –, protestierten sie. Sie baten ihn, ein paar bekannte Lieder zu spielen, die sie mitsingen konnten. Er zögerte. Jemand schlug einen Titel vor. «Keine politischen Lieder», lehnte er ab. Offensichtlich hatte er genug von leeren Worten. Schließlich spielte er drei Liebeslieder, und das Publikum, vor allem die Frauen, sangen mit. Manche hatten Tränen in den Augen.

Auf dem Rückweg erschrak ich über ein israelisches Panzerfahrzeug und einen Stacheldrahtzaun, der die Hauptstraße blockierte. Ich bemerkte zwei anonyme Jugendliche, die mit gefesselten Händen und verbundenen Augen auf dem Gehsteig neben dem Militärfahrzeug saßen. Sie sind gesuchte Terroristen, behaupteten die Soldaten. Eine Stunde zuvor hatte die Armee auf Jugendliche geschossen, die Molotowcocktails nach ihnen geworfen hatten.

### 12. November 2002

Der Mann, der mich letzte Woche anrief, stellte sich als Majd aus dem Dorf Faraata im Norden des Westjordanlandes vor. Er hatte meine Telefonnummer von M. erhalten, einem Aktivisten in einer der tatkräftigsten palästinensischen nichtstaatlichen Organisationen – PARC (Palestinian Agricultural Relief Committee).

M. stammt aus einem der Dörfer in der Umgebung von Nablus, dessen Nähe zu einer israelischen Siedlung der Grund dafür ist, daß die Armee den Ort mit unzähligen Kontrollpunkten und Straßensperren eingekreist und so schon seit zwei Jahren jeden normalen Verkehr unmöglich gemacht hat. Ich habe M. vor etwa vier Jahren kennengelernt, als er mir stolz eine der größten Leistungen «seiner» Organisation vorstellte, die landwirtschaftliche Wege zwischen Feldern und Obstgärten pflastert, ohne die erforderlichen Genehmigungen von den israelischen Behörden einzuholen. Etwa um die gleiche Zeit schossen Siedler auf uns, als wir gemeinsam ein Feld inspizierten, das von «anonymen» Brandstiftern angezündet worden war.

Majd fragte, ob vielleicht ein paar Israelis bereit sein würden, seinem Dorf bei der Olivenernte zu helfen. Die Siedler aus einer nahe gelegenen Siedlung gestatteten den Bauern nicht, ihre Oliven zu pflücken, und die Anwesenheit und Solidarität von Israelis hat sich schon mehrfach als guter Schutz erwiesen. Ich erzählte ihm von den «Rabbis für die Menschenrechte», die dem Dorf am nächsten Tag zu Hilfe eilten. Aber es kam zu einem Zusammenstoß mit den Siedlern. Die Lösung der Armee: Die Arbeit wurde bereits zum zweiten Mal untersagt. Inzwischen hatten die Siedler sowieso bereits einen großen Teil der Oliven gepflückt oder, genauer gesagt, gestohlen.

An diesem Freitag soll eine israelische Gruppe es noch einmal versuchen. Bei seinem letzten Anruf machte Majd einen deprimierten Eindruck. Der Schutz, den die Israelis zu geben versuchten, war ja sehr nett, aber nicht so wirkungsvoll, wie die Dorfbewohner gehofft hatten. Die Früchte von zwei Jahren Arbeit sind verloren.

### 19. November 2002

Zwölf israelische Soldaten, Polizisten und bewaffnete Siedler wurden am letzten Freitag in einem Feuergefecht mit drei oder mehr bewaffneten Palästinensern auf der Straße von der Siedlung Kiryat Arba zur Altstadt von Hebron getötet. Drei bewaffnete Palästinenser kamen ebenfalls ums Leben. Israelische Sprecher behaupteten zunächst, es sei ein «Massaker an jüdischen Gläubigen auf dem Rückweg von den freitäglichen Gebeten» gewesen. Erst später wurde der militärische Fehlschlag eingestanden und das Ereignis wahrheitsgemäß dargestellt: eine Guerillaoperation gegen bewaffnete israelische Männer.

Das hinderte die Siedler nicht daran, die Sache weiterhin als Massaker hinzustellen und eine Protestversammlung am Schauplatz des Gefechts inmitten eines palästinensischen Stadtviertels zu veranstalten. In ebendiesem Stadtviertel hatte die Armee unmittelbar nach dem Gefecht drei Häuser zerstört, in denen sich die bewaffneten Männer angeblich versteckt hatten. Olivenhaine und Weingärten wurden verwüstet, über Hebron wurde eine Ausgangssperre verhängt, und die Stadt wurde wieder einmal von der Armee besetzt.

Die palästinensischen Einwohner waren entsetzt. Sie wußten, was kommen würde. Während Dutzende von Polizisten in der Nähe der sich versammelnden Siedler standen, begannen Jugendliche aus der Siedlung Steine in Fenster und Gärten zu werfen, Glas, Pflanzen und Autos zu zerstören und an die Türen zu hämmern. So etwas passiert hier ständig.

Ich fragte einen der Polizisten, warum er nichts unternehme. Er gab vor, nicht bemerkt zu haben, daß zwanzig Meter von ihm entfernt Steine geworfen wurden. Einer der Siedler hörte meine Frage und begann zu brüllen: «Dieses Miststück, sie hat die Polizei gerufen, Mörderin!» Augenblicklich war ich von einem Mob von zwanzig, dreißig, vierzig Personen umgeben, die alle schrien, brüllten, stießen und fluchten. Jemand riß mir mein Notizbuch aus der Hand (später wurde es mir heimlich von einer schüchternen jungen Frau zurückgegeben). Ein anderer riß mir die Brille von der Nase (eine Stunde später wurde sie mir zerbrochen von einem Soldaten zurückgebracht). Die Soldaten und Polizisten waren nur dreißig Meter von mir entfernt. Später erklärten sie mir: «Wir wußten nichts von den Vorgängen.» Diese Vorgänge hatten aber 20 bis 30 Minuten gedauert. In dieser Zeit umdrängten mich immer mehr Leute, die auf mich einbrüllten (Kommunistin, Verräterin etc.) Eine Frau riet mir, mich aus dem Staub zu machen, damit die Sache nicht schlimm ende. Ich weigerte mich. Schließlich gelang es mir, einen Armeejeep zu erreichen, immer noch von fluchenden Siedlern umdrängt. Drei Journalisten waren ebenfalls anwesend. Nur einer kam mir zu Hilfe.

Stellen Sie sich vor, was einem Palästinenser in Hebron passiert, wenn er von Siedlern angegriffen wird, wenn Soldaten und Polizisten es nicht einmal wagen, eine israelische Jüdin vor ihrem heiligen Zorn zu retten.

*Jerusalem – Ramallah, 27. November 2002*

Es ist zum Verzweifeln! Hier ein paar Bemerkungen über einige der Opfer des blutigen israelisch-palästinensischen Konflikts während der letzten Woche:

*Donnerstag, 21. November, früh am Morgen:* Ein Selbstmordattentäter sprengt sich in einem vollbesetzten Bus in die Luft. Elf Tote, vier davon sind Kinder (eines starb zusammen mit seiner Mutter, ein anderes mit seiner Großmutter).

Gewöhnlich treffen solche Anschläge den ärmeren Bevölkerungsteil Israels, Menschen, die in den relativ billigen Vorstädten wohnen und öffentliche Verkehrsmittel benutzen, weil sie sich kein Auto leisten können. Ein ziemlich hoher Prozentsatz von frisch aus Rußland immigrierten Menschen ist bereits bei solchen Anschlägen ums Leben gekommen. Anläßlich ihres Todes kommen die schwierigen Verhältnisse ans Tageslicht, unter denen sie gelebt haben. Eine Frau hatte zum Beispiel als Hausmädchen gearbeitet, obwohl sie in Rußland Lehrerin für naturwissenschaftliche Fächer gewesen war.

Auch andere israelische Angehörige der Arbeiterschicht mit geringem Einkommen waren von solchen Anschlägen betroffen, die widerlicherweise als «militärische Operationen» bezeichnet werden. Das Motiv der Täter ist Rache. Die Planer werden von engstirnigen nationalistisch-religiösen Überzeugungen geleitet, ohne irgendwelche moralischen und praktischen Bedenken bezüglich der Frage, wer die Opfer sind und wie man versuchen könnte, sie von der Berechtigung der Forderung der Palästinenser nach Freiheit zu überzeugen.

Zwischen Dienstag, dem 19., und Dienstag, dem 26. November, haben israelische Soldaten vier palästinensische Kinder getötet. Eines davon war acht Jahre alt und starb, als Einwohner gegen die von der Armee verhängte Ausgangssperre verstießen. Die anderen wurden von Soldaten bei den ununterbrochenen Angriffen und Zusammenstößen in palästinensischen Dörfern und Städten getötet, die abscheulicherweise als Kampf gegen den Terror hingestellt werden. Unter den vierzehn Toten dieser Woche war auch ein am letzten Freitag von israelischen Soldaten getöteter britischer Staatsbürger, ein Mitarbeiter des Hilfswerks der Vereinten Nationen für Palästina-Flüchtlinge (UNRWA). Er wurde von einer Gewehrkugel in den Rücken getroffen.

Schießen israelische Soldaten in voller Absicht auf Kinder, wurde ich von einem holländischen Journalisten gefragt. Ich kann nicht glauben, daß sie das tun, antwortete ich. Aber es gibt so etwas wie absichtliche Gleichgültigkeit. Die Armee brüstet sich damit, daß sie raffinierte Instrumente besitzt, mit denen sie jederzeit und an jedem Ort bewaffnete Männer aufspüren kann. Sind diese Instrumente nicht gut genug, um ein achtjähriges Kind von einem Angehörigen einer Miliz oder einen UN-Mitarbeiter mit Handy von einem Mann mit einem Gewehr zu unterscheiden? Die israelische Armee führt keine ernsthaften Ermittlungen durch und bestraft die Soldaten nicht, die achtlos Kinder und andere Zivilisten in ihren Wohnungen töten. Die israelischen Nachrichten bringen keine Details über die palästinensischen Opfer, über ihr Leben, ihre Familien, ihre Hoffnungen und Pläne. Den Israelis dämmert es nicht, daß dieses stillschweigende, anhaltende Töten einzelner Zivilisten durch die israelische Armee sich in das Gedächtnis der Palästinenser als Staatsterrorismus einprägt.

Und auch der nächste palästinensische Terroranschlag gegen israelische Zivilisten wird die Aufmerksamkeit nicht auf die palästinensischen Opfer lenken können. Umgekehrt ist es genauso und wieder umgekehrt auch.

### 4. Dezember 2002

Ich bin gerade innerhalb von Ramallah in eine andere Wohnung umgezogen. Meine vorherige Bleibe hatte in einer ruhigen Gegend gelegen. Aber als die israelische Armee vor zwei Jahren die Zufahrtsstraßen blockierte, die in die Stadt führen, wurde mein Stadtviertel zum Hauptdurchgangsgebiet für Tausende von Menschen, die die Befehle der Armee mißachten und sich zu Fuß über die Berge durchschlagen. Direkt unter meinem Fenster warteten Lastwagen, Kleinbusse und Taxis, Sanitätsfahrzeuge und Privatautos auf sie. Der Lärm und der Staub haben mich verrückt gemacht und vertrieben.

Ich habe ein kreisrundes Loch in der Glasscheibe des Wohnzimmerfensters zurückgelassen. Keine große Sache, nur ein vereinzeltes, stilles Zeugnis für die Schußwechsel, die hier stattgefunden haben. Das Wort Schußwechsel ist natürlich eine drastische Übertreibung. Die Palästinenser gaben ungeschickt ein paar Schüsse aus ihren wenigen Gewehren ab. Es war mehr Angabe als sonst etwas. Die Armee hingegen schoß mit Maschinengewehren und Panzerkanonen. In meiner neuen Wohnung fand ich ebenfalls Überbleibsel der Schießereien, die in diesem Stadtviertel stattgefunden hatten. Ein paar runde Löcher in den metallenen Fensterrahmen. Die zerbrochenen Fensterscheiben waren ersetzt worden. Jetzt kommt es nicht mehr zu Schußwechseln, aber es fallen immer noch Schüsse. Gestern schossen Soldaten nicht weit von meiner vorherigen Wohnung entfernt auf ein Auto, das auf einer «verbotenen» Straße fuhr – einer Straße, die nur von Israelis benutzt werden darf –, und töteten eine alte Frau. Sch., einer der jungen Burschen, die meine Möbel in die neue Wohnung transportierten, lächelte mich mit zahnlosem Mund an. Vor einigen Monaten, als die Soldaten an einer Straßensperre wieder einmal niemanden passieren lassen wollten – Autos können auf dieser zerlöcherten Straße sowieso nicht mehr fahren –, erreichte die Stimmung den Siedepunkt, und die Menschen versuchten, sich den Durchgang mit Gewalt zu erzwingen. Die Soldaten warfen erst mit Tränengaskanistern, dann schossen sie mit gummibeschichteten Metallpatronen. Eine Patrone traf Sch. in den Mund und schlug ihm die Zähne aus. Jetzt sammelt er Geld für den Zahnarzt.

### 11. Dezember 2002
Verschiedene mit meiner Arbeit verbundene Verpflichtungen haben mich während der letzten Wochen die meiste Zeit in Jerusalem festgehalten.

In diesen wenigen Wochen wurde ich sehr eindringlich darauf aufmerksam gemacht, wie leicht es ist, zu vergessen, nicht zu wissen oder nicht zu bedenken, was nur wenige Kilometer entfernt passiert.

Wie die anderen habe ich heißen Kaffee in einer schicken Gegend an der Bethlehem Road in West-Jerusalem getrunken, ohne daran zu denken, daß gleich um die Ecke in Bethlehem seit Tagen ununterbrochen Ausgangssperre herrscht. Ich bin von Jerusalem nach Tel Aviv gefahren, um Freunde zu besuchen, und habe eine Zeitlang vergessen, was es für meine Freunde in Nablus und Silwad und Jenin bedeutet, in ihren Städten oder Dörfern eingesperrt zu sein wie in einem Gefängnis, eingekreist von Straßensperren der Armee, von Zäunen und Panzern. Letzten Freitag hörte ich auf dem Weg zu meinem Yogakurs, daß zehn Palästinenser im Flüchtlingslager Bureij im Gazastreifen bei einem Angriff der Armee getötet worden waren. Ich weckte einen Freund, der dort lebt. Er hatte in dieser Nacht nicht viel geschlafen, sondern sich mit seiner Familie versteckt, während rote Blitze, die Schüsse schwerer Maschinengewehre und Raketen aus Hubschraubern, die Nacht zerrissen.

Diese letzten Wochen haben in mir stärker denn je bittere Gedanken über das Wesen erzwungener Beihilfe geweckt: Gleichgültig, wie sehr man (meine Freunde) die Politik der Regierung mißbilligt, man muß auch ein normales Leben führen, muß seine Kinder versorgen, seinen Lebensunterhalt verdienen, das Haus in Ordnung halten. Diese routinemäßige Normalität verdrängt für die meisten Menschen die Realität der Ausgangssperren, des täglichen, von niemandem zur Kenntnis genommenen Tötens von Zivilisten, der von der Abriegelung hervorgerufenen Armut, der bombardierten Häuser und entwurzelten Obstbäume.

### 17. Dezember 2002
Was für eine erstaunliche Verbesserung! Die israelische Militärregierung will jetzt gestatten, daß Busse zu den Einfahrten aller palästinensischen Städte fahren und Passagiere von einer Stadt zur anderen befördern. Das wurde jedenfalls in den Nachrichten bekanntgegeben. So eine Großzügigkeit von seiten der Militärregierung!

Als sie diese Neuigkeit hörte, begann F., Mutter von vier Kindern und meine neue Nachbarin in Ramallah, zu träumen. Oh, dann kann ich endlich meine Familie in Kalkilia besuchen. Es ist eine Fahrt von höchstens vierzig Minuten. Aber weil die Straßen so lange gesperrt waren, mochte sie nicht versuchen, einen weiteren Weg zu nehmen, dabei drei- bis viermal das Auto zu wechseln und im besten Fall einen halben Tag zu verschwenden.

Ch., ihr Mann, ist Rechtsanwalt und Menschenrechtsaktivist. Einer der sanftesten Männer, die ich je kennengelernt habe, sensibel und freundlich. Als er hörte, was seine Frau sagte, bemerkte er: «Dann fahr für zwei Tage, und komm dann wieder. Wenn du am dritten Tag nicht zurück bist, heirate ich eine andere Frau.» Das islamische Recht läßt so etwas zu.»

Er hatte seine Drohung mit einem Lächeln ausgesprochen. Es war ein Scherz. Aber dieser Scherz offenbarte viele Schichten der kulturell bedingten Einstellung gegenüber Frauen, ihrer untergeordneten Stellung und ihrer Pflichten in der Familie. «Da sehen Sie, wie er daherredet», schimpfte F. und versuchte, meine weibliche Solidarität zu wecken. «Und das ist ein Menschenrechtsanwalt», fügte ich hinzu. Wir lachten miteinander. Was die tiefen sozialen Veränderungen offenbart, die es mir, einer israelischen Frau, gestatten, mit einer Palästinenserin gemeinsame Sache zu machen und einen Mann wegen seiner traditionellen, ländlichen Einstellung zu verspotten.

## 2003

*8. Januar 2003*

Ein zunehmend wichtiger Faktor im israelisch-palästinensischen Konflikt ist die Anwesenheit vorwiegend europäischer Friedensaktivisten, die Zeugen der israelischen Besatzungsmethoden und des täglichen Tötens von Zivilisten sind. Sie arbeiten eng mit palästinensischen nichtstaatlichen Organisationen (NGOs) zusammen.

Gerade erst letzte Woche ging eine dieser Solidaritätskampagnen mit Demonstrationen, Besuchen, Zusammenstößen mit der israelischen Armee und Pressekonferenzen zu Ende. Und gerade erst am letzten Sonntag hat ein neues (doppeltes) Selbstmordattentat in Israel das Leben von dreiundzwanzig israelischen Zivilisten und Gastarbeitern gekostet (die vorwiegend aus Rumänien und China kamen).

Palästinensische NGOs pflegen sofort ihr Entsetzen über derartige Anschläge zum Ausdruck zu bringen. Manche führen das pragmatische Argument an, daß solche Angriffe «kontraproduktiv» seien und nur neues Material für die israelische Propagandamaschinerie lieferten. Andere betonen auch den moralischen Aspekt, daß das Leben von Zivilisten heilig sei, handle es sich nun um jüdische oder arabische Zivilisten. Dennoch haben es die internationalen Aktivisten aus verschiedenen Gründen bisher versäumt, eine Debatte innerhalb der palästinensischen Gesellschaft zu entfachen.

Die Frage hat viele Facetten: Gibt es Diskussionen unter den europäischen Aktivisten über derartige Anschläge gegen israelische Zivilisten? Kann man davon ausgehen, daß sie die Anschläge zwar «verstehen», aber dennoch ablehnen? Muß man annehmen, daß viele von ihnen aus politischen und moralischen Gründen für solche Attentate sind? Sollten internationale Friedensaktivisten, die die Idee eines gewaltlosen, aktiven Widerstands der Gesellschaft propagieren, ihre Meinung zum Ausdruck bringen, oder sollten sie sich auf solidarische Aktionen beschränken? Sollten sie ihre palästinensischen Partner ermutigen, eine Debatte über das Thema ins Leben zu rufen – so schwierig sie auch ist –, oder würden sie eine solche Einmischung für «kolonialistisch» und herablassend halten? Sollten europäische Aktivisten die existentiellen Ängste der israelischen Juden – sosehr sie auch manipuliert und mißbraucht werden – bei ihrer allgemeinen Analyse der Situation in Betracht ziehen?

### *Ramallah, 14. Januar 2003*

Der Mann, der vor mir stand, erzählte mir seine Geschichte in noch frischer Erregung. Er ist Wachmann in einem großen Geschäftsgebäude in Ramallah, das während der Invasionen der Armee im letzten Februar und April dreimal von Soldaten durchsucht wurde, wobei es zu mehreren kleineren Explosionen kam. Der Wachmann wohnt in einem ziemlich weit entfernten Dorf und hat wegen der unmenschlichen Straßensperren aufgehört, an den Wochenenden nach Hause zu fahren. Ihm ist es tatsächlich gelungen, die Soldaten davon abzubringen, größere Mengen Sprengstoff zu verwenden, was erheblich schlimmere Schäden verursacht hätte.

Der Wachmann redete in einer Mischung aus Hebräisch und Arabisch auf mich ein. Er hat mehrere Jahre lang in Israel gearbeitet. Das Hebräische kommt ihm ganz natürlich über die Lippen. Das ist auch der Grund, warum er mit den Soldaten kommunizieren konnte: Er verstand sie, und trotz seiner Angst – die ganze Stadt stand unter Ausgangssperre, er war allein in dem riesigen Gebäude, alle Läden waren geschlossen, und es war erschreckend still – versuchte er, mit ihnen zu verhandeln und den Schaden zu begrenzen. Er erinnerte sich an jede Antwort eines jeden einzelnen Soldaten. Du bist ganz schön schlau, hatte einer von ihnen herablassend gesagt, als er beteuerte, daß außer ihm niemand in dem Gebäude sei. Ich bin nicht schlau, hatte er geantwortet. Ich sage nur die Wahrheit. Er imitierte für mich ihren Gesichtsausdruck, ihre abrupten Ausrufe, das nervöse Klikken ihrer Schußwaffen, als sie ihn hinter den verschlossenen Eisentoren «Halt» rufen hörten. Mit einem kleinen, siegesbewußten Lächeln beschrieb er den Augenblick, als ihnen durch ihr Sprechfunkgerät mitgeteilt wurde, daß sie das falsche Gebäude durchsuchten.

Und was kann man aus der Geschichte lernen? Man tut gut daran, die Sprache der Besatzer zu beherrschen.

**Ramallah, 22. Januar 2003**
Die Wahlen in Israel am nächsten Dienstag werden vermutlich keine Überraschungen bringen: Die Rechte – das nationalistische und national-religiöse Lager – wird noch mehr gestärkt werden und Ariel Scharon wieder zum Premierminister krönen. Die israelische liberale Linke – die sozialistische Linke und die Mitte-Links-Partei (die Arbeitspartei) – wird weiter schrumpfen. Diese Aussicht ist ziemlich rätselhaft: Die letzten beiden Jahre waren die schlimmsten seit mindestens zwei Jahrzehnten. Mehr als siebenhundert Israelis – die meisten davon Zivilisten – sind in diesen beiden Jahren durch Terroranschläge und Guerillaangriffe ums Leben gekommen. Firmen und Geschäfte mußten ihre Tore schließen, die Arbeitslosigkeit ist auf fast zwölf Prozent gestiegen. Die Leistungen der sozialen Sicherungssysteme werden ständig reduziert. Scharon, der vor knapp zwei Jahren gewählt wurde, hat es nicht geschafft, «Sicherheit und Frieden» herbeizuführen, wie er es versprochen hatte.

Anscheinend sind die meisten Israelis (israelische Juden und die russischen Immigranten mit ihren nichtjüdischen Verwandten) der Meinung, daß Scharon für das Scheitern seiner Politik nicht verantwortlich sei. Sie haben die Theorie übernommen, daß die Palästinenser den gegenwärtigen blutigen Konflikt vom Zaun gebrochen haben und Arafat «alles von Anfang an geplant» habe. Deshalb seien sie an allem schuld. Die meisten Israelis unterstützen Scharons militärisches Vorgehen in den besetzten Palästinensergebieten voll und ganz. Und das trotz der täglichen Warnungen vor Selbstmordattentaten innerhalb Israels, der vorzeitigen Entdeckung geplanter Anschläge und der versuchten Guerillaangriffe in den besetzten Gebieten.

Die meisten Israelis erwarten von Scharon, daß er sein militärisches Vorgehen gegen die Palästinenser und Arafat nicht nur fortsetzt, sondern sogar noch intensiviert. Die israelischen Wähler treten mit dem gemischten Gefühl an die Wahlurnen, einerseits schwach und die ewigen Opfer zu sein, andererseits aber eine Armee zu haben, an deren Fähigkeit, die Probleme schließlich zu lösen, sie leidenschaftlich glauben.

Der Arbeitspartei unter dem unpopulären Amram Mizna ist es nicht gelungen, die öffentliche Debatte auf das Thema Besatzung und die andauernde Kolonialherrschaft zu lenken. Dieses Thema oder, besser gesagt, das Lenken der Aufmerksamkeit auf die Auswirkungen der Besatzung (d. h. auf die israelische Politik), statt immer nur auf «die ewige Sehnsucht der Palästinenser» hinzuweisen, «Israel von der Landkarte zu tilgen und Juden zu töten, nur weil sie Juden sind», kann keine Wähler mobilisieren. Sogar in der Arbeitspartei selbst wird diese Formulierung von vielen akzeptiert. Der «Erfolg» mancher Palästinenser, die strikte israelische Belagerung zu durchbrechen, zwischen den Patrouillen der Nachrichtendienste und unzähligen Militärposten bis in das Herz Israels vorzudringen und sich selbst und ein Dutzend israelische Zivilisten in die Luft zu sprengen, ist für die meisten Israelis ein Beweis für die Bestialität und teuflische Gesinnung der Palästinenser, nicht für ihre Verzweiflung und ihren Widerstand gegen die Besatzung. Die allgemeine Stimmung in Israel tendiert dazu, Scharons Formulierung zu akzeptieren: Erst muß der Terror aufhören, nur dann können wir zu politischen Verhandlungen zurückkehren. Die Tatsache, daß Scharon praktisch die Schaffung eines begrenzten Gebildes aus palästinensischen Bantustans zwischen blühenden jüdischen Siedlungen erreichen will, erscheint den meisten Israelis nicht alarmierend. Anscheinend wird das eher als der normale Lauf der Dinge betrachtet. Das Argument der Nationalreligiösen, daß dies «unser Land» sei, zusammen mit den offensichtlichen wirtschaftlichen Vorteilen für diejenigen, die in den Siedlungen leben, entkräftet den Einwand, daß es absurd ist, Milliarden von Dollars in die Sicherheit und den Ausbau der jüdischen Siedlungen zu stecken, während die Wirtschaft des Staates am Rande des Zusammenbruchs steht. Eine von der Öffentlichkeit zur Kenntnis genommene Debatte über Gerechtigkeit gegenüber den Palästinensern und ihr universelles Recht auf Unabhängigkeit findet sowieso nicht statt.

Die meisten Israelis ziehen es vor, das Ausmaß der gegen die Palästinenser gerichteten israelischen Maßnahmen im sogenannten Kampf gegen den Terror nicht zur Kenntnis zu nehmen. Der durchschnittliche Israeli beachtet die Berichte über die palästinensischen Zivilisten nicht, die fast täglich von der israelischen Armee getötet werden, ganz zu schweigen von den zweifelhaften Umständen, unter denen ein israelischer Soldat oder eine Einheit es für angemessen hält, ein Stadtviertel zu bombardieren oder einen Fußgänger zu erschießen. Die meisten Menschen in Israel wissen nichts von der traumatischen Politik der inneren Abriegelung, durch die alle palästinensischen Gemeinden in Gefängnisse verwandelt wurden, ohne Zugang zu ärztlicher Versorgung, Schule, Arbeit und Familie. Die Israelis fragen nicht, warum jede Woche ein paar hundert Palästinenser verhaftet werden und die Schar der vielen tausend Häftlinge in provisorischen Gefängnissen und Zeltlagern vergrößern, deren Standard weit unter dem allgemein üblichen liegt und in denen Familienbesuche untersagt sind. Die Israelis begreifen nicht, welche Wirkung die täglichen Schikanen und Demütigungen durch die Soldaten an den unzähligen Straßensperren haben, mit deren Hilfe die Politik der Belagerung und der inneren Abriegelung durchgesetzt wird. Die Israelis bedenken auch nicht, was es für Tausende von Palästinensern bedeutet, ihr fruchtbares Ackerland zugunsten der «Verteidigungsmauer» zu verlieren, die quer durch das Westjordanland und um jede einzelne Siedlung herum gebaut wird. Deshalb haben sie auch keine Ahnung von der Widerstandskraft der Palästinenser, von ihrer Standfestigkeit und ihrer Entschlossenheit, trotz der Armut und der abnormen Bedingungen, die die israelische Besatzung dem ganzen Volk in seinem Bemühen auferlegt, ein halbwegs normales Leben zu führen.

Ein weiteres erstaunliches Phänomen ist das folgende: Die Palästinenser als Individuen und Familien entwickeln Widerstandskraft und Kreativität in ihren Methoden, die Restriktionen der Besatzung zu umgehen. Aber bei der palästinensischen Führung sucht man solchen Mut und solche Kreativität vergebens. Die Unfähigkeit der palästinensischen Autonomiebehörde, Unabhängigkeit und Entwicklung zu erreichen, hat die Führung nicht zu echten, demokratischen, inneren Reformen bewegt, die für den Widerstand gegen die israelische Besatzung nützlich sein könnten. Angesichts solcher Unfähigkeit und Passivität der Führung werden Selbstmordattentate von der gesamten palästinensischen Bevölkerung als Zeichen des äußersten Mutes, der Selbstaufopferung und der Stärke betrachtet. Natürlich ist es falsch angewandte Stärke, weil sie nicht mit einer Befreiungsstrategie und -philosophie verbunden ist, sondern fast nur mit interner politischer Berechnung.

Die Angriffe gegen israelische Zivilisten, die inzwischen nicht mehr nur das Markenzeichen der Islamisten sind, sondern auch von Fatah-Mitgliedern propagiert werden, verdrängen jeden Versuch, massenhaften zivilen Ungehorsam zu organisieren und die Widerstandskraft der Bevölkerung zu nutzen, die individuell von fast jedem Mitglied der palästinensischen Gesellschaft demonstriert wird. Um einen solchen Widerstand ins Leben zu rufen, müßte die Autonomiebehörde jedoch die Achtung und das Vertrauen der Bevölkerung genießen. Aber das ist nicht der Fall.

Kein Wunder, daß viele Palästinenser sich in letzter Zeit Wunschträumen über Miznas Wahlsieg hingeben. Sie können es kaum glauben, daß seine vernünftigen Worte (über Verhandlungen und den Abbau von Siedlungen) die Israelis nicht überzeugen. In dem Bewußtsein, daß sie keinen Einfluß auf die palästinensische Politik haben und ihre eigene Führung nicht erreichen können, nehmen sie ihre Zuflucht zu einem Traumland und zu Spekulationen über die israelischen Wahlen. So widerstandsfähig sie als Individuen auch sind, in ihrer Gesamtheit geben sich die Palästinenser ihrem Gefühl der Hilflosigkeit, ihrer Passivität und ihrem Mißtrauen gegen ihre Führung hin. Wenn sie die Selbstmordattentate als Racheakte und Vergeltungsschläge unterstützen, unterschätzen sie die Wirkung dieser Anschläge auf die öffentliche Meinung in Israel. Sie unterschätzen die individuelle Widerstandskraft, die dadurch von vielen Israelis verlangt wird – für die die gigantische Militärmacht eine gegebene Tatsache ist, die sie aus diesem Grund nicht einmal wahrnehmen.

Die starken Israelis, die sich als Opfer fühlen, obwohl sie ein weitgehend normales, friedliches Leben führen, und deren politische Führung sich ebendieses falsche «Opfergefühl» zunutze macht, werden am nächsten Dienstag den starken Scharon wählen, damit er auch weiterhin den Palästinensern «eine Lektion erteilen» kann. Die objektiv schwachen Palästinenser, deren subjektive individuelle Stärke bisher von niemandem in Form von gemeinsamen und gut durchdachten Methoden des Widerstands organisiert worden ist, werden auch weiterhin auf Rettung durch Hilfe von außen warten. Aber die Wahlen in Israel werden ihnen keine Rettung bringen.

### *Jerusalem – Ramallah, 29. Januar 2003*

Mayer ist ein alter Jerusalemer Buchladen. Er wurde irgendwann in den dreißiger Jahren von jüdischen Immigranten aus Nazi-Deutschland eröffnet. In der Zwischenzeit hat er die Besitzer gewechselt, aber er hat immer noch den alten Namen und den Ruhm als Geschäft, in dem noch der alte Geist eines echten Buchladens lebendig ist – vollgestopfte, alte, hölzerne Regale, ziemlich unordentlich, aber eben doch nicht vollkommen ungeordnet, und ein Besitzer, der einfach jedes Buch kennt. Der Laden hat nicht die geringste Ähnlichkeit mit den Ketten globalisierter, steriler Buchhandlungen, die alle gleich aussehen, den Geschmack weitgehend monopolisieren und Bücher wie Bonbons auf einem Markt verhökern.

Der neue Besitzer trägt eine schwarze Kippa.

Vor einem Monat hatte ich das Alte und Neue Testament in arabischer Sprache bestellt – ein Geschenk für einen islamistischen Freund in Gaza. Diese Woche traf es ein. Ich zahlte und bedankte mich bei dem Besitzer. Er dankte mir «für das, was Sie schreiben, so entmutigend es auch ist». Ich war erfreut. Eine Kippa ist heutzutage nur allzuoft das Kennzeichen einer tödlichen Mischung aus Chauvinismus und Fanatismus. Es ist immer erfrischend, wenn ein Stereotyp Sprünge bekommt. Also antwortete ich: «Leider gibt es kein Anzeichen einer Besserung, es wird nur immer schlimmer.»

Daraufhin erteilte er mir eine kurze Lektion in jüdischer Tradition: Von allen religiösen jüdischen Festen ist Pessach das einzige, das wir nicht vor Einbruch der Dunkelheit feiern dürfen. Pessach ist der Feiertag der Freiheit, der Exodus aus der Sklaverei. Und was lernen wir daraus? Man muß bis auf den Grund des dunklen Abgrunds hinuntersteigen, bevor man das Licht sehen kann.

### Ramallah, 5. Februar 2003

Wir Levantiner werden dafür verspottet, daß es bei uns in jeder Familie so viele Handys gibt. Mit dem «wir» dürften in diesem Fall alle anderen Mittelmeeranrainer ebenso gemeint sein wie die Israelis und die Palästinenser. Die Dinger sind lästig, sie sind laut, sie dringen ständig in die Privatsphäre ein. Und oft scheinen sie nichts als eine absolut überflüssige, kostspielige Mode zu sein.

Diese Kritik ist durchaus begründet, wenn sie sich auf Menschen bezieht, die unter den zivilisierten Umständen des normalen Kapitalismus und der allgemein üblichen Ausbeutung und Diskriminierung leben. Aber nicht, wenn man an ein höheres (oder ist es ein niedrigeres?) Niveau der Ausbeutung, Unterdrückung und Diskriminierung wie zum Beispiel an Besatzung und Kolonialkrieg denkt.

Nur dank ihrer Mobiltelefone erfahren Tausende von Menschen jeden Tag, ob die Luft rein ist, ob sie es wagen können, sich auf den gefährlichen Weg von ihrer Wohnung zur Arbeit, zur Schule, zu ihrer Familie oder in ein Krankenhaus zu machen und der von Israel befohlenen Abriegelung und Belagerung zu trotzen. Mit ihren Handys warnen die Bauern einander vor sich nähernden Siedlerfahrzeugen oder rufen um Hilfe, wenn sie bei der Feldarbeit angegriffen worden sind. Wann immer die Flüchtlingslager und Städte vom Telefonnetz abgeschnitten waren, bezahlten Freunde und Verwandte in Israel die Telefonkarten mit ihren Kreditkarten. Nur deshalb versiegte der Informationsfluß nicht völlig, so daß ich über einige der Ereignisse in Jenin und Nablus berichten konnte.

Handys sind die einzige Möglichkeit für palästinensische Häftlinge, mit ihren Familien zu kommunizieren – seit zwei Jahren sind Familienbesuche nicht mehr gestattet. Mobiltelefone werden auf geheimnisvolle Weise in die Gefängnisse geschmuggelt. Ich unterhalte mich regelmäßig mit einem palästinensischen Gefangenen in einer der israelischen Haftanstalten. Er ändert ständig seine Mobilfunknummer. Am letzten Montag revoltierten Hunderte von Gefangenen, die sich in administrativer Haft befinden (das sind Menschen, die mangels Beweisen nicht vor Gericht gestellt werden). Die Gefängnisverwaltung hatte versucht, den Empfang ihrer Handys zu stören, mit denen sie die Verbindung zur Welt aufrechterhalten. Heute morgen wurde einer der Gefangenen bereits für den staatlichen israelischen Rundfunk interviewt.

*Ramallah, 11. Februar 2003*
*Mehr über Mobiltelefone*

Seit dem Ausbruch des gegenwärtigen blutigen Konflikts sind Tausende von Palästinensern verhaftet worden. Viele wurden innerhalb weniger Monate vor Gericht gestellt. Aus vielen Anklageschriften geht hervor, daß die neuen, meist jungen Häftlinge schon nach kurzer Zeit eine Menge sehr genauer Informationen preisgeben – ohne daß sie mit allzu harten Methoden vernommen werden. Vor einigen Jahren hat der Oberste Israelische Gerichtshof die Folter untersagt. Abgesehen von einigen wenigen Fällen greifen die Vernehmer anscheinend tatsächlich nicht auf die alten Foltermethoden zurück.

Es gibt drei mögliche Erklärungen für die Bereitschaft, sofort zu gestehen und auch noch Informationen preiszugeben, die zur Verhaftung weiterer bewaffneter Aktivisten und zur vorzeitigen Entdeckung von Personen führen, die ein Selbstmordattentat begehen wollen.

1. Die erfolgreiche Anwerbung eines ständig wachsenden Netzes von Kollaborateuren. Je abhängiger die Bevölkerung vom guten Willen der israelischen Behörden ist (besonders was Reisegenehmigungen anbelangt), desto leichter ist es, Kollaborateure zu finden.
2. Keine der großen Organisationen, insbesondere nicht die große Fatah, hat sich die Mühe gemacht, ihre jungen Aktivisten auszubilden und ihnen beizubringen, wie sie sich bei Befragungen und im Gefängnis verhalten sollen. Es ist sehr leicht, den jungen Häftlingen angst zu machen und sie zu manipulieren. Das ist übrigens einer der Beweise dafür, daß die Intifada nicht geplant war.
3. Ein wichtiger Aspekt dieser mangelnden Planung und Vorbereitung ist die unbedenkliche Verwendung von Mobiltelefonen. Die Anklageschriften beweisen, daß sich die israelischen Nachrichtendienste viele, wenn nicht die meisten Informationen durch das Abhören der Handys verschaffen. Die Aktivisten, besonders die bewaffneten Kämpfer, wissen dies und reden trotzdem vollkommen frei am Telefon oder versäumen es, die Batterie herauszunehmen. Es ist ein offenes Geheimnis, daß man auch dann Gespräche abhören und Personen lokalisieren kann, wenn das Handy ausgeschaltet ist.

*19. Februar 2003*

*Katastrophe* (lat. *catastropha*: Wendung): plötzliches, verbreitetes oder bemerkenswertes Unglück; Ereignis, das das System von Dingen zerstört, entsetzliches Ende, Ruin.
*Routine*: regelmäßige Vorgehensweise, unveränderliche Art der Durchfüh-

rung bestimmter Handlungen, Sequenz von Instruktionen zur Durchführung einer Aufgabe (bei Computern).
(Definitionen aus dem *Consice Oxford Dictionary*)

Es gibt keine Definition für routinemäßige Katastrophen oder katastrophale Routine. Auf den ersten Blick sieht das wie ein Oxymoron, eine Zusammenstellung zweier gegensätzlicher Begriffe, aus. Aber genau das geschieht den Palästinensern in ihren von Israel und seiner mächtigen Armee besetzten und kontrollierten Städten und Dörfern. Der Tod von bewaffneten und unbewaffneten Personen durch israelische Kugeln ist bereits zur täglichen Routine geworden (die Umstände der Todesfälle werden schon längst nicht mehr untersucht). Routinemäßig versuchen Jugendliche, israelische Ziele zu erreichen und anzugreifen, und werden dabei getötet, Trauer, Totenwache und Beerdigung sind tägliche Routine. Verhaftungen, Warnungen vor geplanter Infiltration von Palästinensern nach Israel, Angriffe der Armee auf palästinensische Wohnviertel sind reine Routine. Die Häuser von Familien, deren Sohn verdächtigt wird, an Angriffen auf israelische Soldaten oder Zivilisten beteiligt zu sein, werden routinemäßig gesprengt oder von Bulldozern eingerissen. Routinemäßig werden kleine metallverarbeitende Werkstätten zerstört, die angeblich Raketen herstellen. Die Verwüstung landwirtschaftlich genutzter Flächen, Felder und Obstgärten ist Routine. Das Werfen von Tränengaskanistern in die Menschenmengen, die versuchen, die Straßensperren zu passieren, die endlosen Wartezeiten an den Kontrollpunkten, das beleidigende Verhalten der dort stationierten Soldaten, das alles ist Routine.

Jede einzelne Person und jede Familie macht täglich mehrere Arten von routinemäßigen Katastrophen durch. Das Leben wird an jedem einzelnen Tag auf den Kopf gestellt. Routinemäßig. Es ist eine ständig eskalierende Routine. Und weil es Routine ist, nimmt die Welt keinerlei Notiz davon. Weil es Routine ist, ist es keine meldenswerte Neuigkeit.

### *Ramallah, 26. Februar 2003*
Während der ganzen letzten Woche kannten die Kinder meiner Nachbarn nur ein Thema: Schnee. Am Dienstag wird es schneien, behaupteten sie. Hurra! Keine Schule. Hurra! Papa wird zu Hause bleiben und das Frühstück machen. (Kh., der Vater, ist Rechtsanwalt und vertritt Minderjährige vor dem israelischen Militärgericht.)

Ich dachte, sie würden nur träumen, wie sie es schon den ganzen letzten Monat getan hatten. Wenn es keinen Schnee gibt, sehnen sie sich nach einem Tag Ausgangssperre. Es ist zwar nicht politisch korrekt, darüber zu reden, aber an Orten und zu Zeiten, an denen die Ausgangssperren keine täglichen gewaltsamen Störungen sind, freuen sich die Kinder über einen zusätzlichen schulfreien Tag. Aber der israelische Wetterbericht hatte Schnee angekündigt, und die Wetterberichte werden ins Arabische übersetzt. Die Kinder sind immer die ersten, die es wissen.

Und es schneite tatsächlich. Weiße Schneeflocken, zuerst wäßrig, dann zunehmend wollig, schwebten anmutig durch die Luft, bis sie auf die immer weißer werdende Erde herabsanken. Der Schnee fällt in Ramallah und Jerusalem, in Bethlehem und im oberen Galiläa. Hier wie dort staunen jubelnde Kinder und Erwachsene, die wieder zu Kindern werden, über das seltene Phänomen. Israelis und Palästinenser, Araber und Juden.

Die politische Nachricht des Tages wurde bei all diesem Weiß kaum beachtet: Ariel Scharon hat seine neue Regierungsmannschaft zusammengestellt. Mit rechtsextremen Parteivorsitzenden, die offen für den «Transfer» (die Vertreibung der Palästinenser) als Lösung eintreten, und mit «Gemäßigten», die vorschlagen, daß es den Palästinensern gestattet sein soll, in mehreren, nicht miteinander verbundenen «Selbstverwaltungsenklaven» zu leben, und alle steuern einen großen messianischen Krieg zur «Lösung» des Konflikts an. Schlimme Nachrichten, düstere Aussichten. «Was für eine Regierung ihr habt», bemerkte Kh. beim Frühstück (Ausgangssperren und Schneearrest sind großartig für nachbarliche Beziehungen). «Das Problem ist», antwortete ich, «daß das nicht nur uns betrifft. Es ist auch Ihre Regierung, obwohl Sie sie nicht gewählt haben ...» Israelis und Palästinenser, Araber und Juden: der gleiche Schnee, die gleiche Regierung.

### *Ramallah, 12. März 2003*

Im staatlichen israelischen Rundfunk gibt es eine tägliche Sendung mit dem Titel «Auf der Suche nach Verwandten». Eingerahmt von zwei Nachrichtenmagazinen, scheint diese fünfzehnminütige Sendung zunehmend mehr Hörer anzulocken, seit sie vor etwa drei Jahren ins Leben gerufen wurde.

Vor 40 bis 45 Jahren hatte es schon einmal eine ähnliche Radiosendung gegeben. Ein Radiosprecher oder eine Sprecherin las mit ernster Stimme Nachrichten wie die folgende vor: Bluma Finkelstein, geboren 1938 in Lodj (Polen), sucht nach Verwandten, die sie zuletzt vor ihrem Transport in das Konzentrationslager Treblinka gesehen hat. Abraham Levi, geboren in Bratislava (Slowakei), hat seinen Bruder zuletzt im Güterwaggon beim Transport nach Auschwitz gesehen. Für eine kleine Gruppe von Personen, die vor weniger als einer Generation Millionen von Verwandten verloren haben, ist eine solche Sendung etwas ganz Natürliches.

Heute sind die technischen Möglichkeiten sehr viel besser. Ein Radiosprecher redet mit sanfter Stimme direkt mit den Menschen, die beim Rundfunk anrufen und ihre Geschichte life erzählen. Aber wer sind die Zuhörer und Klienten einer solchen Sendung? Manchmal geht es um «gewöhnliche» Familientragödien: Eine Tochter ist von zu Hause fortgelaufen; ein Mann hat seine Tochter im Stich gelassen, und nun sucht *sein* Vater nach ihr. Aber die Mehrzahl der Anrufer sind auch diesmal wieder Menschen, die ihre Freunde, Geschwister oder Nachbarn zuletzt gesehen haben, bevor sie in einen Güterzug zum Konzentrationslager stiegen, bevor das Ghetto in Flammen aufging und sie als kleine Kinder in ein Versteck geschmuggelt wurden, und die nun nach Verwandten suchen, an deren Namen und Gesichter sie sich nicht erinnern können. Sechzig Jahre nachdem die deutsche Todesmaschine sie aufgespürt und ihre Familien ermordet hat, suchen diese alten Menschen nach einer winzigen Spur der Wärme ihres früheren Lebens.

### *Ramallah, 28. April 2003*

Es gibt einen Tag im Jahr, an dem ich es nicht ertrage, in Ramallah oder irgendeiner anderen palästinensischen Ortschaft zu sein. Aber auch in West-Jerusalem oder irgendeiner anderen israelischen Ortschaft halte ich es dann nicht aus. Dieser Tag ist der Holocaust-Gedenktag, der in diesem Jahr am letzten Dienstag, dem 29. April, begangen wurde. Die Revolte im Warschauer Ghetto brach am 19. April 1943 aus. Seitdem wurde dieser Tag nach dem jüdischen Kalender am 27. Nissan begangen. Die deutsche Armee wollte Hitler mit einem Geburtstagsgeschenk «ehren», die gequälte, todgeweihte, jüdische Enklave in der besetzten polnischen Hauptstadt endgültig liquidieren und alle Bewohner in den Tod schicken. Eine Handvoll jüdischer Halbwüchsiger, die sich einige Monate zuvor zu einer geheimen, bewaffneten Organisation mit lächerlich wenigen Pistolen und ein bißchen Munition zusammengeschlossen hatten, faßten den Entschluß, Widerstand zu leisten, oder besser gesagt, im Kampf zu sterben.

Dieser Tag bedeutet mir sehr viel. Nicht, daß ich ihn brauchen würde, um mich zu erinnern. Seit ich denken kann, habe ich täglich daran gedacht, an die Todesindustrie, an meine Verwandten, die ums Leben gekommen sind, an die unzähligen Facetten individueller und kollektiver Grausamkeit, die Massenmordmanie in Deutschland.

In Ramallah ist es schwer, Freunde zu finden, die diese Gedanken und diesen Schmerz mit mir teilen. Es ist ein Stück europäischer Geschichte, das einem Volk aufgezwungen wurde, das nichts damit zu tun hatte. Es ist wahr, daß sie nichts von dieser Geschichte wissen und mich mit ihren leeren Vergleichen ärgern. Aber es war nicht ihre Kultur, die so Ungeheuerliches hervorgebracht hat.

Wenn ich mich an einem solchen Tag in Ramallah einsam fühle, fühle ich mich in Jerusalem noch einsamer – wenn unsere jüngste Geschichte von offiziellen israelischen Sprechern mißbraucht wird, finanziell ausgeschlachtet, deformiert, benutzt, verfälscht und angepaßt, um die unbarmherzige israelische Besatzung damit zu rechtfertigen.

### 4. Mai 2003

Innerhalb von 18 Stunden am 28. April 2003 eingegangene Telefonanrufe:

Kurz nach Mitternacht. Ein Anruf von L., einem europäischen Diplomaten. Er ist gerade an einem palästinensischen Wohnviertel in Jerusalem vorbeigekommen und hat folgendes gesehen: Eine Gruppe von etwa zwanzig israelischen Jugendlichen, angeführt von einem Mitglied der Knesset und Vorsitzenden einer Partei, die den «Transfer» der Palästinenser befürwortet, hat sechs palästinensische Familien gezwungen, ihre Häuser zu verlassen. Vor 1948 hatten die Häuser Juden gehört. In einem Monat soll der Oberste Gerichtshof entscheiden, wer darin wohnen darf. Die Befürworter des «Transfers» versuchen, vollendete Tatsachen zu schaffen. Die Polizei griff ein, erlaubte den Familien jedoch nicht, in ihre Häuser zurückzukehren. Einige waren verletzt. L. erkundigt sich, ob meine Zeitung einen Reporter zum Schauplatz der Vertreibung schicken könne. Bisher haben die israelischen Medien nichts über die Vorgänge berichtet.

1:34 Uhr. L. berichtet, daß, abgesehen von ein paar Aktivisten von der jüdischen Linken, bisher nur ein Reporter von einem arabischen Fernsehsender erschienen sei. Alle hochrangigen palästinensischen Aktivisten, die in Jerusalem wohnen, halten sich gerade in Ramallah auf und sind damit beschäftigt, die Regierung Abu Mazen mit Arafat zu besprechen.

Am nächsten Tag: so gut wie nichts in der israelischen Presse. Nur morgens ein Satz in den Radionachrichten über eine «Auseinandersetzung» zwischen Juden und Arabern. Die Polizei habe die beiden Parteien getrennt.

8:00 Uhr. Eine Frauenstimme fragt mich: Wann wird diese Abriegelung enden?

Ich: Die Abriegelung hört nie auf.

Sie: Nein, wann werden die Arbeiter aus dem Gazastreifen wieder kommen dürfen? Es gibt rund zehntausend, die Arbeitsgenehmigungen haben, aber über Ostern waren die Übergänge gesperrt.

Ich: Wer sind Sie?

Sie: Eine Bürgerin. Ich beschäftige Arbeiter. Ich weiß, wie nötig sie Arbeit brauchen. Arme Kerle. Eingesperrt da drüben, ohne zu wissen, wann sie wiederkommen können. Ich bin zu ein paar Demonstrationen gegangen, aber es nützt nichts.

8:50 Uhr. Ein Fax von der Stadtverwaltung von El Bireh (der größeren Nachbarstadt von Ramallah). Auf Anordnung der israelischen Zivilverwaltung soll die Mülldeponie der Stadt geschlossen werden. Angeblich aus ökologischen Gründen. Die Stadtverwaltung vermutet, daß das Land zugunsten der ständig wachsenden jüdischen Siedlung annektiert werden soll, die zwischen zwei zu El Bireh gehörigen unbewohnten Hügeln gebaut wird. Die Stadtverwaltung weigert sich, den Müll täglich zu einer weit entfernten Deponie zu transportieren. Zu kostspielig und zu viele Kontrollpunkte auf dem Weg.

9:46 Uhr. Die Mutter eines Wehrdienstverweigerers ruft an. Sie hat gerade bemerkt, daß mehrere Gärtner an die hundert alt aussehende Olivenbäume in der Nähe des Regierungskomplexes in Jerusalem neben dem Obersten Gerichtshof eingepflanzt haben. Sie hat den Verdacht, daß es sich dabei um Bäume handelt, die in palästinensischen Dörfern ausgegraben worden sind – aus Sicherheitsgründen oder für den Bau der Sperranlagen. Der *Ha'aretz*-Reporter für Umweltthemen bezweifelt das. Es gibt genügend «legal» ausgegrabene Olivenbäume aus Israel, die umgepflanzt werden.

12:13 Uhr. Salem, ein Taxifahrer, erzählt mir, daß ein Militärjeep die Taxis an einem Kontrollpunkt zwingt, weit entfernt von dem gewohnten Platz auf Fahrgäste zu warten. Das bedeutet, daß die Ankommenden von der Stelle auf der einen Seite der Straßensperre, an der sie aus einem Taxi aussteigen, etwa vier Kilometer weit über die Hügel gehen müssen, bis sie bei einem Taxi auf der anderen Seite ankommen. Eine direkte Durchfahrt von Autos ist verboten. Der Kontrollpunkt ist rund um die Uhr von Soldaten besetzt, die diese Regelung durchsetzen. Salem sagt, daß ich ihm einmal bei einem anderen Problem an einem anderen Kontrollpunkt geholfen hätte. Ich kann mich nicht daran erinnern. Aber ich bezweifle, daß ich mit einem Anruf beim Armeesprecher diesmal etwas ausrichten kann. Dennoch telefoniere ich mit der Armee.

14:25 Uhr. Salem ruft wieder an. Es hat sich nichts geändert, sagt er. Kommen Sie, und sehen Sie sich das Elend der Menschen an.

15:30 Uhr. Salem ruft wieder an und gibt die Nummer des Jeeps durch. Bisher keine Antwort von der Armee.

Bis 18:00 Uhr ruft er noch mehrfach an. Keine Veränderung. Der Jeep fährt herum und treibt uns immer weiter weg.

### *Ramallah, 4. Juni 2003*

Da ist es wieder, dieses Wort: *Frieden*. Wozu sich um Fakten kümmern, wenn die Worte so süß, so vielversprechend klingen? Scharon wird sagen, daß er die illegalen Siedlungen beseitigen wird. Abu Mazen wird das Ende der bewaffneten Intifada verkünden. Die Palästinenser (jedenfalls die palästinensische Führung) werden zufrieden sein.

Scharon hat angekündigt, es werde einen palästinensischen Staat geben. Das hat Bush gesagt. Einen territorial zusammenhängenden Staat, hat er gesagt. Als ob es nicht selbstverständlich wäre, daß ein Staat ein zusammenhängendes Territorium haben muß! Was hat Scharon sich darunter vorgestellt? Indianerreservate innerhalb seines Landes?

Ebenso wie während der Oslo-Jahre ist es unmöglich, mit Fakten gegen das weltweite Bedürfnis nach Ruhe anzukommen. Es ist alles nur noch schlimmer geworden – weil es eine Wiederholung der Tragödie oder, besser gesagt, der Farce ist, weil die Palästinenser heute sehr viel schlechter dran sind und weil die israelischen Kolonien inzwischen in unvorstellbarem Ausmaß vergrößert worden sind.

Darum muß es immer und immer wieder gesagt werden: Ein palästinensischer Staat ist nichts als ein Name, wenn er nicht über das ganze Gebiet verfügt, das im Jahr 1967 besetzt wurde, wenn er keine Verfügungsgewalt über seine Wasserressourcen hat und wenn seine Staatsbürger keine Bewegungsfreiheit haben. Die bestehenden «autorisierten» Siedlungen (nicht die illegalen Außenposten, von denen alle Welt redet) garantieren, daß Israel 50 Prozent, wenn nicht mehr des Westjordanlands und 20 Prozent des Gazastreifens kontrolliert. Wenn sie bestehenbleiben – und es ist die erklärte Absicht Israels, 91 Prozent davon zu behalten –, kann man jeden Gedanken an territorialen Zusammenhang, an entwicklungsfähiges Bauland, an Bewegungsfreiheit und an wirtschaftliche Unabhängigkeit vergessen. Vielleicht werden die Palästinenser das jetzt akzeptieren, schwach und besiegt, wie sie sind. Aber ein solches Gebilde verdient den Namen Staat nicht.

### 11. Juni 2003

Seit Jahren unterscheiden die Experten der israelischen Nachrichtendienste und auf die Palästinenser spezialisierte Orientalisten zwischen den «gemäßigten» Hamas-Aktivisten und den «Extremisten». Nachdem ich viele Jahre lang unter den Bewohnern von Gaza gelebt habe, von denen viele Hamas-Aktivisten sind, glaube ich den Unterschied zwischen den beiden Kategorien begriffen zu haben: Beide glauben, daß ganz Palästina ein heiliges Erbe des Islam ist, das irgendwann einmal vollständig an die muslimischen Palästinenser zurückgegeben werden wird. Die Extremisten sind überzeugt, daß das in etwa fünfzig Jahren passieren wird. Die Gemäßigten hingegen glauben, daß es noch fünfhundert Jahre dauern wird.

Das ist der Grund, warum die «Gemäßigten» bereit waren, über praktische Fragen zu verhandeln, wie die Lebensbedingungen der Menschen, die Rechte der Frauen in einer muslimischen Gesellschaft und sogar einen «Waffenstillstand» mit dem Staat Israel. Die Extremisten halten an der Vorstellung eines bewaffneten Widerstandes bis zur vollständigen Befreiung Palästinas fest. Denn Allah ist mit uns.

Abd al-Asis al-Rantissi, auf den Israel am letzten Dienstag einen Mordanschlag verübte, war mit Sicherheit einer der Extremisten. Bisher konnten in seiner Vorstellung Juden als Gäste im muslimisch-palästinensischen Staat geduldet werden. Minuten nachdem er dem Tod entgangen war, schwor er im Krankenhaus, daß die Hamas ihren bewaffneten Kampf fortsetzen werde, bis der letzte Jude das Heilige Land verlassen habe. Während der von den Amerikanern und Ägyptern unterstützte Premierminister Abu Mazen sich bemühte, zu einer Verständigung mit der Hamas zu kommen (und damit den gemäßigten Flügel zu stärken), hat Israel wieder einmal gezeigt, wer hier der Boss ist. Aber Allah ist, wenn schon nicht mit den besiegten, unbeachteten, eingesperrten Palästinensern, so doch ganz bestimmt mit der Hamas: Nicht nur wurde Rantissi gerettet, seine Bewegung gewinnt immer mehr Anhänger, ganz besonders der Flügel, der mit einer Befreiung in fünfzig Jahren rechnet.

### *Gaza, 18. Juni 2003*

Die Häufung israelischer gezielter Tötungen in Gaza (vierundzwanzig Tote, fünf davon gezielt ermordete Hamas-Aktivisten, neunzehn Passanten, darunter Frauen und Kinder) und die wiederaufgenommenen Gespräche über die Chancen eines Waffenstillstands haben mich veranlaßt, in meine «Heimatstadt» zu eilen, wie manche meiner Freunde sie scherzhaft nennen.

Während der letzten fünf Tage habe ich viel Zeit mit Hamas-Mitgliedern aller Ränge und Schattierungen verbracht. Manche kenne ich noch von früher. Ich glaube ihnen, wenn sie versichern, daß es keinen Druck von unten gibt, die Selbstmordattentate einzustellen, und daß die Hamas bis zu einem gewissen Grad zu einem Waffenstillstand bereit ist, auch wenn offiziell niemand so etwas sagt.

Ich habe Dr. Abd al-Asis Rantissi in seiner Wohnung besucht, wo er sich von den Verletzungen erholt, die er letzte Woche erlitten hat. Ich fragte ihn, wie lange der Konflikt dauern würde (wobei ich mich auf seine Erklärung bezog, daß er nicht enden würde, bevor nicht der letzte Jude das Land verlassen habe). Inzwischen war er wieder etwas weniger radikal. Er erklärte mir, es handle sich um eine «Diagnose», die auf drei Tatsachen beruhe: 1. Es ist gestohlenes islamisches Land. 2. Die Juden betrachten das Land als das ihre, selbst nach 2000 Jahren des Exils. Die Muslime betrachten es als ihr Eigentum. 3. Israel setzt seine aggressive Politik fort.

Zunächst meinte er, daß der Kampf viele Jahrzehnte dauern werde. Ich fragte: Wie sollen die Menschen ein so elendes Leben und die dauernde Bedrohung mit dem Tod ertragen? Er erwiderte: Der Konflikt wird abwechselnd aufflammen und einschlafen. Niemand kann den Menschen versprechen, daß wir das Land in hundert oder zweihundert Jahren befreit haben werden. Wenn Israel seine Politik ändert und einen unabhängigen

Staat in den 1967 besetzten Gebieten zuläßt, ist ein langer Waffenstillstand möglich.

PS: Heute morgen habe ich bereits einige haßerfüllte Briefe erhalten, weil ich angeblich Hitler interviewt habe.

### Ramallah, 2. Juli 2003

Der gegenwärtigen, von Mahmud Abbas (Abu Mazen) geführten palästinensischen Regierung ist es vor kurzem gelungen, die palästinensische Opposition und die meisten bewaffneten Kämpfer der Fatah zu einem Waffenstillstand, das heißt zu einer Unterbrechung aller Angriffe gegen Israelis, zu überreden. Abu Mazens Anhänger sehen darin einen notwendigen Schritt auf dem Weg zur Verwirklichung der von Amerika gesponserten «Road Map». Diese ist der neueste Versuch, eine Lösung des Konflikts durch die Errichtung eines palästinensischen Staates bis zum Jahr 2005 herbeizuführen (wobei die Grenzen dieses Staates noch nicht festgelegt sind).

Als die Weltgemeinschaft Arafat dazu drängte, zurückzutreten und die Bildung einer neuen Regierung zu ermöglichen, war von der Notwendigkeit innerer Reformen die Rede. Arafats diktatorische Regierungsmethoden sollten beendet werden, hieß es – eine Forderung, die viele Palästinenser, einschließlich zahlreicher unabhängig denkender Fatah-Mitglieder, schon seit Jahren erhoben haben.

Bisher war der Kampf gegen die Besatzung das wichtigste Anliegen. Jetzt heißt es, die innere Reform sei das wesentlichste Thema. Der Waffenstillstand und die Wiederaufnahme politischer Verhandlungen mit Israel (die so aussichtslos sind, wie sie nur sein können) werden fast als Mittel zum Zweck betrachtet.

«Wenn jetzt ein Minister und nicht mehr Arafat die Polizeioffiziere ernennt, dann ist das schon ein Schritt nach vorn. Wir haben es satt, alles von dem Mann mit der Keffiyah vorgeschrieben zu bekommen», sagte ein führendes Mitglied der Fatah. Ein anderer meinte: «Die ewigen Symbole hängen uns zum Hals heraus. Es wird gesagt, unser Finanzminister Salam Fayyad sei Amerikaner? Soll er doch. Was er zur Konsolidierung eines transparenten Systems tut, ist patriotischer als jede Erklärung.» Und ein ehemaliger Vorsitzender der Volksfront teilte mir mit: Wenn es einen Staat gibt, und er wird mit diesem autoritären und korrupten System regiert, dann will ich keinen Staat. Dann lebe ich lieber unter der Besatzung.

### Ramallah, 22. Juli 2003

Ein ethisches Dilemma: Letzten Sonntag wurde ich dringend gebeten, ins Krankenhaus in Ramallah zu kommen und mit einem Mann zu reden, der von israelischen Soldaten schwer geschlagen worden war. Die Geschichte, die er mir erzählte, war sogar noch schlimmer. Er war von Soldaten am Kontrollpunkt Kalandia im Süden von Ramallah festgenommen worden. Der Name seiner ausgedehnten Familie ist Barghuthi. Die Soldaten, so sagte er mir, waren überzeugt, daß er mit dem Leiter der Fatah, Marwan Barghuthi, verwandt sei. Sie verbanden ihm die Augen, fesselten ihm die Hände hinter dem Rücken und zwangen ihn, auf dem unebenen Boden zu sitzen. Es wurde Nacht. Sie hatten ihm seit neun Uhr morgens nur ein Glas Wasser zu trinken gegeben. Dann fingen sie an, ihn mit den Fäusten und einem Stock zu schlagen. Seine Hände schmerzten, aber die Soldaten weigerten sich, die Handschellen zu lockern. Er erhielt ein belegtes Brot und ein zweites Glas Wasser, durfte aber 32 Stunden lang nicht auf die Toilette gehen. Die Soldaten wurden abgelöst. Eine neue Stimme fragte ihn nach seinem Namen und warum er hier sei – dann wurde er freigelassen. Ich sah ihn zwei Stunden später, sah seine geschwollenen Hände, seinen zerschlagenen Rücken und seine Augen, die sich mit Tränen füllten. Wir einigten uns darauf, die von ihm geschilderten Einzelheiten dem Armeesprecher zu melden. Dieser rief mich an und teilte mir mit, daß die Vorwürfe ernsthaft untersucht werden würden. Die Soldaten streiten natürlich alles ab. Der Mann solle kommen und versuchen, einige von ihnen zu identifizieren.

Jetzt hat seine Familie ihn davon abgebracht, sich offiziell zu beschweren. «Wenn du dich beschwerst, werden sich die Soldaten an anderen Kontrollpunkten an uns allen rächen.»

Soll ich nun über diesen Fall berichten oder die berechtigten Ängste der Familie vor Racheakten respektieren?

### *Ramallah, 20. August 2003*

Vor einem Monat – es kommt mir so vor, als wäre es vor Jahrhunderten gewesen – habe ich von dem Mann berichtet, der behauptete, er sei dreißig Stunden lang von israelischen Soldaten schwer geschlagen, schikaniert und gedemütigt worden. Jetzt muß ich feststellen: Der Kerl hat gelogen. Er hat mich, seine Freunde, seine Familie und ein halbes Dutzend Journalisten angelogen. Er war von palästinensischen Sicherheitsbeamten festgenommen und geschlagen worden. Sie hatten ihn im Verdacht, als Kollaborateur für die israelischen Sicherheitskräfte gearbeitet zu haben oder zu frei im Umgang mit Frauen gewesen zu sein. Er war schon einmal ohne Gerichtsverfahren drei Jahre lang von der palästinensischen Polizei als mutmaßlicher Kollaborateur inhaftiert worden. Es ist schwer zu sagen, was ihn dazu bewogen hat zu lügen. Jedenfalls hat er großen Schaden angerichtet, denn jetzt werden alle wahren Berichte über Schikanen an den Kontrollpunkten von den israelischen Lesern für falsch gehalten werden.

Vor einem Monat – es kommt mir so vor, als wäre es Jahrhunderte her – begannen die Menschen, ein wenig Hoffnung zu schöpfen, daß der von den palästinensischen Organisationen verkündete Waffenstillstand halten, daß Israel allmählich immer mehr Straßensperren und Kontrollpunkte beseitigen und seine Angriffe und Tötungen einstellen würde. Sie hatten beschlossen, der Hoffnung eine Chance zu geben, trotz der nicht enden wollenden Verhaftungen, der auch weiterhin bestehenden Abriegelung der Palästinensergebiete und des Mißtrauens gegenüber den politischen Absichten Israels. Die israelischen Sicherheitsbehörden behaupteten, daß sie nach wie vor täglich geplanten Terroranschlägen auf die Spur kämen. Dann begann die Lawine gegenseitiger Beschuldigungen und Tötungen immer schneller zu rollen. Bis zum Dienstag abend wurden fünfzehn Palästinenser, Zivilisten und bewaffnete Kämpfer und sechs Israelis getötet. Dann sprengte sich ein Selbstmordattentäter in einem vollbesetzten Bus in Jerusalem in die Luft: 20 Tote, 110 Verwundete, viele davon Kinder. Es war die Rache der Hamas für einen Racheakt der Israelis für einen Racheakt der Palästinenser für einen israelischen Angriff... Rache, Rache und nochmals Rache.

Die Nachricht von dem Selbstmordanschlag erreichte eine singende Menschenmenge im Stadtzentrum von Ramallah, wo eine einheimische Tanzgruppe eine Vorstellung mit einer Mischung aus heroisch-kämpferischen Stücken und Liedern von Liebe und Hoffnung gab. Die Freude wurde den Anwesenden verdorben. Manche Zuschauer äußerten offen ihre Wut auf den Kerl, der einen direkten Draht zu Allah hatte und bestimmte, daß er in ihrem besten Interesse handelte, wenn er innerhalb von zehn Sekunden so viele Leben und jede Hoffnung auf die Rückkehr zur Vernunft zerstörte. Aber die Verurteilung der Tat war nicht die Regel.

### *Ramallah, 27. August 2003*

Bei der Durchsicht meiner letzten acht Op-Eds\* und Features für die *Ha'aretz* stellte ich fest, daß fünf davon die palästinensische Führung kritisieren und sich mit negativen Phänomenen in der palästinensischen Gesellschaft befassen. In einem Artikel wird die Ermordung eines als Kollaborateur verdächtigten Mannes durch anonyme Fatah-Aktivisten beschrieben. Ein weiterer handelt vom palästinensischen Erziehungsministerium, das bei der Aufrechterhaltung des Erziehungssystems unter schwierigsten Umständen Großes geleistet hat, jedoch die Noten der Schüler und Studenten in den Abschlußexamen in ungerechtfertigter Weise aufbessert – zum Ausgleich für das verständlicherweise niedrige Unterrichts- und Lernniveau. Der Artikel vom letzten Mittwoch behandelt ein

---

\* Das «Op-Ed» (Opposite Editorial) ist eine insbesondere in den USA seit Ende der dreißiger Jahre gepflegte Institution des oft bewußt von der Redaktionslinie abweichenden Kommentars. Ursprünglich kommt der Ausdruck daher, daß im Zeitungsdruck diese Meinungsartikel den Herausgeber-Editorials gegenübergestellt waren.

Thema, über das bisher kein palästinensischer Journalist zu schreiben gewagt hat: Die Innenstadt von Nablus wird von mehreren bewaffneten Banden terrorisiert, die vermutlich der Fatah nahestehen und sich gegenseitig bekämpfen, absichtlich oder aus Versehen Menschen umbringen und innerhalb der Stadt «Kontrollpunkte» errichten. Es ist so schlimm, daß die Einwohner über die jüngste israelische Invasion in ihre Stadt froh sind und die von der Armee verhängte Ausgangssperre begrüßen.

Diese Artikel wurden veröffentlicht, während die israelische Armee ihre Angriffe munter fortsetzte, während Menschen gezielt getötet, Land konfisziert, die entsetzliche «Sicherheitsmauer» weitergebaut und die Bewegungsfreiheit der Bevölkerung drastisch eingeschränkt wurde.

Habe ich recht daran getan, über die ersteren Themen zu schreiben und nicht über die letzteren? Am vergangenen Mittwoch habe ich gehört, daß meine Artikel augenblicklich vom arabischsprachigen Sender des israelischen staatlichen Rundfunks (einem Sprachrohr der Regierung) freudig aufgegriffen wurden. Bedeutet das, daß ich meine Aufgabe vernachlässige, die Tätigkeit der israelischen Regierung zu kommentieren? (Artikel, in denen ich das tue, werden übrigens nicht vom Sprachrohr der israelischen Regierung zitiert, ebensowenig wie meine Artikel, in denen die PA kritisiert wird, von den palästinensischen Zeitungen übersetzt und abgedruckt werden.)

Was die Ausübung meines Berufes betrifft, so habe ich keinen Zweifel daran, daß es meine Aufgabe ist, das zu berichten, was ich sehe und von dem ich weiß, daß es die Menschen bewegt. Persönlich weiß ich die vernünftige Einsicht der Menschen zu schätzen, daß man die Besatzung nicht für jeden negativen Aspekt verantwortlich machen kann, und diese Erkenntnis bringe ich auch zum Ausdruck.

### *Ramallah, 2. September 2003*

Als am 19. August bekannt wurde, daß eine gewaltige Explosion das UN-Hauptquartier in Bagdad erschüttert hatte, wurde mir schwer ums Herz. Ich wußte, daß ein Freund von mir aus Gaza, Marwan Kafarne, schon seit drei Monaten dort arbeitete. Mitte der achtziger Jahre war Marwan, damals Lehrer an einer UNRWA-Schule, in den halb geheimen, halb legalen palästinensischen Gewerkschaften aktiv (in dem der Volksfront nahestehenden Teil der Gewerkschaften). Während der gesamten achtziger Jahre hatten mehrere palästinensische politische und darum illegale Organisationen immer wieder eine Lücke in den Vorschriften der israelischen Besatzer gefunden und Wahlen für die Gewerkschaften organisiert, in der Hoffnung, dadurch die breite Masse der Bevölkerung zum Widerstand zu bewegen. Marwan wurde zum Leiter des der PFLP nahestehenden Zweigs der Gewerkschaften gewählt und wurde später Mitglied eines Koordinationskomitees für die verschiedenen Gewerkschaftszweige. Als der Gazastreifen am 8. und 9. Dezember 1987 von einer Protestwelle erschüttert wurde, begriffen die Mitglieder dieses Komitees, dem niemand diese Aufgabe erteilt hatte, daß sie die Gelegenheit beim Schopf ergreifen und die spontane Massenerhebung in irgendeiner Weise kanalisieren mußten. Sie bildeten die «erste vereinigte Leitung der Intifada». So begann Ende der achtziger Jahre der erste Volksaufstand: als spontane Massenerhebung, den Aktivisten an der Basis unmittelbar zu steuern verstanden (bis Befehle von der PLO in Tunis die Sache verdarben).

Marwan wurde aufgespürt und drei Jahre lang inhaftiert. Ich lernte ihn im Jahr 1992 kennen. Als ich nach Gaza zog, wurden wir Nachbarn. Dann trat er in eines der UN-Büros im Gazastreifen ein, und seine dort gesammelten Erfahrungen führten ihn schließlich in den Irak (wo er in den frühen achtziger Jahren studiert hatte).

Aber nein, er war bei der Explosion in Bagdad nicht ums Leben gekommen. Er hatte gerade mit einem anderen hochrangigen UN-Mitarbeiter, Rick Hooper, gesprochen, mit dem er eng befreundet war, und sie hatten vereinbart, sich etwas später in Hoopers Büro zu treffen. Marwan verließ das Gebäude. Vier Minuten später hörte er eine furchtbare Detonation. Die Explosionen, Bombardierungen und Beschießungen, die er in den vergangenen drei Jahren in Gaza erlebt hatte, hatten ihn nicht auf das Blutbad vorbereitet, dessen Zeuge er nun wurde.

Auch Rick ist mein Freund. Er war ebenfalls Mitarbeiter der UNRWA in Gaza. Dort habe ich ihn im Jahr 1991 kennengelernt. Jetzt kann ich das Geheimnis ja verraten: Wenn ich an Tagen, an denen strikte Ausgangssperre herrschte, «hereingeschmuggelt» werden mußte, verstieß Rick gegen die Neutralität der UNO und fuhr mich in seinem Wagen. Dann hielten mich die Soldaten ebenfalls für eine Mitarbeiterin der UNO, die Immunität genoß. (Heute ist so etwas unmöglich, die Abriegelung läßt sich nicht umgehen. Auch die Fahrzeuge der UNO werden gründlich durchsucht.) Rick hat mehr für mich getan, als mich nach Gaza zu schmuggeln oder mich nachts mit seinem Wagen herumzufahren, damit ich das Gefühl der nächtlichen Ausgangssperre in den Flüchtlingslagern selbst erleben konnte. Er machte mich mit vielen Personen bekannt, darunter auch Marwan. Wir beide stellten fest, daß wir «Gaza-süchtig» waren. Nach vielen Jahren in Gaza wurde er zur UNO nach New York versetzt.

Rick, der etwa vierzig Jahre alt war, wurde bei dem Terroranschlag in Bagdad getötet – genau einen Tag vor seinem angekündigten Besuch hier in Ramallah, Jerusalem und Gaza.

*Frankfurt, 9. September 2003*
«Haben die Juden aus den Ausrottungsversuchen in ihrer eigenen Geschichte gelernt, wie man ein anderes Volk ausrottet?»

«Halten Sie den Gazastreifen nicht auch für das größte Konzentrationslager der Welt?»

Ich befinde mich auf einer Lesetour in Deutschland, und diese Art unvermeidlicher Fragen macht mich krank. Sie werden gestellt, obwohl ich mir bereits ein festes Ritual zur Gewohnheit gemacht habe: Als Einleitung meines Vortrags über die «Situation» spreche ich die Annahme aus, daß es zwei Arten von Deutschen gibt, die sich für «unseren» blutigen Konflikt und die damit verbundenen Ungerechtigkeiten interessieren: Deutsche, die wissen, daß es kein Widerspruch ist, sowohl Freunde Israels als auch Freunde der Palästinenser zu sein, und denen das Wohlergehen beider Völker am Herzen liegt. Und die anderen, für die die israelische Besatzung eine nachträgliche Rechtfertigung Deutschlands darstellt. In meinen einleitenden Worten spreche ich meine Zuversicht aus, daß «alle im Saal der ersten Gruppe angehören».

Wenn ich mich dann in mein Zimmer zurückziehe, frage ich mich, ob es sich tatsächlich so verhält.

*Berlin, 17. September 2003*
Jede Stunde läuten die Glocken und geben die Zeit an. Für Europäer ist das nichts Besonderes, aber für mich *ist* das Europa. Draußen sein, Ausland, Urlaub.

Und doch ist Urlaub ein Wort, das ich nicht verwenden kann, um meine gegenwärtige Abwesenheit von zu Hause zu beschreiben. Nicht nur, weil es eine mit Terminen vollgestopfte Lesetour ist, bei der ich ununterbrochen Vorträge halte (und mich dabei langweile, mich selbst reden zu hören), sondern in erster Linie deshalb, weil Deutschland und die Vorstellung von Urlaub in meinen Augen nicht miteinander vereinbar sind. Ebenso, wie es mir unmöglich ist, die Worte auszusprechen «Deutschland ist schön», wenn ich zu den Fenstern des Zuges hinausschaue und grüne Landschaften und rasch strömende Flüsse vorbeiziehen sehe.

Die Glocken läuten, und meine Gedanken eilen zurück. So müssen die Glocken schon immer geklungen haben. Auch damals, als Menschen in Bahnhöfen zusammengetrieben und nach Osten in ein schwarzes Nichts verfrachtet wurden.

Auch die Eisenbahn muß für Europäer ein ganz natürliches Phänomen sein. Seit ihrer Kindheit haben sie dieses vernünftige und zunehmend bequeme Verkehrsmittel benutzt.

Kann man «deutsche Züge» als bequem bezeichnen? Sie hören nicht auf, bequem zu sein, auch wenn ich an jene andere menschliche Fracht denke, die auf den gleichen Schienen transportiert wurde. Je komfortabler diese Züge sind, desto beharrlicher drängt sich mir der Gedanke auf: Meine Mutter, zum Beispiel, sie muß hier wie Vieh in einem Güterwagen von Belgrad nach Bergen-Belsen befördert worden sein. Wie Millionen andere auch. Dann entwickelt sich in meinem Kopf eine Detektivgeschichte, während eine schöne Landschaft von einer anderen, ebenso schönen abgelöst wird und die Kühe auf einer Weide einer Herde grasender Schafe Platz machen: Was ist aus dem Viehwagen geworden, der meine Mutter vor fast sechzig Jahren von einem Gefängnis der Gestapo in Belgrad zum letzten Glied der deutschen Todesfabrik getragen hat? Nehmen wir einmal an, ich würde versuchen, ihn aufzuspüren oder herauszufinden, was damit geschehen ist. War es ein deutscher Güterwagen oder ein jugoslawischer? Vielleicht hat er der italienischen Eisenbahngesellschaft gehört? Wäre es irgendwie möglich, seine Fahrgestellnummer festzustellen? Und angenommen, es würde mir gelingen, würde ich den Wagen finden? Vermutlich ist er nicht mehr im Gebrauch, aber wie lange nach der Kapitulation Nazi-Deutschlands wurde er noch benutzt? Er muß wohl wieder zum Transport von Schafen und Kühen von Bauernhöfen zum Schlachthof verwendet worden sein. Wurde er mit anderen zusammen auf einen Schrottplatz gebracht? Wurde er eingeschmolzen? Als Lagerraum benutzt?

### *Ramallah, 24. September 2003*

Im Ostteil von Berlin, der Hauptstadt der ehemaligen DDR, haben die Straßen seltsame Namen. Karl Liebknecht, Rosa Luxemburg, Paul Robson. Warum eigentlich seltsam? Für manche symbolisieren diese Namen immer noch Mut, freies Denken, Gleichheit, abweichende Meinungen. Vielleicht seltsam, weil diese Straßen heute mit sämtlichen Fetischen des Kapitalismus angefüllt sind, mit Reklametafeln, luxuriösen Autos, eleganten Schaufenstern.

Als ich diese Straßennamen erst auf dem Stadtplan und dann in der Stadt selbst entdeckte, war ich von der elementaren Freude des Wiedererkennens erfüllt, von einer fast religiösen Bindung an ein Symbol. Dann fiel mir ein, wie hohl diese Namen für die Ostberliner geklungen haben müßten – die Kluft zwischen dem, was die Obrigkeit angeblich repräsentierte, als sie diese Namen auswählte (Freiheit, Gleichheit etc.), und der Realität eines Polizeistaates war einfach zu tief. Eine solche Kluft ist – wie jeder Betrug – gewalttätig und brutal.

Ich hielt eine Ansprache in Berlin in einem Literaturclub, der seinen Sitz in einer alten Fabrik hat. Auf der anderen Straßenseite fand ich ein verlassenes Denkmal von Karl Liebknecht. Ich benutzte diese gewalttätige Kluft zwischen Worten und Realität, um meinen Zuhörern nahezubringen, was die Palästinenser zwischen 1994 und 2000 empfunden hatten, als die ganze Welt über das «Ende der Besatzung» und den «Friedensprozeß» jubelte, während die Palästinenser nichts als die Zementierung einer neuen Form der israelischen Herrschaft über ihr Leben und ihre Zukunft erlebten.

In religiös-zeremonieller Stimmung ging ich in eine Suppenküche am Rosa-Luxemburg-Platz. Im Inneren hing ein fast lebensgroßes Bild von ihr, und ein paar von ihren Büchern waren ausgestellt. Später erzählte mir ein Freund, daß Rosa Luxemburg auch zu DDR-Zeiten eine subversive Gestalt geblieben sei. Dissidenten hatten den Jahrestag ihrer Ermordung für Proteste benutzt. Dann sind die Straßennamen vielleicht doch nicht ganz so hohl.

**Ramallah, 1. Oktober 2003**

Am letzten Mittwoch schloß ich mich einer Gruppe ausländischer Diplomaten und Journalisten an, die die Fortschritte der Sperranlagen begutachten wollten, die teilweise innerhalb des Westjordanlandes und teilweise entlang der Grünen Linie errichtet werden.

Wir passierten mehrere Kontrollpunkte der Armee, bis wir einen Punkt im Norden des Jordantals erreichten, der für die Grobheit der dort diensttuenden Soldaten bekannt ist. Nur wenige palästinensische Fahrzeuge wurden durchgelassen, und auch diese nur, wenn die Insassen besondere Reisegenehmigungen vorweisen konnten. Wir mußten warten, bis ich die Erlaubnis zur Weiterfahrt erhielt. Die Warterei kostete uns eine Stunde und vierzig Minuten. Ich nutzte die Zeit für meine Arbeit und redete mit einigen der Passanten, darunter auch mit einem Lastwagenfahrer, der seine sämtlichen mit Gemüse gefüllten Kartons erst aus- und dann wieder einladen mußte.

Ein Soldat wurde wütend auf mich, weil ich ihn bei der Ausübung seiner Pflichten «störte». Als er mir endlich meinen Paß und meinen Presseausweis zurückgab, hielt er mir die folgende Standpauke:

«Ich spreche mit Ihnen als israelischer Mitbürgerin. Ich stehe hier acht bis zehn Stunden lang in der Sonne. Ich leide mehr als sie (die Palästinenser), und ich tue das, um Ihr Zuhause zu verteidigen, und dann kommen Sie daher – nun gut, Journalisten, ich weiß, daß die Öffentlichkeit ein Recht auf Information hat –, aber Sie kommen und stören mich. Deshalb muß ich an Sie appellieren und Sie bitten, mich nicht zu stören. Ich tue nichts als meine Pflicht und sorge für Ihre Sicherheit. Also seien Sie menschlich, und haben Sie Verständnis. Oder glauben Sie, es macht mir Spaß, diesen Mann seinen Lastwagen entladen zu lassen? Ausländer, die sich so verhalten, sind mir egal, aber Sie, eine Israelin! Wir haben nicht nur unsere Feinde, ich habe auch noch Feinde in meinem eigenen Volk. So empfinde ich das, Feinde in meinem eigenen Volk.»

*Ramallah, 8. Oktober 2003*
Beim bisher letzten Selbstmordattentat in Israel wurden neunzehn Israelis getötet und mehrere Dutzend verletzt. Von den neunzehn Toten sind zehn Mitglieder von nur zwei Familien, jede der beiden verlor gleich fünf Angehörige – Großeltern und Enkel, die an einem schönen Samstagmittag zum Essen ausgehen wollten. Der Anschlag wurde von einer jungen palästinensischen Rechtsanwältin verübt, deren Bruder und Verlobter von der israelischen Armee getötet worden waren. Fünfzehn der Opfer sind Juden, vier Palästinenser – israelische Staatsbürger, die in dem Restaurant arbeiteten, wo das Attentat stattfand.

Zwei der vier toten Palästinenser stammten aus dem christlichen Dorf Fassuta am See Genezareth. Beide sind Cousinen einer Freundin von mir, S., einer palästinensisch-israelischen Staatsbürgerin, die als Rechtsanwältin palästinensische Häftlinge vor dem Militärgerichtshof vertritt. Sie arbeitet für eine palästinensische nichtstaatliche Organisation zur Verteidigung von Gefängnisinsassen, pendelt von ihrer Wohnung in Jerusalem nach Ramallah, dann zu den Militärgerichten, dann zurück nach Ramallah und Fassuta, dem Dorf ihrer Eltern, etc. Sie hörte wenige Stunden nach der Explosion von dem Unglück, das über ihre Familie und ihr Dorf gekommen war.

A., ein Angestellter der gleichen NGO in Ramallah und natürlich mit S. befreundet, stammt aus dem Dorf Silet al-Harthiye bei Jenin, auch ein palästinensisches Dorf, aber auf der anderen Seite der Grünen Linie. Die Familie der Selbstmordattentäterin stammt ebenfalls aus diesem Dorf, obwohl sie in Jenin aufgewachsen ist. A. hat den gleichen Familiennamen wie diese Frau, Jaradat. Vor fünf Generationen hatten sie einen gemeinsamen Großvater. Sie gelten nicht mehr als verwandt, aber sie gehören doch dem gleichen weitläufigen Clan an.

Es ist schwer, war alles, was A. sagen konnte, als ich von dieser tragischen doppelten Verbindung zwischen seinem Dorf und dem von S. sprach.

*Jerusalem, 14. Oktober 2003*

*Tagebuch der letzten Woche*

Freitag, 10. Oktober: J'bara. Ein winziges, zwischen der Grünen Linie und den israelischen Sperranlagen eingeschlossenes Dorf. Die Rechtsabteilung der israelischen Armee hat für solche, zwischen den Linien eingeschlossenen Palästinenser eine neue Kategorie erfunden: «Langfristig Anwesende». Es gibt Tausende davon, und im gleichen Maß, in dem die Mauer nach Süden weiterwächst, werden es immer mehr werden. Sie werden Sondergenehmigungen brauchen, um zu beweisen, daß sie tatsächlich in ihren eigenen Häusern wohnen. Sondergenehmigungen, um die Sperranlagen zu passieren und wieder nach Hause zurückzukehren. Andere Personen (Familienmitglieder eingeschlossen) dürfen nicht hinein, es sei denn, sie können Sondergenehmigungen der israelischen Behörden vorweisen.

*Samstag:* Ramallah. Die Leute reden über die palästinensische Regierung. Abu Alaa hin, Abu Alaa her. Als ob diese Regierung irgend etwas ausrichten könnte!

*Sonntag:* Ramallah. Von meinem Fenster aus kann ich die leere Straße nach Bir Zeit sehen. Keine Fahrzeuge, keine Fußgänger. Von Zeit zu Zeit sind Schüsse zu hören. Nach dem letzten Selbstmordanschlag hat die Armee wieder einmal sämtliche Ausgänge aller Dörfer und Städte abgeriegelt.

*Montag:* Beit Sahour. Ich wurde eingeladen, einen Vortrag zu halten, und traf dabei ein paar Freunde, die in der Gegend von Bethlehem festsitzen. Ein christlicher Freund versichert mir, daß es keine «muslimische» Diskriminierung von Christen gibt. Es gebe «Stammesfeindschaften und Spannungen». Mit Religion habe das nichts zu tun.

*Dienstag morgen:* Flüchtlingslager Dehiesche. Die örtlichen Fatah-Aktivisten haben die Politik satt. Zur Bewegungsunfähigkeit verdammt, bauen sie mit Feuereifer an einem Erholungszentrum für ihr Lager, mit einem Spielplatz für die Kinder, einem Theater und dergleichen. Es soll Phönix heißen. Scherzhaft nennen sie es «Zentrum gegen den israelischen Terror».

*Dienstag abend:* Ein israelischer Offizier fuhr mit mir in der Nähe von J'bara an der Mauer entlang und erklärte mir, wie großzügig und zuvorkommend sich die Armee gegenüber den Einwohnern von J'bara verhält. Ich verglich seine Version mit den Schilderungen der Dorfbewohner, die natürlich eine ganz andere Geschichte zu erzählen hatten.

*Mittwoch/Donnerstag:* Nablus. Gespräche mit Familien, deren Kinder Selbstmordanschläge begangen haben oder planen. Blieb über Nacht bei Freunden. Die Frau ist Lehrerin und darf den Kontrollpunkt auf dem Weg zu ihrer Schule nicht passieren.

Und während der ganzen Zeit habe ich ständig daran gedacht, wie privilegiert ich bin, weil ich herumfahren kann.

### Nablus, 21. Oktober 2003

Vor elf oder zwölf Jahren wollte der Sohn meiner neuen Freunde in Ramallah nicht glauben, daß ich Jüdin bin. Alle Verwaltungsangelegenheiten wurden von israelischen Offizieren erledigt, die Polizei war israelisch, überall wimmelte es von israelischen Soldaten, ausgerüstet mit Schußwaffen und Jeeps.

Der sechsjährige Junge erklärte, ich könne keine Jüdin sein, «weil du kein Gewehr hast».

Letzte Woche traf ich Bekannte in Nablus, die ich seit neun Jahren nicht gesehen hatte. Ihr Sohn ist acht Jahre alt. Während der letzten beiden Jahre wurden in Nablus die bisher längsten Ausgangssperren verhängt, bei gleichzeitigen Invasionen von Panzern und Angriffen aus der Luft. Der Sohn sagte, ich könne keine Jüdin sein, «weil du keinen Panzer hast».

Panzer heißt auf arabisch «dababe». Das klingt ein bißchen ähnlich wie Baba, Vater. Leicht auszusprechen. Vielleicht ist das der Grund, warum selbst fünfzehn Monate alte Babys das Wort ständig wiederholen. Sie sehen zum Fenster hinaus, und dann rufen sie dieses Wort, als wäre es der Name eines Vogels oder einer Blume.

Meine Freunde in Nablus, in deren winziger Wohnung ich gewöhnlich übernachte, haben vier Kinder. Das jüngste Kind, Ahmed, ist fast zwei Jahre alt. Der Junge ist noch zu klein, um zwischen Jude, Armee und Feind zu unterscheiden. Aber das Wort Dababe kommt ihm vollkommen selbstverständlich über die Lippen.

Die Niedlichkeit der Kinder verleitet zu Kosenamen. Ich begann, Ahmed mit «K'tantan» anzureden. «Katan» heißt auf hebräisch «klein». «K'tantan» ist «noch kleiner». Er kann nicht wissen, was der Name bedeutet, aber der Klang gefällt ihm. Er wackelt in der Wohnung herum und brabbelt immer wieder «tantan, tantan». Mein persönlicher kleiner Sieg über den dababe.

## *Ramallah, 28. Oktober 2003*

### *Noch einmal Kinder*

Zu seinem elften Geburtstag erhielt Y., der Sohn meiner Nachbarn, folgende Geschenke von seinen Spielkameraden: ein Armeemesser (Plastik), eine silbrig glänzende Metallpistole (nicht echt), einen Plastikhubschrauber, einen Plastiksoldaten, ein Dominospiel, Pfeil und Bogen. Die Eltern können nicht verhindern, daß ihre Kinder Krieg spielen. Schließlich ist das zu ihrer natürlichen Umgebung geworden.

Y.s um vier Jahre älterer Bruder behauptete, daß der «Jude» (der Soldat) mit dem Messer kleine Kinder abschlachten würde. Seine Eltern bestritten das. Der Soldat sei ein Palästinenser, und er würde das Messer verwenden, wenn er in den Bergen herumwandere, um sich einen Weg durch die dichte Vegetation zu bahnen. Nein, beharrte der Junge, es ist ein Jude, der das Messer braucht, um Kinder zu schlachten. Aber Amira ist Jüdin, hielten ihm die Eltern entgegen. Nicht alle Juden sind Soldaten, und nicht alle Soldaten sind Juden. Er weigerte sich, das zu akzeptieren.

Viele Israelis würden dieses Beispiel zur Unterstützung ihrer Theorie von einer palästinensischen Gehirnwäsche in den Schulen und in den Medien anführen. Wo sonst sollte der Junge so etwas gelernt haben? Wenn

nicht zu Hause, dann in der Schule und im Fernsehen. Es ist die Folge der mangelnden Aufsicht durch Erwachsene auf den Straßen und der antisemitischen Grundeinstellung der Gesellschaft – dieser seltsamen Mischung aus Zitaten aus dem Koran und den Protokollen der Ältesten von Zion.
Sosehr solche Behauptungen von kleinen Kindern (und Erwachsenen) mich auch verletzen, bin ich doch überzeugt, daß der Grund, warum sie ausgesprochen werden, sehr viel einfacher ist. Es ist die ständige Anwesenheit von israelischen Panzern und anderen metallenen Ungeheuern in der Umgebung dieser Kinder, die entsetzlichen Erinnerungen an Angst im frühesten Alter, die solche Bilder von den Juden in ihrem Denken verfestigen. Schließlich besteht Israel darauf, als jüdischer Staat akzeptiert zu werden.

### 12. November 2003

Vor mehr als einem Monat gab das israelische Militär eine Reihe neuer Vorschriften heraus, die den Status der Palästinenser regeln sollten, die zwischen der weit innerhalb des Westjordanlandes verlaufenden Mauer und der bedeutungslos gewordenen Grünen Linie wohnen. Sie sind von ihren Äckern und Weiden, Schulen, Familien, Arbeitsplätzen, Freunden, Ärzten etc. in den umliegenden Dörfern und Städten abgeschnitten, da der befestigte Zaun (mit Stacheldraht, Gräben, einer überbreiten Sicherheitsstraße, elektronischen Sensoren, Kameras etc.) östlich von ihnen verläuft. Sie sind zwischen dem Zaun auf der einen und Israel, das sie nicht betreten dürfen, auf der anderen Seite gefangen. Um ihnen ihr Leben zu «erleichtern» (Militärjargon) und es ihnen zu ermöglichen, ihr «Lebensgefüge» (noch so ein militärischer Euphemismus) aufrechtzuerhalten, sind sie verpflichtet, sich spezielle Identifikationspapiere zu beschaffen, durch die bestätigt wird, daß sie Bewohner dieser winzigen Enklaven und damit berechtigt sind, besondere Reisegenehmigungen (zur nächsten, fünf Autominuten entfernten palästinensischen Stadt) zu beantragen. Andere Palästinenser dürfen das Gebiet nicht ohne Sondergenehmigung betreten (die zu ergattern eine langwierige, frustrierende Prozedur ist).

Die Bewohner des kleinen Dorfes J'bara im Süden von Tul Karem haben bereits vor einem Monat beschlossen, sich den neuen Vorschriften zu widersetzen. Die meisten der dreihundert Einwohner weigern sich, die neuen Genehmigungen und Identifikationspapiere zu beantragen. Bisher ist den Soldaten am Kontrollpunkt nichts anderes übriggeblieben, als die Ankommenden ohne Genehmigung passieren zu lassen. Das ist unser Sieg, freute sich Abu Hazem, ein Schuldirektor und ehemaliger politischer Häftling. Die Militärbehörden haben ihm das neue Identifikationspapier verweigert, was bedeutet, daß sie ihn jeden Augenblick zum Verlassen des Gebiets zwingen können.

In anderen Dörfern dagegen haben die Einwohner sich entschieden, die

Genehmigungen zu akzeptieren, was im Klartext heißt, daß die Armee das «Recht» hat, sie jedem zu verweigern, dem sie sie nicht geben will. Zu ihrer Entscheidung veranlaßt wurden sie durch den Ausspruch eines hochrangigen palästinensischen Regierungsmitglieds, das gesagt hatte: «Auch ich reise mit Genehmigungen.» Dabei hatte er die Tatsache übersehen, daß die fraglichen Genehmigungen auf einem neuen «Status» beruhen, der Vertreibung legitimiert, während er als VIP besondere Reisegenehmigungen erhält.

Das offensichtliche Durchhaltevermögen der Bevölkerung und ihre Bereitschaft zum Widerstand treffen immer wieder auf die Schwäche, ja sogar Gleichgültigkeit der Führung. Wenn die 15 000 betroffenen Menschen gewußt hätten, daß ihre Führung ihnen rät, den neuen Status abzulehnen, und bereit ist, sie logistisch zu unterstützen, hätten alle, oder wenigstens die meisten, Widerstand geleistet, wie die Bewohner von J'bara. Da eine solche Unterstützung fehlt, trifft jedes Dorf seine eigene Entscheidung – was nur zur Niederlage führen kann.

### 3. Dezember 2003

Der Kibbuz Yad Mordechai liegt gerade zehn Kilometer nördlich von Gaza-Stadt. Und doch handelt es sich um zwei verschiedene Planeten. Von Gaza-Stadt bis nach Rafah, der südlichsten palästinensischen Ansiedlung, sind es rund dreißig Kilometer. Doch dazwischen liegt ein ganzer Ozean.

Also habe ich letzte Woche innerhalb weniger Stunden zwei Planeten und einen Ozean durchquert. Zuerst kommt der Planet des normalen Lebens. Ja, das Leben ist hier normal, trotz der Wirtschaftsrezession, der Selbstmordattentate und der damit verbundenen Ängste. Die Schulen beginnen pünktlich, es gibt begrünte Gehsteige, man kann ins Kino gehen und verreisen.

Dann der Planet der totalen Belagerung und des Krieges, Gaza. Die Schulen beginnen relativ pünktlich, weil das Schußfeld weit entfernt ist (zehn bis dreißig Kilometer). Ständig muß mit Raketenangriffen gerechnet werden, die Arbeitslosigkeit beträgt vierzig Prozent, das Trinkwasser ist gesundheitsschädlich, wenn es nicht gefiltert und gründlich gereinigt wird. Die Stadt hat ein reiches Stadtviertel, das von verfallenden Slums und Flüchtlingslagern umgeben ist. Die Märkte sind dennoch gut gefüllt. Niemand verläßt den Gazastreifen oder auch nur die Stadt, außer etwa zehntausend Menschen, die in Israel arbeiten. Einige wenige Glückliche haben die Möglichkeit, über Ägypten ins Ausland zu reisen. Das Meer und der Strand sind das wichtigste Refugium, an dem man ein wenig Erholung findet.

Schließlich Rafah. Wie Gaza ist es eine graue Betonwüste. Die Müllabfuhr funktioniert nicht, das Abwasser fließt durch die Straßen. Im Gegensatz zu Gaza sind das Meer und der Strand für die palästinensische Bevölkerung gesperrt – zu nah an den jüdischen Siedlungen. Die Kinder spielen barfuß in den sandigen Gassen zwischen fahrenden Autos. Die Straße nach Gaza ist häufig gesperrt. Und fast jede Nacht dringen Panzer und Bulldozer in das Flüchtlingslager ein und zermalmen Häuser wie Pappschachteln. Seit dem Jahr 2000 wurden eintausend Häuser von Flüchtlingen auf diese Weise zerstört, aber wer zählt schon mit. In Rafah gibt es keine Wohnungen mehr zu mieten. Die Arbeitslosigkeit ist auf schätzungsweise achtzig Prozent gestiegen. Die Menschen wandern und sitzen ziel- und planlos herum, und fast täglich wird jemand getötet, meistens von der Armee, gelegentlich durch eine vergessene Mine (die von Israelis oder Palästinensern stammen kann), seltener handelt es sich um ein Kind, das mit der Schußwaffe seines Vaters gespielt hat.

### 10. Dezember 2003

Vor einiger Zeit habe ich die folgende E-Mail aus Melbourne in Australien bekommen. Der Absender hat einen arabischen Namen, den ich aber nicht preisgeben möchte.

*Liebe Amira,*
*ich werde immer die Meinung vertreten, daß die meisten Juden Zionisten sind. Aus diesem Grund sind logischerweise alle Juden schlecht. Die Zahl der guten Juden ist «statistisch unerheblich».*
*Aus meiner pragmatischen Sicht als Araber ist dieser Standpunkt von ausschlaggebender Bedeutung. Er wird sich niemals ändern, bis das zionistische Gebilde, dieser «beschissene kleine Staat», vernichtet ist. Der Name «Israel», der gewaltsam in die Landkarten geschrieben wurde, muß ausgelöscht werden, um dem ursprünglichen Namen «Palästina» Platz zu machen.*
*Dennoch haben Sie meine Ansichten so weit erschüttert, daß ich Menschen wie Sie, die an sich gut sind, am Tag der Abrechnung als «Kollateralschaden» einstufen könnte.*

*Mohammed...*
*Melbourne, Australien*

Zunächst habe ich mit dem Gedanken gespielt, den Schreiber der E-Mail daran zu erinnern, daß die Australier seit vielen Generationen ihre eigenen «Palästinenser» ermordet, verdrängt und mißbraucht haben. Ich wollte ihn fragen, ob er und die gesamte arabische Gemeinschaft in Australien denn nicht auch an dem immer noch andauernden, grausamen, weißen Kolonialismus beteiligt seien. Müßte nicht auch der australische Staat von der Landkarte getilgt werden, damit die Ureinwohner ihr gestohlenes Land zurückbekommen?

Dann kam ich jedoch zu dem Schluß, daß es sinnlos ist, mit ihm zu kommunizieren. Aber ich fürchte, er repräsentiert ein neues Phänomen, den Judenhaß unter dem Deckmantel einer berechtigten Kritik an der israelischen Besatzungspolitik. Ich weiß nicht, wie verbreitet dieses Phänomen ist. Nach der natürlich nicht unvoreingenommenen Aussage des israelischen Regierungssprechers gleicht es einem Buschfeuer, das sich unter Arabern und Europäern, in religiösen und säkularen Kreisen, unter Rechts- und Linksextremisten ausbreitet. Was für ein wunderbares Geschenk sind solche Gefühle für das kolonialistische Establishment in Israel.

## 2004

### London, 7. Januar 2004

Unternimmt man eine Auslandsreise, ist man vorübergehend gezwungen, sich von den Problemen zu Hause loszulösen. In einem anderen Land wacht man morgens ohne die Bürde auf, die einen zu Hause emotional und physisch belastet – die Frage, wie viele Menschen während der Nacht getötet worden sind, ob Rafah wieder von der Armee angegriffen worden ist, ob der Panzer noch unter dem Fenster der Freunde in Nablus steht, deren Sohn während der letzten drei Jahre so traumatisiert worden ist, daß sie daran denken, ihn ins Ausland zu schicken.

Hier in London habe ich A. getroffen, den zwanzigjährigen ältesten Sohn meiner Freunde in Tul Karem. Seit anderthalb Jahren scheut sein Vater keine finanzielle Belastung, um ihm ein Studium in England zu ermöglichen. Der Junge ist keines von den Wunderkindern, die überall ein Stipendium bekommen können, sondern ein ganz normaler junger Mann, der auf Kosten seines Vaters hier Informatik studiert. Den Eltern ging es darum, ihn aus der Gefahrenzone zu bringen. Viele seiner Freunde waren von israelischen Soldaten getötet worden, weil sie Steine geworfen hatten. Andere hatten sich irgendeiner bewaffneten Organisation angeschlossen und waren ums Leben gekommen, als sie versuchten, irgendwo eine Bombe zu legen. Einer seiner Freunde wurde sogar von einer Rakete tödlich getroffen, die für einen bekannten Fatah-Kämpfer bestimmt war, diesen jedoch verfehlte.

A.s Vater, der keineswegs reich und selbst ein ehemaliger Volksfrontaktivist ist, der lange im Gefängnis saß, machte sich die größten Sorgen. Er war überzeugt, daß die ziellose Selbstaufopferung und der sinnlose Enthusiasmus der jungen Leute zu nichts führten. Angesichts dieses Widerstandes ohne jede Strategie wollte er nicht zulassen, daß sein Sohn, der ebenso heißblütig und rachsüchtig war wie die anderen, so sinnlos geopfert wurde.

Ich weiß, daß viele Palästinenser nur zu gerne das gleiche täten. Aber nur sehr wenige können es sich leisten.

**London, 14. Januar 2004**
Es kostete K. vier Tage und 2000 Euro, nach London zu kommen. Sie weiß nicht, auf welcher Route sie gefahren ist. Sie war zusammen mit drei anderen Flüchtlingen aus dem Kosovo in einem Lastwagen versteckt. Sie wechselten mehrmals das Fahrzeug, aber in der Dunkelheit konnte sie nicht erkennen, wo sie sich befanden. Sie nimmt an, daß sie einen Teil der Strecke auf dem Seeweg zurückgelegt haben, vielleicht mit der Fähre nach Italien. Der Lastwagen war zu laut, als daß sie die Wellen hätte hören können. 2000 Euro ist noch relativ billig, meint sie – manche haben ihre Häuser verkauft, um eine Fahrkarte in ein hoffnungsvolles Leben in einem anderen Land zu ergattern, nur um irgendwann in ihre Heimat zurückgeschickt zu werden.

Sie hat politisches Asyl in Großbritannien beantragt. Mitten in diesem bürokratischen Prozeß, während dessen sie nicht arbeiten darf, wurde sie verhaftet und einen Monat lang ins Gefängnis gesperrt. Freunde schritten ein und verhinderten die drohende Ausweisung. Für sie als Tochter einer serbischen Mutter und eines gebürtigen Kosovo-Albaners, eines nicht praktizierenden Moslems, der im Krieg spurlos verschwunden ist, gibt es zu Hause kein Leben mehr, sagt sie, keine persönliche Sicherheit und keine Aussicht auf zumutbare Arbeit.

Ich habe sie im Haus meiner israelischen Freunde kennengelernt, die selbst in London Zuflucht gefunden haben. Sie hatten genug von dem schwachen politischen Kampf gegen die Besatzung, der nichts verändert. Sie waren der allgemeinen Ohnmacht angesichts der israelischen Version von Rassismus müde. Ihr Refugium ist luxuriös. Keine Probleme mit Aufenthalts- und Arbeitsgenehmigungen. Darum bieten sie K. vorübergehend ein Zuhause an.

Als sie hörte, daß meine Mutter in Sarajevo geboren ist, sah ich in ihren Augen ein schwaches, freundliches Lächeln aufleuchten. «War Ihre Mutter Mohammedanerin?» wollte sie wissen. Was mich an den alten Spruch erinnerte: Die einzigen wirklichen Jugoslawen sind weder die Serben noch die Kroaten, noch die Bosnier, sondern die Juden. Meine Mutter war Jugoslawin. Also ist K. für mich fast eine Landsmännin...

*Ramallah, 4. Februar 1004*
«Was mir am meisten zu schaffen macht... ist die Angst, das Haus zu verlassen. Obwohl ich selbst keinen Terroranschlag mitangesehen habe... Wenn meine Frau etwas einkaufen möchte und die Kinder mitnehmen will, biete ich an, selbst zu gehen. Wenn es dann zu einem Selbstmordattentat kommt, geschieht wenigstens ihr und den Kindern nichts. Wenn sie darauf besteht zu gehen, schlage ich vor, daß zumindest eines der Kinder zu Hause bleibt... Obwohl die Wahrscheinlichkeit, bei einem Selbstmordattentat verletzt zu werden, relativ gering ist... habe ich ständig Angst.»

Diese Worte wurden von einem Einwohner der israelischen Küstenstadt Netania geschrieben, die in der Vergangenheit zum Ziel vieler Selbstmordattentäter aus dem Westjordanland geworden ist. Der Text wurde bei Ynet, einer beliebten hebräischen Nachrichtenwebsite, in ihrem neu eröffneten Chat-Forum «Impacted by Terror» veröffentlicht. Die Moderatorin des Chat-Forums wurde selbst bei einem solchen Terroranschlag verletzt. Sie beantwortet die eingehenden Fragen und ermutigt die Teilnehmer, ein normales Leben zu führen. Dennoch geben viele offen zu, daß sie Angst haben.

Vor einigen Monaten habe ich in Gaza zwei Hamas-Aktivisten kennengelernt, die mit selbstgebastelten Raketen auf israelische Ortschaften und Kolonien schießen. Häufig gehen diese Raketen auf palästinensischem Territorium nieder, wobei immer wieder Schaden angerichtet oder Palästinenser getötet werden. Wenn sie tatsächlich israelische Ziele treffen, reagiert die Armee mit heftigen Gegenschlägen, von denen Tausende von Palästinensern betroffen sind. Was habt ihr davon, solche Raketen abzuschießen, fragte ich die Hamas-Kämpfer. «Es geht um die Angst», antworteten sie. «Unsere Kinder und Brüder haben täglich Angst vor schießenden Panzern und Hubschraubern und Bombenflugzeugen. Wir wollen, daß die Israelis auch spüren, was Angst ist.»

*25. Februar 2004*
Dieser Witz war kürzlich in einer israelischen Zeitung abgedruckt. Aber zunächst muß ich den Ausdruck *Kaban* erklären:

Im hebräischen Militärjargon ist ein Kaban ein Armeepsychologe. Wenn man von einem frisch eingezogenen Rekruten sagt, er sei «zum Kaban gegangen», dann bedeutet das schon seit Jahrzehnten, daß er versucht hat, sich vor dem Wehrdienst zu drücken. Nur wenige haben es bislang gewagt, den Wehrdienst aus politischen oder Gewissensgründen zu verweigern, obwohl ihre Zahl im Laufe der letzten zwanzig Jahre ständig angewachsen ist. Der Kaban stellte die einfachere Möglichkeit dar und war auch für die Armee angenehmer. Man brauchte nur vorzugeben, «plem-

plem» zu sein – selbstmordgefährdet, depressiv oder geistesgestört –, kurz wehruntauglich. Es wird gemunkelt, daß heute viele Soldaten unter der Hand mit ihren Offizieren reden und sie bitten, sie nicht in den besetzten Gebieten einzusetzen.

Und nun endlich der Witz: Ein palästinensischer Polizist taucht eines Tages unerwartet in seinem Heimatdorf auf. Ich bin entlassen worden, sagte er. Warum das, wollen alle wissen. Ach, ich wurde gezwungen, dem Islamischen Jihad beizutreten. Ich ging zum Kaban, er fragte mich, wo das Problem sei, und ich antwortete, daß der Islamische Jihad mich zu einem Selbstmordattentat nach Israel schicken wolle. Ich sagte, daß ich nicht Selbstmord begehen wolle. Da erklärte der Kaban mich für verrückt.

Meinen (säkularen) Freunden in Gaza gefiel dieser Witz. Sie hatten selbst ein paar Horrorwitze beizutragen, die man in der Öffentlichkeit nicht erzählen kann, weil sie der allgemein akzeptierten Verherrlichung von Tod und Märtyrertum widersprechen.

### Ramallah, 2. März 2004

Die Landschaft spricht hebräisch zu mir. Es sind die felsigen Berge und sanften Hügelketten meiner Kindheit, Blumen in allen Farben, deren Namen ich einmal gewußt und wieder vergessen habe, das üppige Gras des Frühlingsanfangs. Das Grün ist auf hebräisch grün für mich, an den weiten Horizont erinnere ich mich von den Wanderungen meiner Kindheit. Und jetzt wird diese Landschaft verwüstet, auf Befehl der Armee zerstört von Maschinen, von Stacheldraht und elektrischen Sägen, die ebenfalls hebräische Namen haben. Sie fressen sich in die Olivenhaine hinein, in Gewächshäuser und Weideland.

Fast anderthalb Jahre nachdem ich zum erstenmal über die «Sicherheitsmauer» geschrieben habe, die Israel im westlichen Teil des Westjordanlandes errichtet, gewinnt man den Eindruck, daß sich die öffentliche Meinung, jedenfalls soweit sie von der Presse repräsentiert wird, allmählich gegen diese Mauer wendet. Die Tatsachen, die ich seither beschrieben habe, dringen den Menschen allmählich ins Bewußtsein: Es geht nicht nur um eine Mauer, sondern um eine Kette von Festungsanlagen, die Zehntausende von Menschen in kleineren oder größeren Schleifen und Enklaven einschließt. Nicht nur um eine Barriere, sondern um eine Reihe neuer militärischer Vorschriften, durch die die Palästinenser gezwungen werden, bei der Armee besondere Genehmigungen zu beantragen, wenn sie ihre eigenen Häuser und Wohnungen betreten wollen. Das Bedürfnis der Israelis, das Gefühl zu haben, daß es eine logistische, physisch greifbare Lösung für das Problem der Terroranschläge gibt, wird durch die Verarmung ganzer Ortschaften befriedigt, dadurch, daß Zehntausende, wenn nicht Hunderttausende bisher selbständiger Bauern zu Sozialhilfeempfängern degradiert werden.

Aber die Arbeit geht weiter. In einem jener Dörfer reichte mir ein großer, alter Mann, dessen braungebranntes, faltiges Gesicht so aussah, als wäre es aus der Ackererde gewachsen, den von der Armee ausgestellten Enteignungsbefehl für seinen Grund und Boden. «Ich bringe ihn am Samstag wieder zurück», versprach ich. «Bringen Sie mir meine Bäume auch wieder zurück?», fragte er müde und bitter. «Ich bin ein einfacher Mann, und ich habe gelernt, daß Gewalt vor Recht und Gerechtigkeit geht.»

### 17. März 2004

Aus dem Radio erklingt Musik von Bach. Drunten, in dem sonnigen grünen Tal unterhalb meines Wohnviertels in Ramallah, grasen ein paar wohlgenährte Schafe. Der Autoverkehr fließt wie gewöhnlich, Stadtarbeiter sind mit der Installation der neuen Abwasserrohre beschäftigt. So normal. Und in den Flüchtlingslagern Rafah und Megahzi im Gazastreifen ist ein Angriff der Armee in vollem Gang. Gerade an diesem Mittwoch morgen hat mich ein Freund angerufen und mir berichtet, daß in Rafah ein vierzehnjähriger Teenager getötet wurde. Ich kenne diese engen Gassen, die in Sand und nicht abgeholtem Müll ertrinken, so gut. Die grauen, ungestrichenen Betonhäuser erheben sich über die alten UNWRA-Hütten aus Wellblech und Asbest – keine Möglichkeit, zu fliehen oder sich zu verstecken.

War das die Rache für den Anschlag zweier Selbstmordattentäter aus Gaza, dem am letzten Sonntag zehn israelische Hafenarbeiter zum Opfer fielen? Aber war dieser Anschlag nicht selbst schon die Vergeltung für einen früheren israelischen Angriff, bei dem fünfzehn Palästinenser ums Leben gekommen waren? – Am letzten Dienstag stürmten die Bewohner von Gaza die Läden, um sich für den Fall eines größeren israelischen Angriffs mit Nahrung einzudecken. Die Menschen haben Angst, sagte mir mein Freund am Telefon. Am Nachmittag wurde ein Haus mitten in einem belebten Viertel in der Innenstadt von Gaza von zwei Raketen getroffen. Zwei Männer wurden getötet. Und ich konnte mir die Angst in den Augen einiger mir bekannter Kinder vorstellen, die dort in der Nähe wohnen. Zur gleichen Zeit interviewte ich einen israelischen Historiker an der Universität von Tel Aviv. Studenten lagen behaglich auf den Rasenflächen im weitläufigen, schön angelegten Universitätsgelände, tauschten Meinungen und Bemerkungen aus, tranken Kaffee in der Cafeteria, saßen lesend in der Bibliothek. So normal.

### 24. März 2004

Im Juni 2002 interviewte ich Scheich Ahmed Yassin, den Führer der Hamas, der am letzten Montag, dem 22. März, von israelischen Raketen getötet wurde, als er nach dem Abendgebet die Moschee verließ.

Er überraschte mich mit der Behauptung, daß die Hamas die Absicht habe, der PLO beizutreten. Ich habe diese Aussage damals nicht einmal benutzt. Ich hielt sie für Wunschdenken oder einen Medienballon. Dennoch fragte ich ihn, ob das bedeuten würde, daß er das Programm der PLO akzeptierte und die Auflösung des bewaffneten Flügels der Hamas anstrebte. «Da wir bisher noch keinen Staat haben», antwortete er, «sollten wir auch keine nationale Armee haben. In dieser Phase der nationalen Befreiung sind verschiedene Gruppen erforderlich, von denen jede ihren eigenen Fähigkeiten entsprechend operiert.»

Und wie ist es mit der Zwei-Staaten-Lösung, die die PLO sich zu eigen gemacht hat, wollte ich wissen. Müßten Sie die dann nicht akzeptieren?

Seine Antwort war bemerkenswert. Er sagte nichts von «zwei Staaten», sondern erklärte: «Unsere Zustimmung zu unterschriebenen Abkommen ist nicht Vorbedingung für einen Eintritt in den Nationalrat der PLO. In Israel zum Beispiel hat Scharon die unterschriebenen Abkommen nicht akzeptiert.» Ich ließ nicht locker. «Aber könnten Sie der PLO beitreten, ohne die Zwei-Staaten-Lösung zu akzeptieren?» Er blieb bei seiner Erklärung: «Nicht alles, worauf man sich geeinigt hat, ist verpflichtend. Wir müssen uns verpflichtet fühlen, das Richtige zu tun.»

Der Frage nach der Zwei-Staaten-Lösung wich er auch weiterhin aus. Er soll aber gelegentlich einen langen Waffenstillstand (mit einem jüdischen Staat in den Grenzen von 1967) vorgeschlagen haben, jedoch keinen Frieden, der bedeuten würde, daß er den Traum von einem muslimischen Palästinenserstaat im ganzen Land aufgeben müßte.

Ich versuchte es auf andere Weise. «Ist es Ihnen wichtig, das israelische Volk dazu zu bewegen, die Rechte des palästinensischen Volkes zur Kenntnis zu nehmen?»

Er antwortete mit einer Gegenfrage. Ich erklärte ihm, daß es sehr jüdisch sei, eine Frage mit einer Gegenfrage zu beantworten. Er lächelte. «Muß man sie davon erst überzeugen? Das sollte sich doch von selbst verstehen.» Aus irgendeinem Grund stellte ich ihm die gleiche Frage noch einmal. Er antwortete geduldig: «Es kommt nicht darauf an, ob wir sie davon überzeugen wollen oder nicht. Wenn jemand einem anderen etwas wegnimmt, betrachtet er das nicht als Verbrechen, sondern als sein gutes Recht. Jede Besatzungsmacht betrachtet es als ihr Recht, ihre Herrschaft auszuweiten, die natürlichen Ressourcen zu enteignen und militärische Stützpunkte einzurichten. Es ist nicht wichtig, daß der Verbrecher sein Verbrechen als solches anerkennt. Aber für die Eigentümer der Rechte ist es wichtig, nicht wankend zu werden in ihrem Entschluß, sich ihre Rechte zurückzuholen.»

«Ist es das Ziel der gegenwärtigen Intifada, das ganze Land in den Grenzen von 1948 (Palästina unter der britischen Mandatsherrschaft) zurückzuerobern?»

«Das erste Ziel ist es, die Besatzung aus den Grenzen von 1967 zu vertreiben. Was mit dem übrigen Palästina geschieht, wird die Zukunft entscheiden.»

Seiner Meinung nach bestand der wichtigste Erfolg der Intifada darin «zu beweisen, daß die Panzer und die Kampfflugzeuge das palästinensische Volk nicht zur Kapitulation zwingen konnten. Ebenso wie die Palästinenser den Preis für ihren Widerstand bezahlen, bezahlen die Israelis den Preis für ihre Besatzung. Weder für die Israelis noch für die Palästinenser gibt es Stabilität und Sicherheit. Beide leiden unter wirtschaftlichen und sozialen Härten. Deshalb hat die Intifada ein Gleichgewicht der Abschreckung zwischen Besatzern und Besetzten geschaffen.»

Im Juni 2001 war ich besonders am Thema Selbstmordattentate interessiert. «Jede Handlung hat ihre positiven und ihre negativen Seiten», erklärte er. «Wenn der positive Aspekt überwiegt, ist es erlaubt, entsprechend zu handeln. Die negativen Aspekte der Selbstmordanschläge sind die zivilen Opfer und die Belastung für die Autonomiebehörde und das palästinensische Volk. Der positive Aspekt ist der Abschreckungseffekt.» Er wies meinen Einwand zurück, daß Selbstmordattentate und die Verherrlichung des Todes die palästinensische Gesellschaft beschädigen. «Das ist nur dann eine Gefahr, wenn sie sich gegen das eigene Volk richtet. Ein Palästinenser wählt den Märtyrertod, weil er keinen Hubschrauber hat. Deshalb opfert er sein eigenes Selbst, was das höchste Opfer ist.» Vermutlich war er sehr zornig auf mich, als ich ihm entgegenhielt: «Vielleicht ist Gandhis Weg doch der richtigere?»

«Derjenige, der die Waffen hat und mein Land erobert, soll mir sagen dürfen, daß ich mein Gewehr wegwerfen soll, und mir vorschreiben, auf welche Art ich Widerstand leisten darf?»

Aber zurück zur Zukunft. Er beteuerte erneut, daß Juden Seite an Seite mit Christen und Muslimen Religionsfreiheit in einem demokratischen Staat genießen würden. «Die Mehrheit wird regieren», erklärte er, womit er sich auf die Religionsgemeinschaften und nicht auf politische und ideologische Unterschiede bezog.

«Die Palästinenser», erwiderte ich, «haben Angst vor einem von Ihnen regierten Staat.» Er entgegnete: «Wir haben unsere Prinzipien niemals mit Gewalt durchgesetzt. Wir werden nichts diktieren. Jeder wird seine eigene Religion haben, in einem Staat, der die Menschenrechte respektiert.»

Ich: «Aber in den existierenden islamischen Staaten wie Iran, Sudan und Saudi-Arabien werden die Menschenrechte nicht respektiert.»

Er dagegen: «Ich rede hier von dem wahren Bild des Islam. Wie andere Völker das umsetzen, interessiert mich nicht.»

Ich: «Wie stellen Sie sich die Zukunft eines Achtjährigen in zwanzig Jahren vor?»

Er: «Unser Volk leidet unter der Aggression und Macht der Israelis, die sie bis zum Äußersten einsetzen. Aber ich betone, daß das Glück auf die Dauer auf seiten der Palästinenser sein wird.»

### 7. April 2004

A.Y. seufzte erleichtert auf. Sein Neffe S. war endlich von der israelischen Armee verhaftet worden. Er war in doppelter Hinsicht erleichtert: Nach seinem Neffen wurde schon seit fast einem Jahr gefahndet. Die Familie fürchtete, daß er entweder bei einem der ständigen Angriffe der israelischen Armee oder im Zuge der Fahndung nach gesuchten bewaffneten Kämpfern getötet werden könnte. Verhaftet zu sein bedeutete wenigstens, am Leben zu bleiben. Der zweite Grund für die Erleichterung: Er war auf dem Weg zu irgendeinem Anschlag erwischt worden. Die Familie weiß nicht, was genau er vorhatte: auf israelische Fahrzeuge zu schießen, eine Bombe in einer Siedlung zu legen, einen Selbstmordattentäter einzuweisen. Was haben wir für ein Glück, daß er vor dem Anschlag verhaftet wurde, meinte sein Onkel. Das bedeutet, daß die Anklage weniger schwerwiegend sein wird. Sie ist jedoch auch so schon schlimm genug. Anscheinend war S. daran beteiligt, zwei Selbstmordattentäter in eine israelische Siedlung im Westjordanland einzuschleusen. Obwohl bei dem Anschlag kein Israeli getötet wurde, kann er immer noch angeklagt werden, die beiden Selbstmordattentäter getötet zu haben. Zeitweise hatte sein Onkel erwogen, ihn auszuliefern. Selbst ein Leben im Gefängnis ist immer noch besser als ein heroischer Tod.

Inzwischen hat die Familie den Großteil ihres Landes durch die Sperranlagen eingebüßt. Bevor ihnen ihr Grund und Boden gestohlen wurde, hatten sie versichert, das Land zu verlieren würde ihren Tod bedeuten. Die Brüder fürchteten, daß die alten Eltern dadurch ihre Gesundheit und ihren Lebenswillen einbüßen würden. S.s Beteiligung an einem Selbstmordattentat und sein Untertauchen hat ihnen ihr Land nicht zurückgebracht. Aber die Familie hat festgestellt, daß das Leben ihr höchstes Gut ist.

Wie sehr sich das alles vom üblicherweise verbreiteten Bild des palästinensischen Märtyrer- und Todeskults unterscheidet.

### *Ramallah, 20. April 2004*

Ein kurzer, vom palästinensischen Zweig der DCI (Defence of Children International) gedrehter Film erzählt die Geschichte palästinensischer Kinder in israelischen Gefängnissen. Seit dem 29. Dezember 2000 wurden rund 2500 Kinder unter achtzehn Jahren verhaftet, ohne Gerichtsverhandlung festgehalten oder vor Gericht gestellt und zu Haftstrafen von unterschiedlicher Länge verurteilt. Gegenwärtig befinden sich etwa 340 Jugendliche im Gefängnis. In dem Film wird die Geschichte von zwei verhafteten Jugendlichen erzählt, einem zwölfjährigen Jungen und einem siebzehnjährigen Mädchen. Der Streifen sagt nichts darüber aus, warum sie verhaftet wurden.

Kinder und Jugendliche beteiligen sich am Kampf gegen die Besatzung vor allem durch das Werfen von Steinen und Molotowcocktails. Der Junge in dem Film war von der Hamas dazu benutzt worden, Waffen nach Bethlehem zu schmuggeln. Das junge Mädchen war bei seiner Verhaftung im Besitz eines Messers, mit dem sie vermutlich einen Siedler erstechen wollte. Warum werden diese Tatsachen verheimlicht?

Es besteht kein Anlaß, genaue Fakten anzuführen, sagte mir ein Rechtsanwalt, weil es ein absolutes Recht gibt, sich gegen eine Besatzung zu wehren.

Warum wird dann nicht das vollständige Bild gezeichnet? Dieser kurze, unbefriedigende Film ist in doppelter Hinsicht irreführend: Er vermittelt den falschen Eindruck, daß die Palästinenser immer nur passive Opfer sind. Und er verwischt die Tatsache, daß es eine starke Opposition gegen das Heranziehen von Kindern zu bewaffneten Aktivitäten gibt.

Der in dem Film gezeigte Junge hat sich übrigens selbst den Soldaten an einem Kontrollpunkt gestellt und ihnen seine Waffe übergeben – um sich an dem Mann zu rächen, der ihn angeworben und ihm dann die versprochenen 20 Euro nicht bezahlt hatte.

### 28. April 2004

S. wurde in einem der Flüchtlingslager in Gaza geboren, studierte und heiratete in Ramallah, wo sie seit zwanzig Jahren lebt und zwei Kinder zur Welt gebracht hat. Ihr Mann befindet sich bereits seit zwei Jahren in administrativer Haft – ohne Gerichtsverhandlung, nur auf Befehl eines Offiziers der israelischen Armee.

Er wird in einem Gefangenenlager in den Außenbezirken von Ramallah festgehalten, etwa sieben Kilometer von seiner Wohnung entfernt. Seine Frau hat ihn seit seiner Verhaftung nicht mehr gesehen. Die israelischen Behörden gestatten ihr aus nicht näher ausgeführten «Sicherheitsgründen» (in Wirklichkeit aus reiner Rache) nicht, das Lager zu betreten. Aus dem gleichen Grund darf sie auch ihre Familie in Gaza nicht besuchen.

So konnte sie auch nicht in Gaza sein, als drei ihrer Vettern bei Zusammenstößen mit der einrückenden israelischen Armee getötet wurden. Einen davon hatte sie gut gekannt. Er hatte niemals der Hamas angehört und war auch nicht religiös. Erst im Verlauf der gegenwärtigen Intifada wandte er sich der Hamas zu. Seine Witwe ist von Kopf bis Fuß in schwarze Gewänder gehüllt. Nur ihre Augen schauen heraus. Seine Mutter, eine robuste, lebhafte und humorvolle Flüchtlingsfrau, die selbst ohne Grund und Boden immer noch den Charme einer Bäuerin ausstrahlt, haßt diese

Bekleidung. Als er noch lebte, hat sie seine schwarze Frau aus dem Haus geworfen, so wütend war sie über ihre äußere Erscheinung. Jetzt kann sie das nicht mehr. Die Witwe wird mit einem der Brüder ihres Mannes verheiratet werden müssen, ob er nun bereits verheiratet ist oder nicht. Sonst würde die Mutter ihre Kinder verlieren, wenn sie jemand anderen heiratet. Oder sie muß in ihre eigene Familie zurückkehren, die damit finanziell überfordert wäre. Alle sind unglücklich darüber, aber «so ist es nun einmal Sitte».

### 5. Mai 2004
Yasser Abu Laymoun, 32 Jahre alt, war Dozent für Krankenhausverwaltung an der amerikanisch-arabischen Universität in Jenin. Am Freitag, dem 23. April, wurde er von israelischen Soldaten in seinem Dorf Taluza nordwestlich von Nablus getötet. Militärische Quellen räumten ein, daß er nicht bewaffnet war, behaupteten aber, daß er Kontakte zu Hamas-Angehörigen gehabt habe. Diese «Tatsache» wurde von den Korrespondenten der Armee gedruckt und veröffentlicht, die die Version der Soldaten von dem Vorfall zitierten: Zwei gesuchte, bewaffnete Männer seien einer Einheit, die auf sie geschossen hatte, in einem mit Büschen bewachsenen Gebiet außerhalb des Dorfes entkommen. Die Einheit habe einen Kampfhund von der Leine gelassen, der nach wenigen Sekunden einen rennenden Mann stellte. In der Annahme, daß er einer der gesuchten Männer sei, hätten sie auf ihn geschossen und ihn getötet.

Zwei Tage nach dem Tod des Mannes sprach ich mit seiner Witwe, Dallal, 21 Jahre alt, schwanger und Mutter eines zehn Monate alten Babys. Sie, ihr Mann und seine Schwester befanden sich auf dem Weg zu einem der Familie gehörenden Stück Land, auf dem er vor zwei Jahren einige Obstbäume gepflanzt hatte. Das Grundstück liegt etwa 200 Meter von ihrem Haus entfernt. Die Gegend ist mit Büschen bewachsen, aber offen – keine großen Bäume, außer einer Eiche. Von dort kamen die Schüsse. Sie hörte, wie ihr Mann «oh» sagte, dann sah sie ihn zu Boden fallen. Die versteckten Soldaten schossen weiter, «wie Regen», schließlich tauchten sie auf und richteten ihre Gewehre auf die beiden Frauen. Sie hatten einen Hund bei sich, aber der hatte ihren Mann nicht angegriffen.

In meinem Artikel zitierte ich beide Versionen der Geschichte. Ich fragte nur, warum die Soldaten den Mann töten mußten, nachdem ihr Hund ihn angeblich gestellt hatte. Eigentlich ist es doch die Aufgabe eines Hundes, die Menschen lebend zu fangen.

Einen Tag nach der Veröffentlichung meines Artikels rief mich der Offizier an, von dem ich die erste Version gehört hatte. «Es ist richtig», sagte er, «daß der Hund diesen Mann nicht angegriffen hat. Er war weder bewaffnet, noch wurde er gesucht. Aber seine Frau hat übertrieben. Es gibt doch viele Bäume dort.» Ich antwortete ihm: «Vielleicht hat sie übertrieben, aber die Soldaten haben gelogen, und der Mann ist tot.»

### 11. Mai 2004

Ein paar Tage lang lief ich mit einem üblen Gefühl herum, dieser bekannten scheußlichen Mischung aus Angst und Reue. In der Ausgabe der *Ha'aretz* vom letzten Freitag hatte ich von israelischen Gefängnisaufsehern berichtet, die eine Gruppe palästinensischer Häftlinge im Militärgerichtshof schwer geschlagen hatten. Ich hatte Augenzeugen zitiert, die allesamt palästinensische Rechtsanwälte waren. Sie beschwerten sich sowieso und führten einen Proteststreik durch. Das alles ist den Behörden bekannt.

Aber ich nenne nicht immer, oder eigentlich nur sehr selten, die vollen Namen meiner Informanten, jedenfalls dann nicht, wenn es sich bei ihnen um Palästinenser handelt. Schon vor Jahren, 1995, wurde mir während einer der schlimmsten Phasen der Abriegelung des Gazastreifens diesbezüglich eine bittere Lektion erteilt. Ich hatte Fälle dokumentiert, in denen die israelische Armee Bewohnern des Gazastreifens nicht gestattet hatte, zur medizinischen Behandlung nach Israel einzureisen (die Besatzungsjahre hatten dafür gesorgt, daß das palästinensische Gesundheitswesen rückständig und von Israel abhängig war). Ich hatte meine Quelle zitiert: einen palästinensischen Angestellten des palästinensischen Gesundheitsministeriums. Wenige Tage darauf wurden ihm seine Einreisegenehmigungen nach Israel entzogen, und er wurde als «nicht genehmigungsfähig aus Sicherheitsgründen» eingestuft. Ich hatte keinen Zweifel daran, daß die «Sicherheit» nur ein Vorwand für nackte Rache war.

Als Journalistin bin ich an den grundlegenden Verhaltenskodex meines Berufes gebunden. Aber das, worüber ich zu berichten habe, ist der extremste Ausdruck der arroganten Herrschaft einer Gruppe von Menschen über eine andere, nämlich Besatzung und Kolonialismus. Ich darf mich nicht als Waffe der Unterdrückungsmaschinerie benutzen lassen. Ich muß immer versuchen, die Balance zu wahren zwischen der Loyalität gegenüber dem Verhaltenskodex meines Berufs und dem wahren Auftrag dieses Berufs, die Zentren der Macht zu überwachen und nicht zu unterstützen.

Und jetzt befürchte ich, daß der letzte Woche in meinem Artikel abgegebene «Schluß» nach hinten losgehen und die Rechtsanwälte treffen könnte.

### Rafah, 19. Mai 2004

«Hast du denn keine Angst vor diesen ewigen Schießereien?» fragte ich den sechzehnjährigen Achmed, der mit seiner Familie in einem direkt an der Grenze gelegenen Teil des Flüchtlingslagers wohnt. In Erwartung einer neuen Invasion der Armee verbrachte ich am letzten Montag die Nacht in Rafah.

Die Straße und die gesamte Gegend entlang der Grenze zwischen Ägypten und Gaza werden von Patrouillen der israelischen Armee kontrolliert. Die Anwesenheit der Patrouillen hat ständige Schießereien zur Folge – Tag und Nacht. Es ist diese Art von Schießereien, über die der Armeesprecher niemals ein Wort verliert. Hier hat die israelische Armee während der letzten dreieinhalb Jahre Hunderte von Häusern zerstört, immer auf die gleiche Weise: Kurz nach Mitternacht fahren einige Metallmonster, Panzer genannt, zusammen mit zwei bis drei riesigen Bulldozern vor den Häusern auf. Ein Hubschrauber kreist darüber und spuckt Feuer auf alle, die sich außerhalb der Häuser blicken lassen und bewaffnete Kämpfer des palästinensischen Widerstands sein könnten. Dann werden mehrere Häuser bis auf die Grundmauern niedergemäht. Anfangs blieben die Menschen in ihren Häusern, weil sie nicht glauben mochten, daß die Armee es wagen würde, die Häuser einzureißen, während sich noch Menschen darin befanden. Inzwischen wurden sie eines anderen belehrt. Letzte Woche hat die Armee an die hundert Häuser zerstört und damit über Nacht rund tausend Menschen obdachlos gemacht. Aus operativen Gründen, sagt die Armee. Manchmal heißt es auch, die Häuser hätten leer gestanden oder seien von «Terroristen» benutzt worden. Aber nicht nur die Palästinenser, sondern auch viele Israelis spüren, daß sehr viel mehr oder auch sehr viel weniger dahintersteckt: *Rache!* Palästinensische Widerstandskämpfer – weit verstreut, schlecht ausgerüstet, unausgebildet und desorganisiert, wie sie sind – hatten sieben israelische Grenzer getötet. Die Massenzerstörungen waren die Antwort. Scharon erklärte, er wolle die Grenzzone «erweitern», was noch mehr Zerstörungen bedeutete.

Daraufhin verließen Hunderte von Familien ihre Häuser. Während der letzten Woche haben sie alles herausgeräumt, was sich forttragen läßt: Wasserbehälter, Matratzen, Kochtöpfe, Türen, Fenster, Satellitenschüsseln, Deckenventilatoren, Eisenträger, Wasserhähne und Wasserrohre. Sie luden alles auf Wagen, die von Pferden, Eseln oder Traktoren gezogen wurden, manchmal auch in Kleinbusse und Taxis oder sogar auf zweirädrige Handkarren. So flüchteten sie nach Norden, fort aus der Gefahrenzone. In Rafah gibt es nun keine Wohnungen mehr zu mieten, oder die Miete ist zu hoch für die meisten Wohnungssuchenden. Sie quartieren sich bei Verwandten ein, lagern ihre Möbel in irgendwelchen rasch zusammengebauten Asbestschuppen und Hütten oder einfach nur im Hof. Ein endloser Zug dieser Karren und Kleinbusse rollt durch die Straßen von Rafah, hinter ihnen gehen oder fahren die Familienmitglieder, die Gesichter grau, die Augen starr, alte Männer stützen sich auf ihre Stöcke, alte Frauen schwanken mit tränenlosen Augen von einer Seite zur anderen. Sie haben jede Hoffnung aufgegeben, daß die Weltmeinung, der Oberste Israelische Gerichtshof oder die arabischen Staaten ihnen zu Hilfe kommen könnten.

Nun erwarteten alle eine Invasion ins Grenzgebiet. Darum war ich in eines der dortigen Häuser gezogen, wenn auch in ein einigermaßen fest gebautes. Ich hätte es nicht gewagt, in einer der frei stehenden, papierdünnen Wellblechkonstruktionen zu übernachten. Aber die Armee spielte den palästinensischen Widerstandskämpfern einen Streich: Die ersten Schüsse und Raketen aus der Luft galten tatsächlich bewaffneten Männern im Flüchtlingslager Ybneh. Zwei Stunden später jedoch drang die Armee in ein weit von der Grenze entferntes Viertel im Norden des Flüchtlingslagers ein. 25 000 Menschen, breite Straßen, die für den Guerillakampf ungeeignet sind – so erklärten viele die Tatsache, daß keinerlei Widerstand geleistet wurde. Am letzten Dienstag wurden innerhalb von nicht einmal zwanzig Stunden neunzehn Palästinenser getötet, elf davon waren Zivilisten. Jetzt ist dieses Viertel vom übrigen Rafah abgeschnitten. Eine Ausgangssperre wurde verhängt. Soldaten in Panzern und Häusern.

Achmeds Familie wohnt nicht weit von dem besetzten Viertel entfernt. Fürchtest du dich nicht vor den Schießereien, fragte ich ihn. Er zuckte die Achseln und lächelte. «Wir haben uns daran gewöhnt», sagte er. «Selbst die Vögel haben sich an die Schüsse gewöhnt.» Und woher weißt du das? «Am Anfang sind sie bei jedem Schuß sofort aufgeflogen. Jetzt bleiben sie sogar bei heftigem Beschuß einfach sitzen.»

Anders sein fünfjähriger Bruder Annas. Nachdem die ganze Nacht lang Schüsse gekracht, Raketen gepfiffen, Explosionen das Viertel erschüttert und Krankenwagensirenen geheult hatten, begrüßte er mich mit einem freundlichen «Guten Morgen» und antwortete ruhig auf meine Fragen. Aber er stotterte.

### 2. Juni 2004

Ich bin nur noch sehr selten in meiner früheren Heimatstadt Tel Aviv. Aber letzten Dienstag hatte ich einen guten Grund hinzufahren – die Eröffnung einer Ausstellung mit dem Titel «Das Schweigen brechen. Soldaten erzählen von Hebron». Die Ausstellung wurde von einer Gruppe von Soldaten vorbereitet – einige haben gerade ihren Wehrdienst abgeleistet, andere sind noch im Dienst –, die entsetzt darüber waren, was sie in Hebron zu tun hatten: das Leben von 500 Juden zu schützen – auf Kosten von 30 000 Palästinensern und praktisch auch auf Kosten von Hunderttausenden, die im südlichen Teil des Westjordanlandes leben. Also sammelten sie Beweise für die entsetzliche Routine der jüdischen Gewaltherrschaft, die jedes Leben paralysiert und auf den Kopf gestellt, die palästinensische Bevölkerung aus der Altstadt von Hebron vertrieben und eine unvorstellbare geistige und physische Zerstörung verursacht hat.

Die Soldaten haben mehr als ein Jahr daran gearbeitet, ihren Abscheu in die Form einer Ausstellung zu gießen. Der Prozeß war genauso wichtig wie das Ergebnis, wenn nicht noch wichtiger. Es war ein Prozeß der Radikalisierung, ein subversiver Prozeß der Bestimmung der eigenen Menschlichkeit gegenüber der kollektiven Unmenschlichkeit, der sich auf immer mehr Soldaten erstreckte.

Die Ausstellung besteht aus rund neunzig Fotos, die von den Soldaten selbst aufgenommen wurden. Im Hintergrund sind die undeutlichen Stimmen von Soldaten zu hören, welche die gezeigten Vorgänge schildern: Sie berichten von einem Offizier, der den Befehl gibt, «sie» (einige Palästinenser, die die Ausgangssperre mißachtet haben) ein paar Stunden lang «auszutrocknen», das heißt, warten zu lassen; von der beschämenden Entdeckung, daß man beginnt, die Macht zu genießen; von einem Offizier, der ein verängstigtes palästinensisches Kind in Furcht und Schrecken versetzt; von einer Gruppe französischer Juden (!), die in der Altstadt herumlaufen und unter dem Schutz der israelischen Soldaten Steine gegen arabische Häuser werfen. Sie beschreiben genau, was unter einem «Schußwechsel» zu verstehen ist, mit dem der Armeesprecher regelmäßig das Töten von Zivilisten rechtfertigt: «Ein Schuß von ihrer, der palästinensischen Seite, ein Kugelhagel von der unseren.»

*Stockholm, 18. Juni 2004*

*Rede zur Verleihung des Anna-Lindh-Preises* *

Wann immer ich einen Artikel oder ein Feature schreibe, ist es für mich die schwerste, manchmal sogar eine quälende Aufgabe, den ersten Satz zu formulieren. Heute ist es doppelt schwer für mich, die passenden ersten Worte für diese Zeremonie zu finden. Denn eigentlich hätte diese Feier niemals stattfinden, der Gedenkfonds niemals eingerichtet werden sollen. Das Leben, die Karriere und die Pläne Anna Lindhs hätten normal weitergehen und nicht so grausam und abrupt durch einen Mörder beendet werden sollen.

Wie kann ich meinen Dank für die Ermutigung und die Würdigung meiner Arbeit ausdrücken, die Ihr Preis für mich bedeutet, wo doch jeder von

---

* Für ihre Reportagen über das Leben der Palästinenser unter israelischer Besatzung wurde Amira Hass im Jahr 2004 mit dem erstmals vergebenen Anna-Lindh-Preis ausgezeichnet. Indem Hass, die selbst in den palästinensischen Gebieten lebt, die israelische Öffentlichkeit über den Alltag der Palästinenser informiert, helfe sie mit, die Bedingungen für einen Dialog zu schaffen, erklärte die Jury, deren Vorsitzender der frühere schwedische Ministerpräsident Ingvar Carlsson war. Der Preis ist nach der im September 2003 ermordeten schwedischen Außenministerin Anna Lindh benannt. Mit ihm sollen Frauen und junge Leute ausgezeichnet werden, die gegen Gleichgültigkeit, Vorurteile, Unterdrückung und Ungerechtigkeit kämpfen.

Ihnen wünscht, dieser Preis hätte niemals ausgeschrieben und verliehen werden müssen?

So erübrigt es sich fast zu erklären, warum ich mit gemischten Gefühlen vor Ihnen stehe.

Hinzu kommt, daß es drei weitere Gründe gibt, Ihren großzügigen Preis zwar dankbar, aber dennoch mit gemischten Gefühlen entgegenzunehmen.

Die Ironie ist meiner Aufmerksamkeit nicht entgangen: Hier stehe ich und profitiere von einem blutigen Konflikt, von der Realität der fortgesetzten, erbarmungslosen Besatzung und einer der Apartheid ähnelnden Herrschaft, die mein Staat, Israel, über die Palästinenser ausübt – einer Herrschaft, die sie der Möglichkeit einer freien menschlichen Entwicklung beraubt und die Hoffnung meines Volkes, der Israelis, auf eine normale Zukunft gefährdet. Ich profitiere von der Tatsache, daß ich mitten aus der zersplitterten palästinensischen Gesellschaft heraus über diese Gesellschaft berichte, die sich durch die Selbstmordattentäter und den Todeskult, die sie hervorgebracht hat, diskreditiert und isoliert hat. Es ist eine Gesellschaft, in der es so viele wertvolle und kluge Stimmen gibt, der es aber nicht gelingt, diesen Stimmen Gehör zu verschaffen, so daß nur zwei Phänomene vorherrschen: das Gefühl, Opfer zu sein, und der religiöse Fanatismus. Ich profitiere also von einer beklemmenden Situation.

Ein weiterer Grund für meine gemischten Gefühle ist die bittere Erkenntnis, daß meine Berichte und Artikel im Ausland sehr viel mehr gelesen und richtig verstanden werden als von den Israelis. Ein Kollege von mir, dessen Ansichten der verbreiteten, offiziellen israelischen Version des Konflikts sehr viel näherkommen als die meinen, sagte es mir kürzlich offen und zynisch: Je mehr die ausländische Leserschaft meine Arbeit begrüßt, desto unwichtiger und irrelevanter bin ich zu Hause. Nicht, daß es mir besonders wichtig wäre, ob ich populär bin oder nicht. Aber es bereitet mir Kummer, daß meine Worte – und die Worte etlicher anderer israelischer Reporter und Aktivisten, die die Gesellschaft und die Politik ihres Landes kritisch betrachten – ihre natürlichen Adressaten nicht erreichen.

Der dritte Grund ist ein damit verbundenes Gefühl der Frustration, das mich besonders während der letzten Wochen verfolgt hat. Wiederum ist es sowohl eine persönliche als auch eine kollektive Frustration. Eine Debatte innerhalb des israelischen militärischen Geheimdiensts hat den Weg in die Medien gefunden, vor allem dank eines meiner Kollegen bei der *Ha'aretz*, Akiva Eldar. Es ist eine Debatte um Wahrheit oder Unwahrheit der israelischen Erklärungen für die Gründe der gegenwärtigen Phase des blutigen Konflikts, die im September 2000 begann.

Die offizielle israelische Version, die von den politischen Kreisen um den ehemaligen israelischen Premierminister Ehud Barak von der Arbeitspartei verbreitet und von einem großen Teil der israelischen Juden übernommen wurde, lautet wie folgt: Arafat hat den bewaffneten Konflikt von Anfang an geplant, initiiert und gelenkt. Arafat hat die großzügigen Angebote Baraks in Camp David nicht akzeptiert. Die Gespräche von Camp David scheiterten, weil die palästinensische Seite auf dem Recht auf Rückkehr für alle palästinensischen Flüchtlinge beharrte. Arafats Ziel ist ohnehin die allmähliche Zerstörung des Staates Israel. Seit Beginn der gegenwärtigen Intifada haben die Palästinenser Gebrauch von Waffen gegen israelische Soldaten gemacht. Alle Palästinenser, die getötet wurden, fielen bei bewaffneten Zusammenstößen zwischen den beiden Parteien.

Jede einzelne dieser Behauptungen, die als objektive Tatsachen akzeptiert, wenn nicht sogar als solche dargestellt wurden, wurde in Artikeln und Berichten in israelischen Zeitungen in Frage gestellt und widerlegt. Ich erinnere mich noch sehr gut an einen Artikel, den der israelische politische Wissenschaftler Menahem Klein in der *Ha'aretz* veröffentlichte. Er ist übrigens ein strenggläubiger Jude, der an der Bar-Ilan-Universität lehrt und an den Verhandlungen über Jerusalem beteiligt war. Es war ein paar Wochen nach Ausbruch der Intifada. Er führte das vollkommen logische Argument an, daß Arafat, wenn er tatsächlich insgeheim die allmähliche Zerstörung des Staates Israel geplant hätte, Baraks Angebot in Camp David angenommen und von dieser Basis aus sein endgültiges Ziel Schritt für Schritt verfolgt haben würde. Arafat, schrieb Klein, konnte Baraks Angebot als endgültige Lösung nicht annehmen, weil er allen Ernstes an der Zweistaatenlösung mit den Grenzen vom 4. Juni 1967 festhielt.

Ein Autor, der sich außerordentlich pointiert auszudrücken weiß, ist Bet Michael – auch er ein strenggläubiger Jude, der eine wöchentliche Kolumne in der *Yediot Aharonot* hat, der Tageszeitung mit der größten Auflage in Israel. Aus dem Judaismus und dem jüdischen Denken leitet er eine zutiefst moralische Logik ab. Während des ersten Jahres des gegenwärtigen Blutvergießens kommentierte er einmal die Behauptung der Armee und der Geheimdienste, daß ihre Einschätzung von Arafat und seinem Plan, das Blutvergießen zu provozieren, sich als korrekt erwiesen habe. Wenn ich mich nicht irre, sprach er direkt vom gegenwärtigen Stabschef Mosche Yaalon. Er schrieb den unvergeßlichen Satz: «Er (Yaalon) hat die Zukunft nicht vorausgesehen, er hat diese Zukunft geschaffen.» Danny Rubinstein, ebenfalls von der *Ha'aretz*, der seit den frühen siebziger Jahren über die Palästinenser und die besetzten Gebiete berichtet, trug seine Eindrücke, seine Analyse und seine Informationen über den spontanen Charakter des Aufstands, über Arafats Wunsch, die Verhandlungen wiederaufzunehmen, und seine Unfähigkeit, die Straße unter Kontrolle zu halten, zur Diskussion bei. Der unermüdliche Eldar beschaffte laufend Informationen von hochrangigen israelischen und diplomatischen Quellen, die die offizielle Darstellung – oder wie ich jetzt vielleicht sagen sollte, Legende – Lügen strafte.

Verschiedene israelische Journalisten interviewten palästinensische Aktivisten. Marwan Barghouti, der inzwischen im Gefängnis sitzt, wurde unter anderem von Gideon Levy von der *Ha'aretz* und Yigal Sarna von der *Yediot Aharonot* interviewt. Er und andere bekräftigten ihre Unterstützung der Zweistaatenlösung und versicherten, daß die Intifada spontan begonnen habe. Barghouti erinnerte die Israelis daran, daß die Palästinenser in den vorangegangenen Jahren immer und immer wieder davor gewarnt hätten, daß Israel das palästinensische Volk durch die ständige Verzögerung des Rückzugs, den ununterbrochenen Weiterbau an den Siedlungen und dergleichen mehr zu einem neuen Aufstand treiben würde. Ben Kaspit von der *Maariv* – vielleicht diejenige der israelischen hebräischen Tageszeitungen, die die Regierung am loyalsten unterstützt – veröffentlichte ein Jahr nach dem Ausbruch des Aufstands einen überlangen Artikel, in dem er das Verhalten der Armee analysierte. Neben anderen politischen und militärischen Angelegenheiten untersuchte er das Auftreten der Armee vom ersten Tag an. Er sprach von der astronomischen Menge von Munition, die die israelischen Soldaten von Anfang an verschossen hatte und die in keinem Verhältnis zur Quantität und Qualität der Waffen stand, über die die Palästinenser verfügten. Mit anderen Worten, man konnte daraus schließen, daß die Eskalation von der exzessiven Gewaltanwendung der Israelis ausgelöst worden war.

Die Liste der Berichterstatter, deren Schilderungen diesen Schluß nahelegen, ist lang. Ich gehörte auch dazu. Ich berichtete vom Schauplatz der Ereignisse: von den ersten Demonstrationen in Ramallah und Gaza, wo Hunderte und oft auch Tausende Menschen zu den israelischen Militärstützpunkten marschierten. Einige Dutzend Halbwüchsige warfen Steine, manche standen dabei, brüllten Schlagworte, unterhielten sich und diskutierten über die Korruption und mangelnde Effektivität der Autonomiebehörde. Und von weit entfernten Stellungen aus schossen israelische Soldaten mit scharfer Munition, verwundeten und töteten. Die Soldaten gehorchten den Befehlen ihrer Offiziere, die ihrerseits auf klare politische Anweisungen von oben handelten – zur damaligen Zeit von der regierenden Arbeitspartei.

Vom dritten Tag der Intifada an erklärten palästinensische und israelische Menschenrechts- und medizinische Hilfsorganisationen, daß die Zahl der Verletzungen in den oberen Körperregionen beweise, daß die Soldaten den Befehl hatten zu töten. Sie behaupteten auch, daß die Armee gezielt Kinder angreifen würde. Ich veröffentlichte ihre Kommentare in einem meiner frühen Berichte. Als ich einen israelischen Scharfschützen interviewte, bestätigte dieser die Behauptungen. Amnesty International verfaßte in Eile eine ausgezeichnete Studie über die Ereignisse. Darin wurde berichtet, die Zusammenstöße hätten begonnen, als palästinensische Zivilisten Protestmärsche zu «Symbolstätten» der israelischen Besatzung, zum Beispiel Stellungen der Armee, zumeist in der Nähe israelischer Kolonien, veranstaltet hätten. Ich veröffentliche eine Zusammenfassung dieser Studie, die zu dem Schluß kam, daß die Armee die Atmosphäre durch exzessive Gewaltanwendung mit tödlicher Wirkung aufgeheizt habe.

Ich würde Tage brauchen, um alle Berichte vom Schauplatz der Ereignisse aufzuzählen, meine eigenen und andere, die der offiziellen Darstellung des Geschehens durch die israelische Armee widersprechen. Wenn Sie in den Archiven danach suchen, werden Sie sie finden. Es ist wahr, sämtliche Zeitungen, einschließlich der *Ha'aretz*, ganz zu schweigen von den Radio- und Fernsehsendern, räumten diesen Berichten nicht den gleichen Raum ein, den sie der offiziellen Version zugestanden. Aber wer auch immer sich ein umfassenderes Bild machen und mehr Fakten verschaffen wollte, hatte diese Möglichkeit. Dennoch reden die Leute heute von der beschriebenen Debatte und ihrem Inhalt so, als würden sie mit vollständig neuen Fakten konfrontiert. Meine Frustration könnte den Eindruck von Eitelkeit erwecken: So früh schon habe ich Fakten veröffentlicht, die heute, zwei, drei oder fast vier Jahre später, als allgemein bekannte Tatsachen gelten, welche von bedeutenden Regierungsstellen und Kommentatoren bestätigt worden sind. Nun gut, ich *bin* eitel – ich scheue mich nicht, zu sagen, daß ich diese Fakten zu einem sehr frühen Zeitpunkt veröffentlicht habe.

Aber meine Frustration gilt den sinnlos geopferten Leben, dem Blut, das nicht hätte vergossen werden müssen, der Zerstörung, die danach kam. Wenn die Menschen nur rechtzeitig genug zur Kenntnis genommen hätten, daß ihre Armee und ihre Politiker tonnenweise Öl ins Feuer gossen, daß sie auf eine winzige Streichholzflamme reagierten wie auf einen Waldbrand.

Nun verstehen Sie vielleicht, warum ich mit gemischten Gefühlen hier stehe.

Meine Frustration begann nicht erst im September 2000. Schon lange vor diesem Zeitpunkt machte ich von dem Vorzug Gebrauch, unter Palästinensern zu leben, und lieferte Fakten, die der allgemeinen Annahme widersprachen, daß ein Friedensprozeß im Gange sei und jedermann glücklich sein müßte. Ich sprach von Israels Politik vor Ort, die in krassem Gegensatz zu jeder Vorstellung von Frieden stand, so zum Beispiel von den Siedlungen und davon, wie eine Politik der Abriegelung entwickelt wurde, welche die israelische Version des Apartheidsystems ist. Ich interviewte palästinensische Intellektuelle, die davor warnten, daß die Situation auf der Kippe stehe, daß es jederzeit zu einer Explosion kommen könne. Ich sorgte dafür, daß dies veröffentlicht wurde. Ich konnte nicht garantieren, daß meine Berichte gelesen wurden, und noch viel weniger, daß die richtigen Schlüsse daraus gezogen würden. Zum Beispiel der Schluß, daß Israel nicht daran arbeitete, Frieden zu schließen, sondern daran, vom Friedensprozeß zu profitieren, die Zeit der Verhandlungen als Gelegenheit zu nutzen, die Siedlungen zu erweitern und dafür zu sorgen, daß nur ein geschwächter, nicht lebensfähiger palästinensischer Staat entstehen kann.

Meine Erfahrungen und meine Frustration führten dazu, daß sich meine Vorstellungen vom Journalismus festigten. Die wichtigste Aufgabe des Journalismus ist es, die Machthaber zu beobachten, Unterdrückung aufzuspüren und ihre Merkmale und ihre Wirkung auf die Menschen zu verfolgen, die Beziehungen zu beobachten, die sich zwischen den Machthabern und den Unterdrückten entwickeln. Selbst zwischen diesen beiden Extremen gibt es immer einen Dialog, einen Austausch von Verhaltensweisen, Meinungen, Emotionen, Gewohnheiten und Einflüssen. Macht ist niemals eine Einbahnstraße, die nur in eine Richtung ausgeübt wird. In Schulen sind die Lehrer und das Erziehungssystem als Ganzes das Zentrum der Macht, aber spielen nicht auch die Schüler ein Bäumchen-wechsele-dich-Spiel mit ihnen? In unseren Gesellschaften sind die Machtpositionen immer noch in der Hand von Männern, aber müssen diese ihre Herrschaftsformen nicht ständig verändern, weil die Frauen bewußt oder implizit Gleichberechtigung fordern und mit einem ständigen Gefühl der Unzufriedenheit leben? In den Beziehungen zwischen Arbeitnehmern und Arbeitgebern nimmt das Gespräch zwischen den beiden ungleichen Parteien tausend Formen an, nicht nur die Form von Streiks oder Verhandlungen, von Lohnerhöhungen oder Kürzungen, sondern auch die Form von Schmeicheleien gegenüber dem Chef, von Sabotage, Faulheit, Lügen oder Witzen, bis hin zum Einsatz von Psychologen, von Spionage oder dem Anbieten von Vorteilen und Wochenendausflügen.

In der jahrhundertelangen Entwicklung der Medien und ihrem Vertrag mit der Gesellschaft, in dessen Rahmen die Journalisten arbeiten, ist die Überwachung der Macht meiner Ansicht nach eine freiwillig übernommene Aufgabe des Journalismus. Sie ist nicht seine einzige Rolle – aber die wichtigste. Ich glaube, es ist die Aufgabe des Journalismus, die Aktionen der Machthaber zu überprüfen, die Auswirkungen des Dialogs nicht zu übersehen und dennoch die Motive und Taten der Inhaber der Macht in Frage zu stellen. Denn sie werden alles Menschenmögliche tun, um ihre Macht zu halten und zu festigen, weil sie die Mittel in der Hand haben, den falschen Eindruck aufrechtzuerhalten, daß das Wohl der Herrschenden und das der Öffentlichkeit identisch seien, oder ihre Macht als gottgegeben und natürlich darzustellen. Indem sie die Machthaber überwachen, leisten die Medien einen Beitrag zum Dialog zwischen den beiden Seiten.

Sie sind nicht gleichwertig oder gleich stark, aber dennoch kommunizieren sie miteinander. Die Medien berichten über dieses Gespräch, aber eben durch diese Berichterstattung nehmen sie auch daran teil. Sie geben Informationen weiter und helfen dadurch, den Dialog zu entwickeln. Und die Medien sollten das Unmögliche tun, nämlich sich selbst kritisch betrachten und sich klarmachen, in welchem Ausmaß sie die Stimmen der Unterlegenen in dem Dialog unterdrücken oder auch nicht.

Und nun zurück zu den israelisch-palästinensischen Beziehungen. Es kann keinen Zweifel daran geben, daß Israel die Macht in Händen hält. Aber das bedeutet nicht, daß die Palästinenser keine Initiative ergriffen hätten und ergreifen, keinen Anteil an der Verantwortung trügen oder keinen Einfluß auf den Stand der Dinge gehabt hätten und haben.

Was diesen Punkt betrifft, befinden sich die Medien in Israel in einer Zwickmühle. Ihre Aufgabe ist es eigentlich, die Macht, also die israelische Besatzung, zu überwachen. Aber als israelische Institution sind sie auch Teil der Macht. Sie sind Teil und Repräsentanten der herrschenden Gesellschaft, die ein Interesse daran hat, ihre Privilegien gegenüber den Palästinensern festzuhalten und zu verewigen. Solche Privilegien sind zum Beispiel die Kontrolle über die Wasserressourcen, die Kontrolle über das Land, die Möglichkeit, die demographischen Prozesse und das Tempo der Entwicklung der anderen Seite zu bestimmen, um die jüdische Hegemonie zu sichern.

Aber die israelischen Medien genießen vollständige Freiheit. Niemand bedroht uns, unser Leben oder unsere Stellungen, wenn wir das erste Gebot des Journalismus auf Kosten unserer objektiven Situation als Teil der Macht befolgen. Die Tatsachen wurden der israelischen Öffentlichkeit von verschiedenen Journalisten früh genug vor Augen geführt. Insbesondere die *Ha'aretz* hat die israelische Macht viele Jahre lang sorgfältig beobachtet und kritisch überprüft. Aber die Fakten haben sich im Laufe des natürlichen Prozesses der Sozialisierung in Luft aufgelöst. Mit Sozialisierung meine ich die gegenseitige Nachahmung, die Übernahme von Überzeugungen und Vorstellungen, welche sich von oben nach unten verbreiten, dann jedoch als Ergebnis individueller Denkprozesse und autonomen Wissens im Umlauf sind. Mit Sozialisierung meine ich die dünne Linie zwischen dem künstlichen Erzeugen eines Konsenses und dem Konsens, der auf natürliche Weise zwischen Menschen mit gemeinsamem ethnischem Ursprung und gemeinsamer Religion entsteht.

Wir, die israelischen Journalisten, die über die Machtbeziehungen zwischen Israel und den Palästinensern berichten, sind zwischen unserer Meinungsfreiheit und unserer natürlichen Neigung gefangen, uns mit der Gesellschaft zu identifizieren, die die Macht in der Hand hält. Keine Zensur, keine direkte Einschüchterung von offizieller Seite bringt uns zum

Schweigen oder führt dazu, daß unsere Fakten unbeachtet bleiben. Sie gehen unter in dem ohrenbetäubenden Lärm, der durch den Prozeß der Sozialisierung erzeugt wird.

Mit Sozialisierung meine ich das Bedürfnis, seine Privilegien zu sichern – und seien sie auch so jämmerlich wie die der Israelis, die in armen und unterentwickelten Ortschaften und Stadtvierteln leben. Der gemeinsame ethnische und religiöse Ursprung und das natürliche Streben nach Bequemlichkeit sind der Grund, warum 66 Prozent der israelischen Juden aussagen, daß Berichte über die Leiden von Palästinensern, deren Häuser zerstört werden, ihr Wohlbefinden nicht beeinträchtigt. Eine ähnliche Anzahl von israelischen Juden glaubt, daß der Schaden, der den Palästinensern durch die Sperranlagen zugefügt wird, unbedeutend sei. Und das behaupten sie von dieser entsetzlichen Kette von Befestigungsanlagen, die Territorium und Gesellschaft der Palästinenser in unzusammenhängende, isolierte Enklaven zerschneidet. Und das behaupten sie, obwohl so viele Fakten und skandalöse und grausame Zahlen zum Beispiel in der *Ha'aretz* veröffentlicht wurden.

Die richtigen Schlußworte zu finden ist ebenfalls schwierig. Ich habe über verschiedene Schlußwendungen nachgedacht und konnte mich zu keiner davon entschließen. Schließlich ist dies eine Dankrede. Und tatsächlich bin ich Ihnen dankbar für Ihre Großzügigkeit. Diese Großzügigkeit versetzt mich in die Lage, mich meinerseits gegenüber einigen von meinen palästinensischen Freunden in Gaza und Rafah dankbar zu zeigen. Ich verdanke ihnen so viel von meinem Verständnis der palästinensischen Gesellschaft und der israelischen Besatzung, ein Verständnis, das Sie als «mutigen Journalismus» bezeichnet haben.

### 23. Juni 2004

Eine dunkle Wolke schwebt über der Familie meiner Freundin M. aus Gaza. Die vierzehnjährige Nichte ihres Mannes wurde von der israelischen Armee verhaftet und bezichtigt, einen Fünfzehnjährigen als Selbstmordattentäter angeworben zu haben.

M. und D. verabscheuen Selbstmordattentate und sind erbittert über den religiösen Mißbrauch der nationalen Sache. D.s Bruder war sein Leben lang ein einfacher Arbeiter und hat sich im Gegensatz zu seinen Brüdern niemals politisch engagiert. Als er und seine Tochter vor zwei Wochen in ihrer Wohnung in Nablus verhaftet wurden, machte er sich keine Sorgen. Irgendein Fehler, ein Mißverständnis. Als er am nächsten Morgen entlassen wurde, war der Schock um so größer. Die Vorwürfe gegen seine Tochter überstiegen seine schlimmsten Befürchtungen.

Das junge Mädchen selbst weist alle Behauptungen zurück. Jetzt muß ihre Familie einen guten Rechtsanwalt für sie engagieren, obwohl beim

Militärgerichtshof schwerlich ein faires Verfahren möglich sein wird. Das israelische Militärrecht gestattet die Verurteilung von vierzehnjährigen Palästinensern zu Gefängnisstrafen. Ihre Verwandten in Nablus dürfen sie nicht besuchen, aber zum Glück hat sie auch Angehörige, die israelische Staatsbürger sind. Nun macht sich also der ganze «Clan» in Gaza, Nablus, Israel und vermutlich auch im Ausland Sorgen um das Schicksal des jungen Mädchens. Sie alle können kaum glauben, daß die Vorwürfe gegen die Vierzehnjährige, die wegen jeder Lappalie in Tränen ausbricht, berechtigt sind. Dennoch sagt M.: «Wenn sie wirklich getan haben sollte, was man ihr vorwirft, bin ich froh, daß sie verhaftet worden ist, bevor sie sich selbst und andere umbringen konnte.» Und wenn die Anklage korrekt sein sollte, schwört M., daß sie denjenigen, die ihre Nichte vielleicht benutzt haben, die Hölle heiß machen wird.

### *Tel Aviv, 7. Juli 2004*

Scharons Plan, die israelischen Kolonien im Gazastreifen aufzulösen, wurde von mehreren Friedensaktivisten gutgeheißen und gelobt. Sie halten die Auflösung einiger Siedlungen für einen Präzedenzfall, der eine positive Dynamik in Gang setzen könnte. Sie kann aber auch den Weg für Simon Peres ebnen, der unbedingt ein Regierungsamt haben möchte und die Arbeitspartei mit in die Koalition ziehen würde.

Der Plan ist aus drei Gründen gut:

1. Das Meer wird Hunderttausenden von Palästinensern wieder offenstehen, die wegen der Siedler die Strände nicht betreten durften. 7000 Siedler werden nicht länger das Leben von 1,4 Millionen Palästinensern behindern. Das Land, das sie für sich beanspruchen, zwanzig Prozent des Gazastreifens, wird an die rechtmäßigen Besitzer zurückgegeben werden.

2. Im Gegensatz zur allgemeinen Kritiklosigkeit während der Oslo-Jahre betrachten viele nun Scharons Absichten mit Mißtrauen. Als die Osloer Abkommen sich unübersehbar zu einem Mittel der israelischen Neu-Besatzung entwickelten, waren die Augen, Gehirne und Herzen der Vertreter des Friedenslagers und der meisten Repräsentanten der Medien fest verschlossen. Jetzt dagegen befürchten die gleichen Leute, daß Scharon sich mit dem Abzug aus dem Gazastreifen lediglich die Zustimmung Amerikas zu seiner geopolitischen Umstrukturierung des Westjordanlandes sichern will – mit wachsenden Kolonien und Sicherheitszonen. Dieser Verdacht könnte das Friedenslager aufrütteln und wieder zum Handeln zwingen.

3. Der dritte Grund ist, daß auch die westlichen Staaten mißtrauisch reagieren. Ein Beispiel ist die Einschätzung der Weltbank: «Wenn der Abzug mit einer Sperrung der Grenzen Gazas für Arbeitskräfte und für

den Handel oder mit einer Beendigung der Versorgung mit Wasser und Elektrizität verbunden sein sollte, würden dadurch größere Härten entstehen, als sie heute zu verzeichnen sind... Unter solchen Umständen kann die mit dem Plan verbundene Behauptung, daß Israel nicht mehr für die Bevölkerung von Gaza verantwortlich sei, nicht akzeptiert werden.»
Im übrigen sollte niemand erwarten, daß aus Scharons Plan auf geheimnisvolle Weise ein «Friedensprozeß» hervorgehen wird.

### Nablus, 14. Juli 2004

Der Name Nablus ist zum Synonym für internes Chaos geworden, für die Herrschaft von Banden und die daraus resultierende Angst, für willkürliches Erschießen von jedem, den einer nicht mag, für Halbwüchsige und junge Mädchen, die als Selbstmordattentäter losgeschickt werden, für hermetische Abriegelung, sadistische Kontrollpunkte und ununterbrochene Invasionen der israelischen Armee, die regelmäßig zu vielen Todesfällen führen. Geschäftsleute und Akademiker weichen nach Ramallah aus, fort von den Banden und den inneren Abriegelungen. Selbst der UN-Sondergesandte für den Nahen Osten erwähnte das Chaos in seiner letzten Rede vor der UN-Hauptversammlung. Der Oberkommandierende der israelischen Armee brüstete sich damit, daß die Zahl der gesuchten Personen in Nablus zurückgegangen sei, und führte das als Beweis dafür an, daß die Stadt sich dem militärischen Druck beuge.

Teilweise waren es diese Vorgänge, die mich letzten Sonntag veranlaßten hierherzukommen. Aber bald entdeckte ich auch noch ein anderes Nablus: gut geführte Sommerlager für Kinder, eine Universität, die ihren Studenten während des letzten Jahres nicht gestattet hat, auch nur einen einzigen Tag lang zu fehlen («Im Flüchtlingslager Balata herrscht Ausgangssperre? Das ist doch nichts Neues. Sie hätten eine Möglichkeit finden müssen, zu Ihrem Examen zu erscheinen»), sehr saubere und ordentliche Straßen, trotz der Tatsache, daß der Bürgermeister vor einem Jahr zurückgetreten ist, weil sein Bruder von einer der Banden erschossen wurde, die vermutlich ihn selbst gemeint hatte, ständig wachsende Armut und dennoch kein Anzeichen von Plünderungen oder größeren Ladendiebstählen, fröhliche Ausflügler am Nachmittag auf Straßen, die wenige Stunden zuvor noch von der Armee blockiert waren, freundschaftliches Zusammensein in den Wohnungen von Freunden, um über die Banden, die Armee und den letzten Sieger der arabischen Show «Superstar» zu diskutieren.

## Nablus – Ramallah – Tel Aviv, 21. Juli 2004

Die vier Frauen am Kontrollpunkt konnten an den Tatsachen nichts ändern: Hunderte von Menschen, die auf dem Weg nach Nablus oder aus der Stadt heraus warten mußten, bis sie an der Reihe waren, von ein paar jungen, groben Soldaten durchsucht zu werden, und ein paar Dutzend Halbwüchsige, die stundenlang in der brütenden Sonne hinter Betonklötzen festgehalten wurden, weil sie versucht hatten durchzukommen, obwohl es nach den von der Armee erlassenen Vorschriften Männern unter dreißig verboten ist, ihren Wohnort ohne Spezialgenehmigungen zu verlassen. Die vier Frauen waren Aktivistinnen von Mahsom Watch, einer israelischen Organisation, die Dutzende von Kontrollpunkten der Armee im gesamten Westjordanland überwacht. Es war am letzten Sonntag am schlimmsten Kontrollpunkt von allen, Hawwara an der südlichen Einfahrt von Nablus.

Aus einer Gruppe von vier Frauen, die vor drei Jahren ihre Tätigkeit aufnahmen, hat sich Mahsom Watch zu einer großen Organisation mit rund 500 weiblichen Mitgliedern unterschiedlichen Alters und aus allen sozialen Schichten entwickelt. Sie ist die effektivste von allen israelischen Gruppierungen, die sich gegen die Besatzung wenden. Die Frauen verbreiten das Wissen darum, daß das Abriegelungssystem seiner Natur nach grausam ist. Und doch dienen sie der Besatzung als passive Kollaborateure. Wenn sie ihre Dienststunden abgeleistet haben, kehren sie in ihr sicheres Zuhause zurück, über Straßen, die nur von Juden benutzt werden dürfen. Sie können herumreisen, ein normales Leben führen, Berufe ausüben, ihre Enkel besuchen und jederzeit an den Strand gehen – alles Dinge, die die Besatzung den Palästinensern verwehrt. Und das trifft auf uns alle zu, jedenfalls auf diejenigen von uns, die die Besatzung nicht bewußt politisch akzeptieren. Mit schlechtem Gewissen haben wir keine andere Wahl, als ebenfalls ein normales Leben auf der Seite der Besatzer zu führen. Die einzige Möglichkeit, die uns bleibt, besteht darin, das Ausmaß der passiven Mitwirkung so gering wie möglich zu halten.

## 18. August 2004

«Sabbar» ist die arabische Bezeichnung für einen stacheligen Feigenkaktus. Auf hebräisch heißt er «Tsabbar». In der hebräischen Umgangssprache, in der es viele Anleihen aus dem Arabischen gibt, ist «Sabra» der Spitzname für in Israel geborene Juden – im Gegensatz zu Neueinwanderern. Ein Sabra, sagt man, ist wie die Frucht der Kakteen: außen stachelig und innen süß. Das arabische Wort bedeutet «Geduld» – und paßt so gut zu der Haltung, mit der die Palästinenser nun schon seit langem alle Arten von Enteignungen ertragen haben.

Palästinensische Bauern haben ihre Grundstücke schon immer mit einer

Hecke aus Sabbar-Kakteen umgeben. In Israel sind diese Kakteen heute ein natürliches Denkmal für die palästinensischen Dörfer, die 1948 und auch noch danach von den israelischen Streitkräften entvölkert und zerstört wurden, ein bitteres Mahnmal für die brutale Vertreibung der Palästinenser.

Dagegen bieten die Sabbar-Kakteen, die in reicher Fülle in den Dörfern westlich von Ramallah wachsen, einen hübschen und lebendigen Anblick. Vor langer Zeit waren diese Dörfer dafür bekannt, daß viele ihrer Bewohner auf einem Auge blind waren. Beim Ernten der Früchte verletzten sie sich ein Auge an den Dornen, die Entzündung wurde nicht behandelt, und die Sehkraft ging verloren.

D. erzählte uns diese Geschichte auf dem Weg zum Dorf Budrus, wo die Teilnehmer eines Protestmarschs gegen die «Sicherheitsmauer» an ihrem zehnten Marschtag eintreffen sollten. D. ist Fatah-Aktivist und beteiligt sich an dem Versuch, den ursprünglichen, unbewaffneten Widerstand gegen die Besatzung wieder zum Leben zu erwecken und die Menschen dazu zu bewegen, den bewaffneten Kampf als wirkungslos abzulehnen. Als Fatah-Aktivist ist er jedoch auch an dem in seiner Organisation üblichen Nepotismus und der Gewohnheit beteiligt, sich medizinische Behandlungen, einen Job oder einen Kredit mit Hilfe persönlicher Beziehungen zu verschaffen. Obwohl dies seiner eigenen Überzeugung widerspricht, läßt er sich immer wieder zu derartigem Verhalten verleiten.

Im Hinblick auf seine Schwierigkeiten, die allgemein üblichen Methoden zu meiden, erzählte er die folgende Parabel: Ein auf einem Auge blinder Mann kehrt nach langjähriger Abwesenheit in sein Dorf zurück und stellt fest, daß alle Bewohner nun auf beiden Augen blind sind und einen Baum anbeten, als wäre er Gott. Als er protestiert und ausruft: «Aber das ist doch nur ein Baum!», wollen sie nichts davon hören. Wenn du ihn nicht als Gott akzeptierst, solltest du lieber gehen, erklären sie ihm. Wenn du hierbleiben willst, mußt du unsren Gott anerkennen. Also geht er hin und zerstört auch noch sein zweites Auge.

### 1. September 2004

Der doppelte Selbstmordanschlag vom 31. August in der im Süden Israels gelegenen Stadt Beer Sheva schlug ein wie ein Blitz an einem wolkenlosen Tag. Der gräßliche Anblick von ausgebrannten Bussen und verstreut herumliegenden Körperteilen war den Israelis längere Zeit erspart geblieben.

Die Bevölkerung hatte die Erklärung der Armee für diese beseligende Atempause akzeptiert: Die «terroristische Infrastruktur» ist geschwächt, die israelischen Maßnahmen wirken abschreckend, der noch unvollendete Sicherheitszaun wirkt sich bereits aus, die Nachrichtendienste kommen vielen Plänen rechtzeitig auf die Spur und vereiteln sie. Die beiden aus Hebron stammenden Hamas-Aktivisten, die sich am letzten Dienstag in die Luft sprengten und sechzehn zwischen drei und siebzig Jahre alte Menschen mit in den Tod rissen, haben jedoch bewiesen, daß letztlich der Wille siegt und alle technischen und logistischen Hindernisse überwindet.

Die palästinensische Führung verurteilte den Anschlag, gab jedoch der israelischen Besatzung die Schuld. Diese Schuldzuweisung ist leeres Gerede. Der Kampf der Palästinenser gegen die israelische Besatzung hat nach wie vor seine zerstörerischen, frustrierenden Merkmale, von denen eines die Weigerung ist, die bestehenden Mängel öffentlich zu diskutieren. Hier ist eine Liste solcher Mängel:

Das Fehlen einer entschlossenen und geachteten Führung, die eine klare Strategie und Taktik formuliert, gibt einzelnen Personen und Organisationen die Möglichkeit, ihr individuelles Programm durchzusetzen.

Das Aufeinandertreffen der konkurrierenden Strategien verschiedener Organisationen und oft auch verschiedener Teile einer Organisation führt zu einem Konkurrenzkampf um die Gunst der Bevölkerung – je größer die Zahl der israelischen Leichen, desto mehr Pluspunkte kann man offenbar machen.

Durch den Wunsch, das atavistische Bedürfnis nach Rache zu befriedigen, wird der Blick auf das eigentliche Ziel verstellt, nämlich die Befreiung der besetzten Gebiete. Der Gebrauch von Waffen wird verherrlicht und sanktioniert, so daß er nicht mehr nur Mittel zum Zweck, sondern zur Hauptsache geworden ist.

Die Angst, öffentlich darüber zu reden, daß solche Methoden ebenso wirkungslos wie unmoralisch sind, vertieft die Kluft innerhalb der Gesellschaft und bringt die Palästinenser um die internationale Unterstützung.

### 14. September 2004

Mit großem Tamtam hat die israelische Regierung eine Resolution zur finanziellen Kompensation der Siedler angenommen, die aus den Kolonien im Gazastreifen evakuiert werden sollen. Rund 8000 Menschen, 1800 Familien. Jede Familie hat Anspruch auf mehr als 300000 Dollar. Diese Familien sind ohnehin schon in den Genuß großzügiger Zuwendungen seitens der Regierung gekommen, solange sie in jenen grünen, bequemen und weitläufigen Zufluchtsstätten für Juden lebten – inmitten des übervölkerten, grauen, wasserarmen Palästinensergebiets. Die Siedler sind zweifellos die Lieblinge Israels.

Gleichzeitig behauptet die israelische Regierung, daß sie nicht die finanziellen Mittel habe, die Gehälter von Tausenden von kommunalen Angestellten zu bezahlen. Betroffen sind die israelischen Gemeinden an der «Peripherie» und die sogenannten Entwicklungsstädte (in denen hauptsächlich israelische Palästinenser, arabischstämmige Juden und Neueinwanderer leben). Ihre Budgets wurden in den letzten Jahren vom Innenministerium so drastisch gekürzt, daß sie die Gehälter nicht mehr bezahlen konnten, die ohnehin 1000 Dollar nicht übersteigen. Manche Angestellte haben bis zu ein Jahr lang keine Gehälter mehr bekommen, aber dennoch weitergearbeitet. Demonstrationen, Hungerstreiks, Mahnwachen und die Sympathie der Medien – das alles hat nichts gefruchtet. Diese Leute sind eindeutig *nicht* die Lieblinge Israels.

Jetzt hat der israelische Innenminister eine Gesetzesvorlage eingebracht, durch die die geplanten, vom Gesetz vorgeschriebenen Schadenersatzzahlungen an die nicht bezahlten Angestellten gekürzt werden sollen. Außerdem behauptete er in dieser Woche, «daß es in Israel keine hungernden Menschen gibt», trotz der besorgniserregenden Zahl von Hunderttausenden von Mitbürgern, die auf Sozialhilfe angewiesen sind und denen das Geld für die grundlegendsten Dinge fehlt: menschenwürdige Wohnungen, Heizung, angemessene Ausbildung, Verkehrsmittel, Kleidung. In seinen Augen reicht es, wenn die Leute sich Brot mit Margarine leisten können.

## *22. September 2004*

M. ist Mitte Dreißig. Er ist gerade dabei, seinen B.A. in Soziologie zu machen, und will auch noch seinen M.A. machen. Er hat das ansteckendste Lachen, das man sich vorstellen kann, tief und ehrlich. Er nimmt regelmäßig an Talkshows zu kulturellen Themen im libanesischen Fernsehen teil.

M. ist ein palästinensischer Häftling in einem israelischen Gefängnis, der schon seit sechzehn Jahren hinter Gittern lebt. Zwölf weitere Jahre hat er noch abzusitzen. Ich habe ihn noch nie gesehen, wir unterhalten uns nur am Telefon, dem heimlichen Mobiltelefon, das er und seine Zellengenossen sich teilen und mit dessen Hilfe sie einen ständigen Kontakt mit der Außenwelt aufrechterhalten.

Ich habe mir seine Telefonnummer verschafft, als ich über einen Hungerstreik der Häftlinge schreiben wollte. Von ihm erhielt ich zutreffende, nicht glorifizierende Informationen über die Lebensbedingungen, die Beziehungen zum Wachpersonal und zu anderen Gefangenen, die Forderungen der Streikenden. Ich habe ihn immer noch nicht gefragt, was ihm eigentlich vorgeworfen wird. Ich weiß nur, daß er im Alter von zwanzig Jahren einer linksgerichteten bewaffneten Zelle angehört hat. Er kann niemanden getötet haben, denn Palästinenser, die Juden getötet haben, erhalten lebenslängliche Haftstrafen.

Was mich am meisten berührt, ist die Hartnäckigkeit, mit der er seine geistige Weiterentwicklung betreibt. «Ich habe schon früh den Entschluß gefaßt, nicht einfach zu verfaulen», sagt er. Er hat noch nie einen modernen Computer gesehen, geschweige denn damit gearbeitet. Aber er kennt die neuesten politischen und kulturellen Websites und ist mit der High-tech-Terminologie vertraut. Er hat sich in die offene hebräische Universität eingeschrieben. Er liest ununterbrochen. Er ist nicht nur über die palästinensische, sondern auch über die israelische Gesellschaft gut informiert. Und nicht zuletzt wagt er es, seine neu hinzugekommenen Mitgefangenen zu kritisieren, junge Menschen, die sich ohne klare Ideologie in den Kampf gestürzt haben, bei denen persönliche Motive und Verzweiflung stärker sind als politische Aspekte.

**29. September 2004**
Am Mittwoch, dem 29. September, dem vierten Jahrestag des Beginns der gegenwärtigen Intifada, befahl eine schwerbewaffnete Einheit der israelischen Armee der Familie Zbeidi im Morgengrauen, ihr Haus zu verlassen. Packen Sie Ihr Geld, Ihre Wertsachen und Ihre Dokumente zusammen, und verschwinden Sie, weil wir das (leerstehende) Haus von Zakaria Zbeidi sprengen wollen. Ein paar hundert Bewohner des Viertels, Kinder, alte Männer und Frauen, flüchteten angstvoll in die Dämmerung hinaus. Um 4:30 Uhr gab es eine gewaltige Explosion. Und die Menschen stellten fest, daß nicht nur Zakarias Haus in Trümmern lag, auch alle benachbarten Gebäude waren schwer beschädigt. «Wir fangen immer wieder von vorne an», sagte mir Zakarias Onkel Jamal, ein fünfundfünfzigjähriger Aktivist und ehemaliger politischer Häftling, dessen Haus bereits zweimal zerstört wurde. Einmal als Bestrafung für die Aktivitäten seines Vetters während der ersten Intifada, das zweite Mal durch eine Rakete während der Invasion im April 2002. Und jetzt wieder.

Zakaria Zbeidi ist um die Dreißig und gilt als Leiter des militanten Flügels der Fatah im Flüchtlingslager Jenin. Er ist der typische, tragische Vertreter einer verlorenen Generation junger Flüchtlinge und Fatah-Anhänger: Die erste Intifada setzte ihrem Schulbesuch ein Ende. Statt sie aufzufordern, ihre Schulbildung abzuschließen, stellte die PA viele von ihnen als schlechtbezahlte Polizisten und Wachleute ein. Mit wachsendem Zorn sahen sie zu, wie die goldenen Versprechungen der Oslo-Jahre sich in Einnahmequellen und Privilegien für eine dünne Führungsschicht verwandelten, während die Besatzung weiterhin ihr Leben beherrschte. Als die gegenwärtige Intifada ausbrach, waren er und seinesgleichen die ersten, die sich daran beteiligten, und nachdem viele ihrer Kameraden, die nur Steine geworfen hatten, getötet worden waren, sorgten sie für die Militarisierung des Aufstands. Keine wirkliche Ausbildung, keine echte politische Strategie, keine Vision. Sie kennen nur eine Philosophie: Ich bin bewaffnet, also bin ich.

Sein Onkel, sein Bruder und seine Mutter wurden alle drei im Frühling 2002 getötet, die beiden Männer im Kampf, die Mutter in ihrem Haus.

Zakaria hat sich eifrig als Held vermarktet, sein Gewehr geschwungen, vor laufender Fernsehkamera in die Luft geschossen und die palästinensische Führung mehr bedroht als die israelische Besatzung. Ein paar Schüsse auf israelische Siedler und Fahrzeuge und – in jüngerer Zeit – eine Explosion, bei der zwei Palästinenser getötet wurden und die seiner Organisation angelastet wird.

Ja, er ist ein Amateur und beträgt sich wie ein kleiner Hooligan. Aber was seine Nachbarn und seine Familie wahrnehmen, ist der Rachefeldzug der Supermacht Israel und ihren Hang zu unaufhörlichen Kollektivstrafen.

### 6. Oktober 2004

Der Gazastreifen ist schon seit zwei Wochen für Journalisten gesperrt, und so konnten wir nicht aus der Nähe über den jüngsten israelischen Angriff auf den Nordteil Gazas berichten, der am Dienstag, dem 28. September, begonnen hat. Ziel des Angriffs waren wieder einmal Abschreckung und das Töten von Palästinensern, die selbstgebastelte, primitive Raketen abschießen.

Darum muß ich mich auf die Genauigkeit des Zeugnisses meiner Freunde verlassen, um der Standarderklärung der Armee zu widersprechen, daß es sich um einen «Kampf gegen Terroristen» handelt und «alle getöteten Palästinenser Terroristen» sind.

Es war nicht schwer, mir exakte Informationen über die Explosion eines israelischen Panzergeschützes zu verschaffen, durch die zehn Personen ums Leben gekommen sind, davon acht Kinder. Es war leicht festzustellen, daß alle Toten Zivilisten waren und daß kein «Kampf» stattgefunden hat. Alles hat sich kaum zwanzig Meter vom Haus meiner Freunde entfernt im Flüchtlingslager Jabalia abgespielt. Dieses Panzergeschütz machte ihnen endlich klar, daß sie ihr Haus verlassen und fliehen mußten und daß sie in Gaza bleiben müssen, bis die Panzer aus der Gegend abrücken. Jetzt fürchten sie, daß sie ihr Haus zerstört vorfinden, wenn sie wieder zurückkehren.

Aber die genauen Informationen über den Tod zweier anderer Zivilisten, die beide Bauern waren, kam aus überraschender Quelle: von einem Soldaten. Er nahm Kontakt zu mir auf, um mich über ungerechtfertigte Tötungen zu informieren. Ich schickte meine palästinensischen Freunde los, um die Umstände noch einmal zu überprüfen. Jetzt stehen sie vor einem Problem. Eine Familie beharrt darauf, daß ihr Sohn ein «Kämpfer» war, der in der «Schlacht» gefallen ist. Wie ich festgestellt habe, schildern viele Familien aus Gründen der Ehre und der sozialen Anerkennung den Tod ihrer Angehörigen auf falsche, glorifizierende Weise und bestätigen so die Behauptung der israelischen Armee, daß sie nur bewaffnete Terroristen tötet.

### Ramallah, 13. Oktober 2004

Der Soldat am Kontrollpunkt musterte meinen Personalausweis mit lebhaftem Interesse und wollte wissen: «Haben Sie keine Angst, so ganz alleine in Ramallah zu leben?» «Warum sollte ich Angst haben?» fragte ich. «Die Panzer sind in Jabalia und nicht in Ramallah.»

Aber es gibt hier genügend andere Gründe, sich zu fürchten, ganz besonders jetzt, zur Zeit der Olivenernte. Angestachelt von göttlichen Immobilienversprechungen, vertreiben Siedler die Bauern von ihren Feldern und Bäumen. Sie schießen, lassen Hunde los und stiften Brände. Wenn man die Geschichte der Olivenernte erzählen will, muß man also die Angst einkalkulieren.

Eine Quelle, die ein ganzes Dorf in der Nähe von Nablus mit Wasser versorgt, wurde während der letzten vier Jahre immer wieder von «anonymen Tätern» zerstört und verschmutzt. Die Gegend wird von einer besonders gewalttätigen Kolonie beherrscht. Ich schloß mich einem Team von Oxfam GB an, das versuchen wollte, die Quelle wieder funktionsfähig zu machen. Zu unserer Erleichterung wurden wir von bewaffneten israelischen Soldaten begleitet. Gleichzeitig wurden Bauern aus dem Nachbardorf von Siedlern angegriffen, eine Person wurde von einer Kugel aus der Schußwaffe eines Siedlers schwer verletzt.

Im Süden von Hebron waren Kinder auf dem Schulweg von einem winzigen Dorf in ein anderes von Siedlern angegriffen worden. Ein Team von CPT (Christian Peacemakers Team) beschloß, die Kinder täglich auf dem Hin- und Rückweg zu begleiten. Während der letzten beiden Wochen wurden sie zweimal von maskierten, englisch- und hebräischsprechenden Personen mit Knüppeln und Steinschleudern angegriffen. Mehrere CPT-Mitglieder handelten sich gebrochene Rippen und Gliedmaßen ein. Ich hatte eigentlich vor, mich ihnen anzuschließen, aber dann bot ein männlicher Kollege, der in der Nähe wohnt, an, an meiner Stelle zu gehen. Es tat mir nicht leid, auf die «Story» und damit auch auf die Angst zu verzichten.

### 20. Oktober 2004

*Hinweis: Fasten Sie nicht während dieses Ramadan. Der Himmel ist mit Märtyrern überfüllt. Warten Sie bis nächstes Jahr. Ihre Polizei.*

Dieser Scherz wurde letzte Woche, während der ersten Woche des Fastenmonats Ramadan, von ein paar Witzbolden in Umlauf gebracht. Bei dem größten Angriff der israelischen Armee seit dem April 2002 wurden 133 Menschen getötet und 550 verwundet. Mindestens dreißig der Todesopfer und 220 der Verwundeten waren Kinder. Das einmonatige Fasten während des Tages ist eine der fünf religiösen Pflichten des Islam. Die Erfüllung dieser Pflichten sichert dem Gläubigen einen Platz im Paradies. Der

Märtyrertod für einen gerechten Zweck ist ebenfalls eine Möglichkeit, in den Himmel zu kommen und für seine Sünden zu büßen. Viele Jugendliche, die bewaffnete Kämpfer waren oder es werden wollten, versicherten in den letzten vier Jahren, daß sie sich nicht vor dem Tod fürchteten, weil ihnen der Himmel mit seinen physischen und geistigen Belohnungen sicher sei. Dieser Glaube an ein physisches Leben nach dem Tod ohne alle metaphorische Bedeutung und Spiritualität mag der geeignete Trost für Menschen sein, deren irdisches, gegenwärtiges Leben ihnen nichts als Armut, Isolation und extreme Diskriminierung zu bieten hat. Aber als Glaube einer ganzen Gesellschaft ist er ein Rezept für kollektive Apathie.

Das geistliche Handbuch des Imam al-Ghazali nennt zehn Vorteile, die der Hunger während der Fastenzeit mit sich bringt, darunter die Reinigung des Herzens und das Schärfen der Einsicht, die Entstehung einer demütigen Stimmung und demütiger Gedanken gegenüber Gott, den Sieg über das Bedürfnis nach Sünde...

Im Verhalten der meisten Menschen findet sich jedoch kaum eine Spur von Spiritualität. Das Fasten, insbesondere der Verzicht auf das Rauchen, macht die meisten Menschen nervös, reizbar und ungeduldig. Besonders der öffentliche Sektor ist teilweise paralysiert, weil die Leute früher nach Hause gehen als sonst. Für die Kinder ist das Fasten so etwas wie ein kollektiver Sport, aber sie träumen von dem Festmahl, wenn das Fasten gebrochen wird, und den Süßigkeiten, die sie dann bekommen. Für die meisten Menschen ist es eine Gelegenheit für Zusammenkünfte der Familie, den Austausch von Geschenken – und es ist der Monat der Seifenopern im Fernsehen.

### *27. Oktober 2004*

Komplizierte und weniger komplizierte Technologien, von deren Funktionsweise wir keine Ahnung haben, sind zum Bestandteil unseres normalen, täglichen Lebens geworden. Wir sind in solchem Maße davon umgeben, daß wir sie gar nicht mehr bemerken. Wir halten sie für etwas Selbstverständliches: Computer, medizinisches Gerät, Espressomaschinen, digitales Dies und digitales Das.

Und es gibt Technologien, die unsere Phantasie und jedes menschliche Verständnis übersteigen, die geheimgehalten werden und dennoch starker zum Bestandteil unseres Lebens geworden sind als jeder Computer und jede Waschmaschine. Allerdings gilt das nur für Palästinenser im allgemeinen und für Bewohner von Gaza im besonderen. Und eigentlich sind sie Bestandteile des Todes und nicht des Lebens. Während der letzten israelischen Invasion in das Flüchtlingslager Khan Younis in Gaza wurden acht der zehn Todesopfer von Raketen getroffen, die von winzigen unbemannten Fluggeräten abgeschossen worden waren. Die meisten Opfer waren bewaffnet, was nicht bedeutet, daß sie gerade gegen die israelische Armee kämpften – wie David gegen Goliath. Einige waren lediglich Mitglieder der palästinensischen Sicherheitskräfte auf ihrem Posten. Wir können nur raten, daß die winzigen Mordmaschinen auf die Suche nach Waffen programmiert sind.

Als diese Technologie vor einem Jahr erstmalig benutzt und damit unfreiwillig bekannt gemacht wurde, war das ein Skandal. Die Amerikaner hatten ihre Zustimmung noch nicht gegeben. Inzwischen handelt es sich um ein offenes Geheimnis, das in der israelischen Presse nicht ernsthaft kommentiert wird, aber jedem Palästinenser bekannt ist. Fälle, die vom Palästinensischen Zentrum für die Menschenrechte in Gaza dokumentiert wurden, zeigen, daß diese Geschosse, die «sehr spezielle Ziele angreifen und schwere Verbrennungen und Verstümmelungen verursachen, ohne Unterschied jede bewaffnete Person treffen, auch wenn es sich nur um einen Sicherheitsbeamten oder einen Milizangehörigen handelt, der sich nicht am Kampf beteiligt».

### 3. November 2004

O., der zum harten Kern der Fatah-Aktivisten gehört, verrät mir von Zeit zu Zeit ein paar Insider-Informationen über seine Bewegung. Nützlich sind sie besonders dann, wenn es darum geht, sich ein Bild von der Stimmung zu machen, weil die Informationen an sich so überflüssig sind: über wen Arafat geschimpft, wen er geschlagen hat, wer mit wem gestritten hat usw.

Am Donnerstag letzter Woche, als Arafats Zustand noch ungeklärt war, wollten O. und seine Familie nach Norden in sein Heimatdorf fahren. Ein Verwandter begleitete ihn, auch er ein Anhänger der Fatah, dicklich, mit einem ewigen breiten Lächeln im Gesicht. Im Gegensatz zu O. fastet und betet er. Zur Gebetszeit breitete er also einen winzigen Teppich auf dem Boden aus und begann, seine Gebete zu rezitieren und sich zu verneigen. In die Worte des Gebetes flocht er seine eigenen Wünsche ein: «Und mit Gottes Wille wird Arafat sterben.» O. lachte. Seine Meinung von Arafat war nicht viel anders.

Er beendete sein Gebet, setzte sich und verkündete: «Nur die Juden können über seinen Tod traurig sein. Es ist bekannt, daß Arafat kein Palästinenser ist. Er ist ein marokkanischer Jude, der von den Juden eingeschleust wurde, um unseren Kampf zu sabotieren. Das gleiche trifft für vierzig weitere leitende Persönlichkeiten in der arabischen Welt zu. Sie sind Juden, das ist bekannt. Schon in den Protokollen wurde ganz genau erklärt, wie das Weltjudentum die Welt regiert, die Medien, die Regierungen und das Kapital.»

O. versuchte, ihn zum Schweigen zu bringen, aber er redete immer weiter. O. entschuldigte sich für seinen Verwandten. Natürlich war ich nicht persönlich beleidigt. Ich sagte nur, daß das lediglich beweise, wie ernst die Situation ist, wenn Menschen wie er solchen Unsinn glauben.

### 10. November 2004

Vor ungefähr fünfzehn Jahren, als der Fatah-Anhänger D. wegen seiner bewaffneten Aktionen gegen die Besatzung noch in einem israelischen Gefängnis saß, konnte er nicht glauben, daß Arafat sterblich sei. «Ich wurde wütend, wenn jemand sagte, daß Arafat eines Tages sterben werde.» D.s Haltung war symptomatisch für viele Palästinenser, die die besten Jahre ihrer Jugend und ihres Erwachsenenlebens für das Ziel und die Idee der Befreiung und nicht weniger für den Anführer geopfert hatten, der für sie ein Symbol war, die Personifikation ihres Volkes, ihres Befreiungskampfes, ihrer Sehnsüchte, ihrer Kultur, ihrer Vergangenheit und Zukunft. Eine Super-Vaterfigur.

Einige Jahre später wurde D. entlassen und entwickelte sich zu einem der prominentesten jungen Aktivisten der Fatah im Westjordanland. Bei endlosen Partys lernte er Arafat persönlich kennen. Wenn Meinungsverschiedenheiten zwischen der alten und der jungen Garde aufkamen und eskalierten – zwischen Arafat und seinen langjährigen gehorsamen Schülern, die inzwischen ein wenig skeptisch geworden waren –, stellte D. fest, daß die einfachste Möglichkeit, an seinen Meinungen festzuhalten, darin bestand, ein Zusammentreffen mit Arafat zu vermeiden. «Wenn er will, kann er uns dazu bewegen, Likud zu wählen», erklärte D., ohne das im geringsten scherzhaft zu meinen. Er wußte, daß Arafat unrecht hatte, aber er war sich auch seiner bekannten Fähigkeit bewußt, seine Gegner zu überzeugen.

In der Öffentlichkeit fuhr D. fort, Arafat als den Führer der Revolution, des Volkes und des als Staat bezeichneten Gebildes zu preisen. Aber privat sahen er und seine Freunde – die Generation, die hier, in den besetzten Palästinensergebieten, aufgewachsen ist – Arafat mehr und mehr als Negativfaktor, als Belastung. «Wir werden nichts ändern können, solange Arafat am Leben ist», erklärte S. einmal in privatem Kreis. Auch er ist ein ehemaliger politischer Häftling und prominenter Fatah-Aktivist in Gaza. Beide meinten die gleichen Mißstände: die Bevorzugung einiger weniger, den Nepotismus, Arafats persönliche Herrschaft und seine Stellung über dem Gesetz, die Bestechungen, den Mangel an Professionalität im öffentlichen Sektor, die allgemeine Angst vor dem Sicherheitsapparat, die internen persönlichen Streitigkeiten – das ganze Regierungssystem, das sich innerhalb dieses nicht näher definierten politischen Apparats namens palästinensische Autonomiebehörde entwickelt hat. Während der letzten beiden Wochen, seit Arafats Erkrankung publik geworden ist, haben D. und seine Freunde ruhig und sachlich begonnen, sich auf den Wechsel vorzubereiten. Es hat sich nun also doch erwiesen, daß Arafat ebenso sterblich ist wie alle anderen menschlichen Wesen auch. Und die palästinensische Gesellschaft ist zersplittert, verarmt, zerstört, in unzusammenhängende Bantustans aufgeteilt. Die Aufgabe, die nach Arafats Tod zu bewältigen ist, ist gigantisch.

«Wenn Arafat nur endlich sterben würde», riefen vor zehn Tagen zwei Frauen im israelischen Militärgerichtshof aus – zwei Mütter, deren Söhne wegen ihrer Beteiligung an irgendwelchen Aktionen gegen die Besatzung vor das Militärgericht gestellt wurden. Bei den Verhandlungen dieses Gerichts werden Familienangehörige nicht in die Nähe der Angeklagten gelassen. Sie sitzen mindestens fünf Meter voneinander entfernt und rufen einander zu, wer wen geheiratet hat, wer grüßen läßt und wie schwer es fällt, das Lieblingsessen des Angeklagten zu kochen, solange er nicht da ist. Und zwischen all dem plötzlich dieser Todeswunsch! Offensichtlich machten die Frauen Arafat für «alles» verantwortlich: für die Verhaftung ihrer Söhne, für die zu erwartenden Gefängnisstrafen, für die Entfernung, die sie daran hinderte, die Hände ihrer Söhne zu berühren, die teure Reise zum Gericht, den Tod so vieler Menschen.

Beide Extreme, die bedingungslose Verehrung Arafats einerseits und seine vollständige Verurteilung andererseits, haben eines gemeinsam: die Personifizierung einer Sache und eines Volkes. Die Erhebung Arafats zur zentralen Figur ist durch die Zeit und die Region seines Aufstiegs zu erklären. Er war nicht der einzige Mann in der arabischen Welt (und in den «sozialistischen» Staaten, die die Sache der Palästinenser unterstützten), um den ein Personenkult betrieben wurde. Und seine westlichen Bewunderer haben nicht weniger zu diesem Kult beigetragen. Zeitweise hat Arafat nicht nur den Kampf seines Volkes in den Augen der Welt symbolisiert. Häufig wurde es ihm auch als Verdienst angerechnet, daß die Sache der Palästinenser nicht vollständig von der politischen Agenda der Welt verschwunden ist. Mit dieser Haltung tut man dem gesamten palästinensischen Volk unrecht, das sich stets geweigert hat, einfach spurlos zu verschwinden und in der Diaspora seine Identität zu verlieren. Sie ist eine Mißachtung der unzähligen Formen des Widerstands gegen die Besatzung, die die Palästinenser im Westjordanland und in Gaza entwickelt haben, und sie ist unfair gegen die palästinensischen Staatsbürger Israels, die sich hartnäckig gegen Diskriminierung und Vergessen wehren.

Wenn man ihm alles Schlechte in die Schuhe schiebt, dient das der Entlastung vieler anderer. Arafat ist nicht nur wegen seiner List und Geschicklichkeit zur Vaterfigur geworden. Die auf dem Clan-System basierende Gesellschaft hat den Charakter seiner Herrschaft akzeptiert und gefördert. Arafat hätte sein System der Bevorzugung einzelner, das auf direkter Loyalität ihm gegenüber und gegenüber dem Geld basierte, welches er zu diesem Zweck verteilte, nicht mit solcher Virtuosität ausbauen können, wenn nicht einzelne prominente Politiker, politische Bewegungen und das gesellschaftliche Establishment, einschließlich einiger Teile der Opposition, bereit gewesen wären, Geld, Stellungen und Privilegien von ihm anzunehmen. Die Geschicklichkeit, mit der Arafat Institutionen schuf, die miteinander um die gleichen Funktionen und sein Wohlwollen konkurrierten, und mit der er jeden möglichen Konkurrenten für sich selbst ausschaltete, beruhte auf der Tradition stammesinterner Spannungen und Rivalitäten. Sein Entschluß, im Jahr 1990 Saddam Hussein zu unterstützen – durch den anschließend das internationale Ansehen der PLO geschädigt wurde –, war keine persönliche Entscheidung. Sie beruhte auf den Gefühlen der meisten Palästinenser und ihrer politischen Organisationen. Wenn man ihn für alles verantwortlich macht, können die palästinensische Elite und die politischen Aktivisten jede persönliche und gemeinsame Verantwortung für alles von sich weisen, was geschehen ist und derzeit geschieht.

Ein großer Teil der palästinensischen Politiker und der gebildeten Klassen hatte teil an dem kolossalen Fehlschlag der Oslo-Jahre: die symbolische Bedeutung eines Flugplatzes und eigener Briefmarken in Verbindung mit den Privilegien, die sie von Israel erhielten, machte sie unfähig, rechtzeitig zu erkennen, daß Israel keine friedliche Lösung, sondern eine neue Art der Herrschaft anstrebte. Es ist richtig, daß Arafat derjenige war, der diese Haltung kultivierte. Er war derjenige, der es versäumte, den geringen Bewegungsspielraum, den die Osloer Abkommen ihm ließen, zu nutzen, um sich gegen die Ausweitung der israelischen Kolonien zu wehren. Viele führende Fatah-Aktivisten erkannten die Diskrepanz zwischen der vielversprechenden Sprache der Abkommen und der Realität einer wachsenden israelischen Kontrolle. Aus vielen verschiedenen Gründen vermieden sie es zu handeln, die Welt auf die Entwicklung aufmerksam zu machen und sich den neuen Formen der israelischen Herrschaft zu widersetzen. Diese Gründe waren ein verständlicher, jedoch unbegründeter Optimismus und Glaube an die Versprechungen des israelischen Partners; die Verbesserung der Lebensbedingungen für die eigene Person und die Familie nach Jahren im Gefängnis und des Lebens in Armut; Privilegien; das Gefühl, von der Welt akzeptiert zu werden; die alte Ehrfurcht vor Arafat und der Verlust des Muts. Wie seltsam! Diese Menschen hatten den Soldaten und Angestellten der israelischen Besatzung so mutig getrotzt. Jahrelang hatten sie ihr Leben, ihre finanziellen Lebensgrundlagen und ihre Freiheit aufs Spiel gesetzt. Es war nicht nur Arafats charismatische Wirkung auf sie, die sie den Mut verlieren ließ.

Die gegenwärtige Intifada brach exakt wegen dieser Diskrepanz zwischen Versprechungen und Realität aus. Und als sich die Massen der israelischen Armee entgegenstellten, war das nicht nur eine Botschaft an die Besatzer, sondern auch an die eigene Führung.

Das Tempo, mit dem der Aufstand zum sinnlosen Gebrauch von Waffen und Sprengstoff degenerierte, ist nicht die Folge von Arafats «Entschluß, nichts zu beschließen». Er ermutigte sein schlechtbewaffnetes Volk nicht einmal stillschweigend, sich in hoffnungslose Schlachten gegen die viertgrößte Militärmacht der Welt zu stürzen. Die Verherrlichung des «bewaffneten Kampfes» ist ein grundlegendes Merkmal der palästinensischen Gesellschaft und wird in allen politischen Gruppierungen gepflegt, auch von Arafats erbittertsten Feinden in der Hamas und der Volksfront. Wer diesen Kult ablehnte, wagte es nicht, systematisch dagegen anzukämpfen, nicht wegen Arafat, sondern wegen der Reaktion der Gesellschaft. Es gibt viele Erklärungen dafür, daß kritische Stimmen entweder gar nicht oder nur schwach zu hören waren: Stammesloyalität; persönliches Prestige; Sozialisierungsprozesse; die Angst, sein Einkommen zu verlieren; soziale Distanz zum kritisierten Personenkreis (den Bewohnern der Flüchtlingslager und Dörfer, also den armen Schichten).

Viele, besonders die Anhänger des israelischen Friedenslagers, die bis heute die Osloer Abkommen unterstützen, behaupten, daß Arafat derjenige gewesen sei, der sein Volk zur Annahme des «historischen Kompromisses» bewegt habe. Aber wie die erste Intifada bewiesen hat, haben Zehntausende von Palästinensern ihren Willen zum Ausdruck gebracht, ihre Unabhängigkeit durch ein faires Abkommen mit Israel auf der Basis einer Zwei-Staaten-Lösung zu erreichen. Ohne diese Generation wäre es Arafat nicht gelungen, seinem Volk und den PLO-Organen die Osloer Abkommen zu «verkaufen». Eine ganze Generation hatte die israelische Gesellschaft aus der Nähe kennengelernt – im Gefängnis oder bei der Arbeit in Israel. Diese Generation existiert, und sie hofft noch immer auf eine vernünftige Einigung mit Israel. Jetzt wird sie Arafat nicht mehr als Vorwand für ihre politische Lähmung benutzen können.

Während der letzten beiden Wochen, als alle Welt sich auf Arafats Zustand konzentrierte, ging das Leben weiter wie gewöhnlich: Angriffe der Armee, die Tötung bewaffneter und unbewaffneter Palästinenser, Fortführung des Baus von Siedlungen und Umgehungsstraßen, strikte Beschränkung der Bewegungsfreiheit im Westjordanland und in Gaza, Belagerung der palästinensischen Städte, Angriffe von Siedlern auf palästinensische Bauern und so weiter und so fort. Ob Arafat nun lebt oder tot ist, das Kernproblem ist Israels Herrschaft über die Palästinenser. Es ist Sache der Palästinenser, sich bessere Formen des Widerstands auszudenken. Aber Israel ist verantwortlich dafür, daß die Besatzung während der sogenannten Friedensjahre zu einer immer komplexer werdenden, unüberwindlichen Realität der Apartheid und des Kolonialismus wurde.

## 17. November 2004

Zwei Arten von Hindernissen stehen der Liebe von M. und T. im Wege: Beide sind 30 Jahre alt, M. ist Krankenschwester, T. hat gerade sein Medizinstudium in Osteuropa abgeschlossen und arbeitet als Arzt im Praktikum in einem palästinensischen Krankenhaus. Er stammt aus einem Dorf im Norden des Westjordanlandes. Sie lebt als Palästinenserin mit israelischem Paß in Jerusalem, ohne die israelische Staatsbürgerschaft zu besitzen.

Sie haben sich vor zwei Jahren kennengelernt. Ihr machte es nichts aus, daß er arm ist, ihm ist es egal, daß sie geschieden und nach den erbitternden palästinensischen Maßstäben alt ist und eigentlich mit einem ältlichen Witwer oder einem betagten Verwandten verheiratet werden müßte.

Bisher haben sie ihre Beziehung geheimgehalten und kommunizieren nur über E-Mails miteinander. Seit der ersten halben Stunde haben sie sich nicht mehr gesehen.

Obwohl ihre Familie ziemlich fortschrittlich ist, fürchtet sie, daß sie diese Verbindung nicht billigen wird. Die israelische Politik, die Palästinensergebiete zu zerstückeln und das palästinensische Ost-Jerusalem vom übrigen Westjordanland abzutrennen, macht normale Familienkontakte so gut wie unmöglich. Er darf nicht nach Jerusalem ziehen, und wenn sie Jerusalem verläßt, um mit ihm im Westjordanland zu leben, verliert sie ihren israelischen Paß. Wenn sie an irgendeinem anderen Ort als in Ramallah wohnen, kann weder ihre Familie sie noch sie ihre Familie regelmäßig besuchen, weil jede derartige Fahrt nur mit israelischer Genehmigung möglich ist. Bisher kann man sich noch in Ramallah treffen, aber wie lange wird das noch so bleiben? Früher oder später wird infolge der israelischen Abriegelungspolitik auch diese Stadt für die Bewohner von Ost-Jerusalem gesperrt sein.

Das zweite Hindernis ist die Tradition. Sie dürfen sich weder privat treffen noch in der Öffentlichkeit zusammen sehen lassen. Böse Zungen könnten sie als «unanständig» abstempeln. Als erstes müßten sie ihre Verlobung bekanntgeben, aber dazu müßten sie erst einmal zusammenkommen, um die Probleme zu besprechen und sich hinsichtlich der Einzelheiten zu einigen, bevor sie sich dem Widerstand ihrer Familien stellen können.

Diese Woche waren sie zum ersten Mal zwei volle Tage lang in meiner Wohnung zusammen. Er brauchte fünf Stunden, um alle israelischen Kontrollpunkte zu passieren (unter normalen Umständen wäre es nur eine Stunde Fahrt). Sie mußte auf etliche Lügen zurückgreifen, um ihrer Familie (meinen Freunden) zu erklären, wo sie war.

## 1. Dezember 2004

Das Verhältnis der Todesopfer während der gegenwärtigen blutigen Phase des israelisch-palästinensischen Konflikts beträgt 1:3. Ein israelisches Opfer auf drei palästinensische. Während der ersten Intifada war es ein Verhältnis von 1:7 bzw. 1:10. Bedeutet das, daß diese Intifada erfolgreicher ist als die erste?

Diese Logik wurde in einem privaten Gespräch von einer Amerikanerin vertreten, die eine Nachrichtenwebsite über die israelische Besatzung in den Palästinensergebieten betreibt. Auch Palästinenser äußern häufig derartige Ansichten, wenn man sie fragt, wie sie die Unterdrückung, die Besatzung und den Widerstand der letzten vier Jahre einschätzen.

Aber das Messen des «Erfolgs» oder «Mißerfolgs» an der Zahl der Toten hat nichts mit dem eigentlichen Sinn des Widerstands zu tun. Abgesehen davon, daß eine solche Wertung unmoralisch ist, zeugt sie von einem Mangel an politischem Verständnis der langfristigen Politik Israels, die darin besteht, die Kolonialisierung in raschem Tempo fortzuführen, die Palästinensergebiete in einzelne Enklaven aufzuteilen und die palästinensische Gesellschaft in unzusammenhängende, verstreut lebende Gruppen zu zerreißen.

Der gegenwärtige Aufstand, dilettantisch, wie er ist, brach wegen der erbitternden Kluft zwischen den süßen Versprechungen und der harten Realität aus, die von strikter Belagerung und fortschreitender Landenteignung (und der Gleichgültigkeit der Autonomiebehörde) geprägt war. Leider wurde diese Botschaft von Arafats obsessivem Gerede von den heiligen Stätten (statt der Kolonien im allgemeinen) und von der raschen und chaotischen Militarisierung des Aufstandes verwischt. Aus einem embryonalen Guerilakrieg wurden Terroranschläge gegen Zivilisten, die den israelischen Staatsterrorismus aus dem Bewußtsein der Welt verdrängten.

Hat das «bessere» Leichenverhältnis in irgendeiner Weise dazu beigetragen, den Kolonialisierungsprozeß aufzuhalten? Im Gegenteil, die Bautätigkeit in den und für die Kolonien schreitet in beängstigender Geschwindigkeit fort. Ob das Verhältnis nun 1:3 oder 1:10 beträgt, offenbar hat eine wachsende Zahl von Israelis ein begründetes Interesse daran, diesen Prozeß in Gang zu halten.

## 15. Dezember 2004

*M. und T.: zweites Kapitel*

Vor zwei Wochen hatten T. und M. sich darauf geeinigt, ihre Beziehung nicht mehr allzu lange geheimzuhalten. Bei ihrem zweiten geheimen Treffen in meiner Wohnung beschlossen sie, daß als erstes T. seinen Eltern sagen solle, daß er M. liebe und sie heiraten möchte.

Letzte Woche rief M. mich an. Mit mühsam beherrschter, zitternder Stimme erzählte sie mir genau das, was wir erwartet hatten. Seine Eltern hatten abgelehnt. Sein Vater hatte angefangen zu brüllen und wollte nichts mehr von dem Unsinn hören. T. hat noch kein Geld (für Gold, die Hochzeit, eine Wohnung usw.), das Mädchen ist nicht mehr jung und außerdem auch noch geschieden.

Unterdessen wurde M. von ihrer Familie bedrängt, ihre Zustimmung zu ihrer Verheiratung mit einem entfernten Vetter zu geben. Als sie sich weigerte, schloß die Familie daraus, «daß es einen anderen Mann in ihrem Leben geben muß». Aber das wollte sie ihren Angehörigen noch nicht anvertrauen, weil sie dann auch von der hartnäckigen Ablehnung seines Vaters hätte erzählen müssen.

Zwei Tage darauf starb T.s Vater im Schlaf. Für einen dreiundsechzigjährigen Mann war das ein plötzlicher Tod, auch wenn er ein starker Raucher war. Er war der einzige Ernährer der Familie. M. konnte nicht bei ihrem trauernden Freund sein. Israel gestattet es den Bewohnern von Jerusalem nicht, in seine Stadt im Norden des Westjordanlandes zu fahren. Und die Gesellschaft gestattet es ihr nicht, mit ihm gesehen zu werden. Seltsamerweise befreite der Tod des Vaters T. vom Diktat der Familie. Wenn er jetzt für den Lebensunterhalt der Familie sorgen muß, kann sie ihm nicht vorschreiben, wen er heiraten soll. Aber es fehlt ihm an Geld.

M. entschloß sich, mit ihrem älteren Bruder zu reden, der ein politischer Häftling ist. Er versprach ihr augenblicklich seine Unterstützung und die ihrer Onkel gegen den Widerstand der verwitweten Mutter. Wenn dieser Mann dich wirklich liebt, dann sollst du ihn auch heiraten, ermutigte er sie. Wer legt schon Wert auf Gold und eine aufwendige Hochzeit.

### 20. Dezember 2004

#### M. und T.: drittes Kapitel

Wie ist es möglich, daß die Frauen in der Familie am stärksten dagegen sind, daß M. den Mann ihrer Wahl heiratet? Mit dem Kerl muß irgend etwas nicht in Ordnung sein, sagte ihre Mutter, wenn er eine geschiedene Frau heiraten will, obwohl er sogar etwas jünger ist als sie. Einer der Onkel, der M. unterstützt, versuchte, seiner Schwester, der Mutter, gut zuzureden: «Sieh mal, was für eine Gesellschaft wir haben», sagte er. «Wenn ein sechzigjähriger Witwer, Vater von acht Kindern, auf dem linken Auge blind und auf dem rechten Ohr taub, um ihre Hand angehalten hätte, hätte niemand gefragt, was mit ihm verkehrt ist.»

Die Mutter hat selbst eine Leidenszeit mit einem alten, herrschsüchtigen Ehemann hinter sich. Man sollte erwarten, daß sie Verständnis für ihre Tochter haben müßte. Statt dessen scheint sie sich die reaktionären Vorstellungen zu eigen gemacht zu haben, daß Frauen von Natur aus minderwertig und im Grunde genommen nichts als Eigentum sind. Und einem jungen, gutaussehenden Mann sollte man keinen benutzten, alten Besitzgegenstand anbieten.

Eine feministische Aktivistin hat jedoch eine andere Erklärung dafür, daß die Mutter darauf besteht, die Tochter mit einem Verwandten zu verheiraten: Sie mißtraut der Gesellschaft und besonders den Männern zutiefst. Sie glaubt, im besten Interesse ihrer Tochter zu handeln. Sie kennt den Verwandten, und deshalb vertraut sie ihm. Ihm liegt das Wohl der ganzen Familie am Herzen und damit auch das Wohl ihrer Tochter. Keine Überraschungen, keine Enttäuschungen.

Unterdessen haben die Onkel vorgeschlagen, daß M. und T. sich nicht mehr treffen sollen, bis seine Familie offiziell von Heirat redet. Und er solle innerhalb eines Monats um ihre Hand anhalten, sagen die Onkel. Sonst würden auch sie daran zweifeln, daß er es ernst meint.

# 2005

### *Gaza – Ramallah, 12. Januar 2005*

Alle Welt brennt darauf, mehr über die palästinensischen Präsidentschaftswahlen zu erfahren. Bush hat bereits gratuliert, ebenso die europäischen Staatsoberhäupter, und ich glaube, Scharon hat schon sein erstes Telefongespräch mit Abu Mazen als neuem Präsidenten geführt. Jugendliche Fatah-Anhänger liefen in den Straßen herum und schossen in die Luft.

Am Wahltag lief mir in Rafah der am meisten gesuchte palästinensische Guerillakämpfer über den Weg, der bereits zwei gezielte Tötungsversuche überlebt hat, Jammal abu Samhadana. Er war von frühester Jugend an Fatah-Mitglied, organisierte in den neunziger Jahren Kampagnen gegen die Korruption in der Autonomiebehörde und wurde dafür von der PA verhaftet. Er gründete die «Volkswiderstandskomitees», die gelegentlich die israelische Armee angreifen. «Man fragt sich», meinte er, «warum Bush und Scharon Abu Mazen so unbedingt haben wollen.» Er selbst hatte gar niemanden gewählt.

Fayssal Hourani, ein palästinensischer Schriftsteller, betrachtete die Wahlen ebenso skeptisch wie Samhadana. «Die Beerdigung ist herzlich, aber der Verstorbene ein Hund», heißt es in einem arabischen Sprichwort. Was etwa das gleiche bedeutet wie «viel Lärm um nichts». Hourani glaubt aber auch, daß Abu Mazens ehrliche Sprache die Palästinenser in den Augen der Welt aus Aggressoren wieder zu Opfern der israelischen Besatzung machen

könnte. Darum ist er überzeugt, daß es nicht lange dauern wird, bis Scharon ihn als neuen Arafat darstellt, dem man an allem die Schuld geben kann.
Die Zahlen sprechen eine deutliche Sprache:
Im palästinensischen Bevölkerungsregister sind 1,8 Millionen Wahlberechtigte verzeichnet.
1,1 Millionen davon haben sich im September ins Wahlregister eintragen lassen.

Nach Arafats Tod, als die Wahlen in greifbare Nähe rückten, verabschiedete das Parlament ein Gesetz, wonach auch diejenigen Wahlberechtigten wählen durften, die sich nicht hatten eintragen lassen. Es geht das Gerücht um, daß die Hamas-Anhänger im Hinblick auf eventuell bevorstehende Parlamentswahlen in die Registrierungsbüros geströmt waren, während viele Fatah-Mitglieder und -Anhänger sich mit Arafats Unwillen über den Prozeß identifizierten, der ihm von der «jungen Garde» mehr oder weniger aufgezwungen worden war. Aber die Hamas rief zu einem Boykott der Präsidentschaftswahlen auf.

Am letzten Sonntag gingen 770000 Wähler zu den Urnen, das sind 45 Prozent der Wahlberechtigten. Abu Mazen erhielt 62 Prozent der Stimmen. Das bedeutet, daß er von 28 Prozent der Wahlberechtigten unterstützt wird.

In einer so politisierten Gesellschaft wie der palästinensischen ist eine Wahlbeteiligung von 45 Prozent sehr niedrig. Sie spiegelt jedoch nicht Gleichgültigkeit oder Unwissenheit wider, sondern eine gesunde Beurteilung der Lage. Die Leute wissen, wer der Boß ist.

Was sich im täglichen Leben nur allzu deutlich zeigt.

«Ich wähle jeden, der dafür sorgt, daß ich nach Hause gehen kann», sagte eine Frau, die in einer ländlichen Gegend mitten im Gazastreifen lebt. Die meisten israelischen Kolonien wurden in diesem fruchtbaren Gebiet geschaffen. Seit zehn Jahren und vermehrt während der letzten vier Jahre sind die rund achttausend Palästinenser, die dort leben, drakonischen Einschränkungen ihrer Bewegungsfreiheit unterworfen – alles zum Schutz der Siedler. In den letzten drei Wochen vor den Wahlen wurden viele Menschen, die in die nur einen Kilometer weit entfernte nächste Stadt gefahren waren, daran gehindert, nach Hause zurückzukehren, und mußten sich manchmal tagelang bei Verwandten oder im Gebäude des Roten Halbmonds einquartieren. Die Frau hatte ein Baby im Arm und wartete bereits seit sieben Stunden an der mit Stacheldraht befestigten und streng bewachten Kreuzung, die zu ihrem Heimatdorf führt. Die Befehle der israelischen Soldaten interessierten sie sehr viel mehr als die Wahlergebnisse.

«Welcher Präsident kann die israelischen Soldaten daran hindern, auf uns zu schießen?» fragte ein offensichtlich verängstigter Taxifahrer. Einen Tag zuvor war einer seiner Kollegen, der an einem befestigten Kontrollpunkt im nördlichen Teil des Gazastreifens Fahrgäste abholen wollte, von einer Stellung der israelischen Armee aus beschossen und verwundet worden. Warum? Kein Grund, keine Erklärung.

T.s Vater ist am Wahltag an Krebs gestorben. In Gaza. Sie wohnt in Ramallah. Sie bekam keine Genehmigung, nach Gaza zu fahren und an seiner Beerdigung teilzunehmen.

M. rief mich am letzten Mittwoch an. Er hat meine Telefonnummer von jemandem in Jenin bekommen. Er ist 38 Jahre alt und leidet an einer Herzerkrankung. Eine Operation ist nur in Amman in Jordanien möglich. Als er auf dem Weg dorthin die von Israel kontrollierte Allenby-Brücke überqueren wollte, versuchte ein israelischer Geheimdienstagent ihn zu erpressen: Wenn Sie uns Informationen geben, lassen wir Sie durch. Er fuhr wieder nach Hause. Jetzt hoffen wir, daß die israelischen «Ärzte für die Menschenrechte» um sein Recht auf medizinische Behandlung kämpfen werden.

Und was möchten Sie sonst noch über die Präsidentschaftswahlen wissen?

### *26. Januar 2005*

Im Januar 1945, als die wenigen überlebenden Insassen von Auschwitz befreit wurden, befand sich meine Mutter immer noch in Bergen-Belsen. Bis zum heutigen Tag beschäftigt mich dieser Gedanke jedesmal, wenn der Befreiung von Auschwitz gedacht wird. Mein Vater war bereits im Juli 1944, ebenfalls von der sowjetischen Armee, aus dem Ghetto in der Ukraine befreit worden, in dem er drei Jahre lang festgehalten worden war. Als Kind faszinierte mich diese Tatsache. Oder umgekehrt: Als die Familie meines Vaters – wie Tausende anderer rumänischer Juden – in ein Ghetto in einem besetzten Teil Rumäniens verbracht wurde, war meine Mutter noch frei oder lebte jedenfalls unter der relativ milden italienischen Besatzung.

Es war eine kindliche Art, sich mit dieser Vergangenheit auseinanderzusetzen, die – wie ich schon sehr früh erfuhr – nicht wirklich eine Vergangenheit war. Es war die Art eines Kindes zu begreifen, daß das Leben parallel gelebt wird, daß es aus Milliarden von individuellen Erfahrungen besteht, die einander diametral entgegengesetzt sein können. Schon der Gedanke an solche «parallelen Lebenswege» war abstoßend und unerträglich, nicht so sehr, wenn es um die Unterdrückten, jedoch um so mehr, wenn es um die Unterdrücker ging, die Herrschenden. Seit meiner Kindheit trage ich in meinem Inneren ein Bild mit mir herum, das im Tagebuch meiner Mutter* beschrieben ist: Deutsche Frauen sehen zu, wie die mensch-

---

\* Hanna Lévy-Hass, *Vielleicht war das alles erst der Anfang. Tagebuch aus dem KZ Bergen-Belsen, 1944–45*. Berlin 1979: Rotbuch Verlag.

liche Fracht in das Lager Bergen-Belsen getrieben wird. Noch heute ist es quälend für mich, in dem kleinen Tagebuch zu blättern und diese Eintragung zu lesen. Ich weiß, daß das Bild, das ich mir gemacht habe und das in meine Erinnerung eingegraben ist, sich ein wenig von dem unterscheidet, das sie beschrieben hat. Aber es ist ein abscheuliches Bild von Zuschauern, welche in meiner Vorstellung die Szene «mit gleichgültiger Neugier» beobachten.

Als ich noch ein Kind war, suchte ich oft im Tagebuch meiner Mutter nach Eintragungen für den gleichen Tag und Monat, den wir gerade hatten. Es war der Versuch eines Kindes, die Vergangenheit mit der Gegenwart zu verbinden und darin einzufangen. In ihrem zweiten Eintrag im Januar 1945 (vermutlich wußte sie das genaue Datum überhaupt nicht mehr) erzählt sie zum Beispiel von ihrer Begegnung mit jüdischen Frauen aus Polen, Ungarn und Griechenland, die gerade aus Auschwitz eingetroffen waren. Wenn sie von Auschwitz erzählen, schreibt sie, «scheinen ihre Augen still zu fragen, ob wir ihnen denn überhaupt glauben. Manchmal, sagen sie, fangen wir selbst an, daran zu zweifeln, daß wir die Wahrheit sagen.»

Als ich ein Kind war, stellte ich die Glaubwürdigkeit meiner Mutter natürlich niemals in Frage. Die Erinnerungen meiner Eltern waren für mich etwas Selbstverständliches. So hielt ich es zum Beispiel niemals für etwas Einmaliges, daß meine Mutter in der Hölle ein Tagebuch geschrieben und heimlich eine Schule für Kinder betrieben hatte. Es waren ganz einfach die Tatsachen ihres Lebens. So natürlich wie ihr ergrauendes Haar, ihr slawischer Akzent, ihre anfallartig auftretenden Depressionen, die damals, vor 35 Jahren, nicht ernst genommen wurden, die wachsende Begeisterung, mit der sie sich seit den frühen siebziger Jahren für den Feminismus interessierte und an feministischen Aktivitäten beteiligte. So natürlich wie ihre kleine Gestalt, die – manchmal unter physischen Schwierigkeiten, aber immer entschlossen – in Demonstrationen gegen die israelische Besatzung in den Palästinensergebieten, den Libanonkrieg oder die Unterdrückung der ersten Intifada mitmarschierte. Die beiden letzten Demonstrationen, an denen sie sich beteiligen konnte, waren der Marsch am 1. Mai 2000 und ein von den Schwarzen Frauen organisierter Protestmarsch im Dezember 2000, zwei Monate nach dem Ausbruch der zweiten Intifada.

Daß sie ein Tagebuch geschrieben hatte, war so natürlich wie ihre Art, Witze zu erzählen: Ein rumänischer Jude emigriert nach Israel. Nach ein paar Monaten hält er es in seiner neuen Heimat nicht mehr aus und kehrt nach Rumänien zurück. Nach einem weiteren Jahr geht er wieder nach Israel. Und so pendelt er mehrere Male hin und her. Als ihn schließlich jemand fragt, wo er sich denn am wohlsten fühle, antwortet er: «Unterwegs.»

Und noch ein Witz: Ein Jude möchte emigrieren, sagen wir, wieder aus Rumänien. Er geht in ein Reisebüro, um sich von Experten beraten zu lassen. Wohin möchten Sie denn emigrieren? Nach Israel? «Zu viele Kriege», antwortet er. Amerika? «Zu kapitalistisch.» Die UdSSR? «Sind Sie verrückt geworden?» Südafrika? «Hmm, die Apartheid gefällt mir nicht.» So durchsuchen sie den ganzen Atlas und finden nichts Geeignetes. «Sagen Sie», fragt der Jude schließlich den Berater des Reisebüros, «haben Sie keinen anderen Atlas?»

Die Frage ist nicht, ob man etwas glaubt oder nicht, aber wenn man älter wird, hört man auf zu verstehen.

### 2. Februar 2005

*Über die Macht der Presse, die Macht eines wachsamen Journalisten oder die Macht der* Ha'aretz, *wenn dort beschlossen wird, ein Thema aufzugreifen. Und die Macht der USA.*

Im Juni 2004 beschloß die israelische Regierung insgeheim, das Gesetz über das Eigentum von Abwesenden aus dem Jahr 1950 zu benutzen, um das Grundeigentum im Westjordanland lebender Palästinenser in Ost-Jerusalem zu enteignen. Diese Entscheidung wurde von Meron Rapoport von der *Ha'aretz* aufgedeckt, der sich mit Menschen unterhielt, die plötzlich nicht mehr zu ihren eigenen Grundstücken gelassen wurden. Die Eigentümer sollten ohne jede Entschädigung und ohne Einspruchsrecht enteignet werden. Es ging um Tausende von Dunam* im Wert von vielen Millionen Dollar. Als Erklärung oder Vorwand wurden die Sperranlagen und Sicherheitsgründe angeführt.

Das Gesetz über das Eigentum von Abwesenden war damals in den fünfziger Jahren die wichtigste Rechtsgrundlage, mit deren Hilfe der Grundbesitz und das Eigentum von Hunderttausenden von Palästinensern konfisziert wurden, die während des Krieges von 1948 flüchteten oder vertrieben worden waren. Dieser erste Raub wurde anschließend als notwendige Kriegsentscheidung erklärt. Alle Versuche der linksgerichteten Parteien, die Enteignungen rückgängig zu machen, waren fehlgeschlagen. Aber der Entschluß, dieses Gesetz jetzt noch einmal anzuwenden, schockierte sogar die Israelis, welche die allgemein üblichen Meinungen vertraten.

Die *Ha'aretz* brachte mehrere Artikel über diese Entscheidung, ihre Ungesetzlichkeit und die Heimlichkeit, mit der sie getroffen worden war. Der Chefkommentator der Zeitung, Zeev Schiff, brachte seinen Schock zum Ausdruck, im Leitartikel wurde der Beschluß kritisiert, mehrere Juristen äußerten ihr Entsetzen, die PA protestierte. Dann stellte die *Ha'aretz* fest,

---

\* Dunam ist ein Flächenmaß; es bezeichnete ursprünglich die Fläche, die ein Mann an einem Tag pflügen kann. In Israel und den Palästinensergebieten entspricht es 1000 m$^2$.

daß auch die USA nicht glücklich über die Entscheidung waren. Innerhalb weniger Tage wurde der Beschluß vom israelischen Generalstaatsanwalt aufgehoben.

Und da gibt es immer noch Leute, die glauben, daß die Amerikaner alles tun, was Israel will!

### 15. Februar 2005

Hier zur allgemeinen Belustigung ein paar Zitate aus E-Mails, die ich im Laufe der letzten Monate als Reaktion auf meine Artikel in der *Ha'aretz* erhalten habe. Und nein, es ist kein Zufall, daß ich auch zwei antisemitische Äußerungen ausgewählt habe.

1. Ist es nicht höchste Zeit, mit dem Blödsinn aufzuhören?
   Was passiert nach den Wechseljahren mit dir?
   Oder bist du geschlechtslos?
   Zeig mich doch an!
   Mike

2. Die preisgünstigste Methode, die Kranken aus Gaza zu kurieren, ist es, sie *alle* Arbeitsunfälle haben zu lassen. Jeder Araber ist ein Sicherheitsrisiko.

3. Deine Anfangsbuchstaben sind die gleichen wie die des letzten Judenhassers von vor sechzig Jahren, yemach schmo (Möge sein Name ausgelöscht werden). Auch er hat versucht, Juden aus ihren Häusern zu vertreiben. Wenn du das Volk und das Land so sehr haßt, warum ziehst du dann nicht nach Deutschland? Dort wird AH auch verehrt!
   Yitz

4. Amira, du mußt endlich kapieren, daß die jüdische Spezies sich immer als Opfer fühlen wird, wenn sie keine Gelegenheit hat, andere zu Opfern zu machen. Die jüdische Spezies beträgt sich genauso wie ein tödlicher Krebstumor, entweder man tötet ihn, oder man wird von ihm getötet.
   Celia

5. RUDOLF HESS !!!!!!!!!!!!!!!!!!!!!!!!!!!!!!!!!!!!!!!!

6. ... wünsche mir von ganzem Herzen, daß du einem Selbstmordattentat zum Opfer fällst. Wenn das passiert, versprechen wir auch, keinen Vergeltungsschlag durchzuführen.

7. Machen dich nachts deine arabischen Liebhaber glücklich? Terroristen und Haß ... was für ein Alptraum für uns.

8. Schweigen im Gerichtshof (der Titel eines Artikels über Angeklagte, die beim Militärgerichtshof geschlagen worden waren). Und da wunderst du dich noch, warum du von allen so gehaßt wirst? Wenn du es wirklich nicht kapierst, frag mich, ich sag's dir.

## 2. März 2005

«Diese Gewalt muß sich doch auch auf Israel selbst auswirken und die israelische Gesellschaft vergiften.» Solche und ähnliche Bemerkungen habe ich nur allzuoft von Palästinensern gehört, wenn sie die israelischen Soldaten in ihrer Mitte beobachteten: von allen Seiten in ihrer ganzen Brutalität sichtbar an den Kontrollpunkten, wenn sie mit einer Bewegung ihrer Schußwaffe Hunderte von Menschen erstarren lassen, die passieren müssen; gut versteckt in ihren Metallmonstern, den Panzern, wenn sie Häuser wie Pappschachteln zerquetschen; bei Hausdurchsuchungen mit Helmen auf den Köpfen und geschwärzten Gesichtern, wenn sie barsch und herablassend ihre Befehle erteilen.

Bis vor kurzem habe ich solche Bemerkungen beiseite gewischt. Ich hielt mich an die Auffassung, die einmal in einer satirischen Fernsehsendung zum Ausdruck gebracht wurde:

Frage: «Was wäre passiert, wenn die gegenwärtige Intifada nicht ausgebrochen wäre?»

Antwort: «Viel mehr Frauen wären von ihren Männern verprügelt worden.»

Erklärung: Die Besatzung gibt vielen Männern die Möglichkeit, ihren gewalttätigen Neigungen freien Lauf zu lassen. Wenn sie dann nach Hause kommen, sind sie zahm und friedlich.

Aber in den letzten beiden Wochen hat mir eine Welle unglaublich gewalttätiger Straftaten, die sich in Israel ereigneten, bewiesen, daß ich unrecht hatte. Schulkinder erstechen einander bei unbedeutenden Streitigkeiten. Zwei junge Männer über achtzehn wurden aus nichtigen Anlässen niedergestochen und starben. In einer einzigen Woche wurden zwei (vielleicht sogar drei) Ehefrauen bzw. Freundinnen von ihren «Partnern» ermordet. Ein Vater brachte seinen Sohn um und versuchte, seine Frau zu töten. Ein Sohn tötete seinen Vater und beging anschließend Selbstmord. In den letzten Wochen hat sich herausgestellt, daß mindestens vier Babysitterinnen die ihnen anvertrauten Babys sexuell belästigt und geschlagen hatten.

Aber im Gegensatz zu den Palästinensern sehen die meisten Israelis keinen Zusammenhang zwischen der vom Staat geduldeten Gewalt, die täglich von der Besatzungsarmee ausgeübt wird, und dem alarmierenden Anstieg der Gewalt in Israel selbst.

## 9. März 2005

Aadel Manaa ist Historiker und lehrt an der Hebräischen Universität. Er ist Palästinenser und israelischer Staatsbürger. Während des Krieges von 1948, als er ein Jahr alt war, tötete die jüdische Armee den zweiten Ehemann seiner Großmutter und vier weitere Dorfbewohner, weil das Dorf nicht, wie gefordert, innerhalb einer halben Stunde versteckte Waffen ausgeliefert hatte. Das Haus war bereits vorher zerstört worden. Danach wurde die Familie vertrieben und landete schließlich in einem Flüchtlingslager im Libanon. Aber sein Vater war fest entschlossen zurückzukehren. Im Jahr 1951 gelang es ihm, sich mit seiner Familie nach einer Fahrt mit dem Boot und einem stundenlangen nächtlichen Marsch wieder nach Israel durchzuschlagen – die heroische Tat eines einzelnen, der die Vertreibung rückgängig machen wollte.

Jetzt erzählt mir Manaa gequält, daß seine Kinder, die alle intelligent und talentiert sind, nach Möglichkeiten suchen, in die USA zu emigrieren. Sie können die ständigen Manifestationen von Rassismus gegen die Palästinenser im jüdischen Staat nicht mehr ertragen.

Vor einer Woche hörte ich zufällig ein Gespräch dreier jüdischer Frauen mittleren Alters in einem Café in Jerusalem. Mitten in ihrer Unterhaltung über alltägliche Dinge klagte eine der Frauen über ihren Sohn, der nun in den Vereinigten Staaten lebt. «Sind unsere Eltern dafür hierhergekommen und haben diesen Staat aufgebaut? Daß ihre Enkel ihn jetzt wieder verlassen?» fragte sie bekümmert. «Aber er glaubt, daß dieser Staat keine Zukunft hat.» Ich wünschte, sie hätte auch die Gründe genannt, aus denen ihr Sohn so dachte: weil dieser Staat sich ausschließlich auf seine militärische Überlegenheit stützt, weil er so unfair ist, weil er eine Kolonialmacht ist, die ihre jungen Menschen dazu verurteilt, ewige Soldaten zu sein. Aber die Frauen wandten sich einem anderen Thema zu.

### 16. März 2005

Ich habe mir nicht die Mühe gemacht herauszufinden, wer die Gäste im einzelnen waren, die diese Woche in einer ganzen Herde von Abgeordneten, Ministern, Präsidenten etc. nach Israel strömten. Sie alle kamen, um an der Einweihung des neuen Holocaust-Museums in Jerusalem teilzunehmen, offensichtlich in der Absicht, ihre Entschlossenheit zu bekunden, jeden Antisemitismus zu bekämpfen, und zu beweisen, daß sie sich an den Holocaust erinnern.

Ich habe mir die Zeremonie auch nicht angesehen, die in ganz Israel auf allen Fernsehkanälen übertragen wurde. So bewegend es vielleicht auch gewesen wäre, Zeugnisse zu hören, die denen meiner Eltern so sehr geglichen hätten, sah ich mir statt dessen trotzdem lieber irgendeinen Film an. Ich wollte nicht miterleben, wie die Geschichte meiner Familie und meines Volkes vom Staat Israel für ein gigantisches Public-Relations-Ereignis benutzt wurde.

Das Entsenden einer so bedeutenden Delegation von westlichen politischen Pilgern nach Israel gerade zu diesem Zeitpunkt hat nichts mit dem Kampf gegen den Antisemitismus oder der Erinnerung an den Holocaust zu tun. Das kann und sollte in Europa selbst erledigt werden – als untrennbarer Bestandteil des Kampfes gegen Rassismus und Diskriminierung und, entschuldigen Sie, gegen das Phrasendreschen. Dieser Pilgerzug war eine offene Unterstützung des heutigen Israel, der gegenwärtigen israelischen Politik: einer gewaltsam errichteten Sperranlage, die Menschen ihres Landes beraubt und das Territorium eines zukünftigen palästinensischen Staates dezimiert; einer Förderung der Siedlungstätigkeit zum Zweck einer weiteren Fragmentierung der Palästinensergebiete; der Verwandlung von Ost-Jerusalem, des Gazastreifens und zahlreicher Dörfer in unzugängliche, von allem abgeschnittene Zonen; des Verbots für nichtjüdische israelische Bürger, mit ihren palästinensischen Ehepartnern zusammenzuleben.

Die Regierenden der Welt signalisieren Israel, daß es seine Politik der Besatzung und Kolonialisierung ungehindert fortsetzen und alle internationalen Resolutionen mißachten darf. Somit ist die Ermordung von sechs Millionen Juden Israels höchste diplomatische Trumpfkarte.

### *23. März 2005*

Ein israelischer Dokumentarfilmer arbeitet an einer Dokumentation der Untersuchungen der israelischen Armee zu Fällen, in denen palästinensische Zivilisten von Soldaten getötet wurden. Er stellte fest, daß diese Untersuchungen nach Aussage der Geheimdienste rund siebzig Prozent der Tötungsfälle betreffen. Ursprünglich hatte der Dokumentarfilmer die Absicht, mich bei Besuchen bei einigen Familien von getöteten Zivilisten zu filmen, um zu demonstrieren, wie leicht es ist, sie zu erreichen. Wie ich selbst festgestellt habe, befragt die Armee bei ihren Untersuchungen niemals palästinensische Augenzeugen. Nur Soldaten und Offiziere werden vernommen. Die Armee behauptet, es sei zu schwierig, an die Palästinenser heranzukommen.

Vor einiger Zeit hatte ich die Untersuchung der «irrtümlichen Erschießung eines Universitätsdozenten» verfolgt. Die Soldaten schoben die Schuld auf den Kampfhund, den sie bei sich hatten, weil er den falschen Mann angegriffen und sie dadurch veranlaßt habe, ihn zu erschießen. Aber die Witwe stand neben ihrem Mann und sagte mir, daß er von keinem Hund angegriffen worden sei. Sie wurde nicht befragt.

Noch bevor ich dem Dokumentarfilmer erklären konnte, daß ich es vorzöge, ihm nur einige Hintergrundinformationen zu geben, teilte er mir mit, daß das staatliche Fernsehen, für das er arbeitet, meine Beteiligung sowieso untersagt habe.

Am letzten Mittwoch wurde ich vom Produzenten eines Spätnachrichtenprogramms beim gleichen staatlichen Fernsehsender kontaktiert. Er wollte mich zu einem Vorfall interviewen, über den ich in meinem letzten

Op-Ed berichtet hatte, der Vergewaltigung eines fünfzehnjährigen Mädchens durch ihren eigenen Vater in Tul Karem. Das Mädchen wurde schwanger, und man brachte es zur Abtreibung ins Krankenhaus. Die Ärzte wußten, wer sie vergewaltigt hatte. Trotzdem schickten sie sie nach Hause, wo sie von ihrem Bruder ermordet wurde. Der Nachrichtenmoderator wollte, daß ich mich zu diesem Thema äußerte. Offensichtlich hatten seine Vorgesetzten meine Teilnahme in diesem Fall nicht verboten. Selbstverständlich lehnte ich das Angebot ab.

### 30. März 2005

Irland gilt als der propalästinensischste von allen europäischen Staaten. Dies hat die irische Fußball-Nationalmannschaft nicht daran gehindert, am letzten Samstag gegen die israelische Mannschaft zu spielen. Hunderte von irischen Fans flogen aus diesem Anlaß nach Israel und konsumierten eine Unmenge Bier. Wer einen Boykott Israels nach Art des Boykotts gegen die Apartheid fordert, sollte dies bedenken.

Das Spiel endete 1:1, und es verlief dramatisch. Der Ausgleich für das irische Tor fiel erst in der 91. Minute durch niemand anderen als den israelischen Palästinenser Abbas Suan, der erst in der 74. Minute auf das Spielfeld kam. Sein Tor wahrte die israelischen Chancen, an der Weltmeisterschaftsendrunde 2006 teilzunehmen. Der Schuß eines israelischen Palästinensers «ließ mehr als 40 000 Fans jubelnd nach Hause gehen, an einem Abend, der bis zu diesem Moment den Eindruck vermittelt hatte, als würde er das Aus für Israel bedeuten», schrieb der Sportkorrespondent der *Ha'aretz*.

Erst wenige Wochen zuvor jedoch war der israelische Held bei einem Freundschaftsspiel gegen Kroatien das Ziel häßlicher rassistischer Sprechchöre und Flüche gewesen. Nach dem Spiel erklärte Suan, dieses Tor sei seine «Antwort auf die Rassisten. Das Tor ist allen in Israel gewidmet. Es ist Zeit aufzuhören, von Juden und Arabern zu reden. Wir sind alle ein Volk.»

PS: Ich habe nicht die leiseste Ahnung von Fußball. Ich weiß nur, daß mein Vater jedesmal vor Stolz strahlte, wenn sich die israelisch palästinensischen Spieler als die besten der Mannschaft erwiesen. Das erinnerte ihn immer daran, wie stolz er damals in den antisemitischen dreißiger Jahren auf zwei jüdische Spieler in einer rumänischen Fußballmannschaft gewesen war.

### 6. April 2005

Zu Beginn des gegenwärtigen Palästinenseraufstands besprühte eine ultrarechte Gruppe ganz Jerusalem mit dem wirkungsvollen Slogan: «Keine Araber, keine Angriffe», womit natürlich palästinensische Guerilla- und

Terrorangriffe gemeint waren. In der richtigen Annahme, daß die Sprayer damit die Vertreibung der Palästinenser als Lösung empfahlen, protestierten einige wenige.

Hin und wieder trifft man immer noch auf Spuren dieses Slogans oder seiner erlaubten und unerlaubten Varianten, die entweder der gleichen faschistischen Geisteshaltung entsprechen oder sich darüber lustig machen.

Vor acht Tagen, am Donnerstag, sah sich Israel mit einem zweiten Fußballtor konfrontiert, das von einem israelischen Palästinenser erzielt worden war. Das erste war in dem besagten Spiel gegen Irland gefallen, das zweite wurde am Mittwoch im WM-Vorrundenspiel gegen Frankreich erzielt. Der Spieler, der wiederum einen Vorsprung des Gegners egalisierte, war Waleed Badeer. Die beiden Tore haben eine Welle soziologischer Bemerkungen über unterdrückte Minderheiten ausgelöst, die hervorragende Sportler hervorbringen.

Eine sehr bekannte Fernseh- und Rundfunkmoderatorin, Ilana Dayan, eröffnete am Donnerstag ihre Sendung im Militärsender – ja, dem Sender der israelischen Armee, Galei Thahal – mit der Bemerkung: «Keine Araber, keine Tore.» Eine elegante Art, sich über den israelisch-jüdischen Rassismus lustig zu machen und die israelisch-jüdischen Machos zu provozieren: Seht ihr, alles, was ihr macht, machen die Araber besser.

Vielleicht wird Journalisten bei ihrer Ausbildung die Überzeugung vermittelt, daß dieser Kommentar unprofessionell gewesen sei, eine politische Stellungnahme, ein Mangel an Neutralität. Aber wer sagt, daß Journalisten neutral sein sollen, wenn es um Rassismus geht? Sollen Journalisten, Reporter und Rundfunkkommentatoren etwa auch neutral bleiben, wenn es beispielsweise um Vergewaltigung geht?

### 11. Mai 2005

Vor ein paar Wochen hat die dreiunddreißigjährige M. – die sich noch nicht von ihrer verlorenen Schlacht gegen die Besatzung und die traditionellen Einschränkungen erholt hat – zugestimmt, den entfernten Verwandten eines Freundes zu heiraten. Der Mann ist geschieden wie sie selbst und ein oder zwei Jahre älter als sie. Die Familie ist sehr nett, urteilten die Mitglieder von M.s Familie, nachdem sie den Mann und seine Eltern kennengelernt hatten: Flüchtlinge wie sie selbst, einfach, also nicht hochmütig oder snobistisch, und in ihren Sitten und ihrer Lebensart *Falaheen*, Bauern, obwohl sie fünfzig Jahre lang in einem Flüchtlingslager gelebt haben und dann in eine nahe gelegene Stadt gezogen sind. Und sie wohnen nicht weit entfernt, in Bethlehem.

Wie viele Einwohner von Jerusalem lebt M.s Familie in einem Zustand drastischer Einschränkungen. Mit dem Fortschreiten des Mauerbaus werden die israelischen Behörden in der Lage sein, eine fünf Jahre alte Regelung durchzusetzen: Einwohner von Ost-Jerusalem, die gegen ihren Willen im Jahr 1967 zu Bürgern Israels gemacht wurden, werden die nahe gelegenen Städte Ramallah und Bethlehem nur noch mit Sondergenehmigungen betreten dürfen. Während der letzten beiden Monate haben die israelischen Behörden auf vielerlei Weise erkennen lassen, daß sie die natürlichen Verbindungen zwischen Ost-Jerusalem und den palästinensischen Städten in der näheren Umgebung endgültig abschneiden wollen. In den vergangenen fünf Jahren waren nur Kontakte mit weiter entfernt gelegenen Teilen des Westjordanlands betroffen. Die Autonomiebehörde und der unbewaffnete Teil der palästinensischen Bevölkerung verharren jedoch in Untätigkeit und machen keinen ernsthaften Versuch, diese drohende Verschlechterung der Lebensbedingungen abzuwenden.

M.s Familie ist zufrieden mit ihrer Entscheidung, aber sie selbst ist es nicht. Sie weiß, daß sie nur eine Art von Gefangenschaft mit mehreren anderen vertauscht. Doch zieht sie die Aussicht, mit einem Mann zusammenzuleben, den sie nicht liebt, dem Schicksal vor, als alte Jungfer bemitleidet und eingesperrt zu werden.

### 18. Mai 2005

S.s Lächeln war echt, und ihr Gesicht mit den beiden Grübchen strahlte hoffnungsvoll. Ihr Mann A., ein Aktivist der Volksfront für die Befreiung Palästinas, war vor dreieinhalb Jahren verhaftet worden. Er war niemals vor Gericht gestellt worden – was bedeutet, daß er nicht erfuhr, was ihm vorgeworfen wurde, und keine Gelegenheit bekam, sich vor einem Militärgerichtshof zu verteidigen (dessen Verhandlungen gewöhnlich sowieso nicht gerade Musterbeispiele eines fairen Verfahrens sind). Er war in «administrative Haft» genommen worden. Die Geheimdienste entscheiden, ein Kommandeur der Armee gibt einen Befehl – und eine Person wird verhaftet. Im Abstand von einigen Monaten wird der Befehl erneuert. Die Begründung: Bei einem Gerichtsverfahren würden die Quellen, gewöhnlich Kollaborateure, enttarnt.

Vor einigen Monaten hat ein berühmter israelisch-jüdischer Rechtsanwalt, einer der Spitzenjuristen Israels, den Fall kostenlos übernommen. Vor zehn Tagen war ein neuer, junger Militärrichter entsetzt über die Erneuerung des Haftbefehls. Wenn ihr nicht binnen fünf Tagen eine Anklageschrift vorlegt, sagte er dem Staatsanwalt, geht der Mann nach Hause.

Vor acht Tagen besuchte ich S. und ihre beiden Kinder. Es war ein kurzer Besuch. Ich hatte es eilig, nach Jerusalem zu kommen, um meinen guten Freund B. zu besuchen, der mit Leukämie im Krankenhaus liegt. «Den kenne ich», rief sie aus, «oder, besser gesagt, seine Stimme.» In den frühen achtziger Jahren war S. im Zuge einer der routinemäßigen Massenverhaftungen von Palästinensern festgenommen worden. Eine Methode, den

Verhafteten Informationen abzupressen, bestand darin, sie an Händen und Füßen zu fesseln, ihnen die Augen zu verbinden und sie zu zwingen, in schmerzhaften Stellungen stundenlang im offenen Gefängnishof zu sitzen. Blind, wie sie waren, stellten sich die Festgenommenen einander vor. B., der bei den Gewerkschaften aktiv war, machte ihnen Mut, gab ihnen Ratschläge, wie sie sich verhalten sollten, und warnte sie vor Kollaborateuren. Bis zum heutigen Tag erinnert sich S. an seinen Namen und seine Stimme.

### 31. Mai 2005

Hinter uns hupte und blinkte jemand hysterisch. Ich fuhr mit M., einem britisch-jüdischen Schriftsteller, durch die Außenbezirke von Ramallah. Ich wollte ihm das Lebensgefühl in einer eingeschlossenen Stadt vermitteln, eingekreist und belagert von israelischen Kolonien und Kontrollpunkten. In der Annahme, daß der Fahrer – ein junger Mann – es eilig hatte, verlangsamte ich meine Fahrt, aber dann merkte ich, daß er mir «befehlen» wollte anzuhalten. Ich fuhr weiter.

Ich muß zugeben, daß ich ein nervöses Kribbeln im Nacken spürte. Die häufig erzählten Geschichten von bewaffneten palästinensischen Hooligans schwirrten mir im Kopf herum, von Burschen, die sich als Helden einer nicht existenten Revolution fühlen und nur ihre Schußwaffen sprechen lassen. Der Fahrer paßte genau ins Bild dieses Phänomens.

Zum Glück lag Abu Mazens Villa gleich um die nächste Ecke, und ich hoffte, mit den Wachleuten vernünftig reden zu können. Schon blockierte mir der junge Mann den Weg, sprang aus seinem Wagen und redete aufgeregt auf die beiden sich nähernden Wachleute ein: «Das sind Juden, Siedler!» «Er spinnt», teilte ich den offenbar belustigten Wachleuten mit. Mein Zorn machte meinen israelischen Akzent noch deutlicher als sonst. «Ich zeige diesem Gast nur, wie belagert Ramallah ist.» «Sprechen Sie Hebräisch?» wollten die beiden wissen. Durch diese Frage ermutigt, befahl mir der nicht uniformierte junge Mann, ihm meine Papiere zu zeigen. Ich wandte mich an die Wachleute: «Bitte rufen Sie Abu Rami an, rufen Sie Abu Fadi an (zwei große Tiere bei der Fatah und in der Autonomiebehörde). Die werden Ihnen sagen, wer ich bin.» Leider ist es immer sehr nützlich, die Namen von wichtigen Persönlichkeiten fallenzulassen. Der junge Mann versuchte es noch einmal: «Sie sind aus (der Kolonie) Beit El gekommen, also zeigen Sie mir Ihre Papiere.» «Zeigen Sie erst mal die Ihren», gab ich zurück. «Wer sind Sie überhaupt? Vielleicht sind Sie ein Kollaborateur!» «Nein, nein», protestierten die Wachleute. «Er beschützt das Vaterland.» Aber sie bedeuteten ihm, in sein Auto zu steigen und zu verschwinden. Erst in diesem Augenblick bemerkte ich, daß er ein in der Sonne schmelzendes Waffeleis in der Hand hielt.

## 8. Juni 2005

A., ein Menschenrechtsaktivist, der in Ramallah lebt, hatte es endlich geschafft, seine Neffen zu sich zu holen, damit sie in der «großen Stadt» ein bißchen Spaß haben sollten. Ramallah ist für seine herrlichen Spielmöglichkeiten bekannt – herrlich jedenfalls im Vergleich zu Jenin, der Heimatstadt der Jungen, wo so etwas überhaupt nicht existiert. Fünf Jahre lang hatten ununterbrochene Angriffe der Armee, Ausgangssperren, Bombardierungen, Soldaten, die in ihr Haus und die Häuser der Nachbarn eindrangen, Beerdigungen und Gespräche über Märtyrertod und Rache ihre Kindheit ruiniert. Mit einem Wochenende in Ramallah hoffte A., sie ein wenig zu entschädigen.

Er führte sie in ein riesiges Spielhaus mit Spielwarenläden. Sie fingen gerade an zu spielen, als die Stimmen eines Verkäufers und einer Kundin lauter wurden. Sie waren wegen eines überteuerten Spielzeugs in Streit geraten. Die Kundin, eine Mutter mit Kindern, rief mit ihrem Handy einen Verwandten herbei, der zu einem der palästinensischen Sicherheitsorgane gehörte. Sein Beitrag zur Diskussion bestand darin, inmitten der entsetzten Kinder und Eltern mit seiner Pistole gegen die Decke zu schießen. Alle suchten nach Deckung. A. rannte hinaus und rief nach der Polizei, die mit nicht weniger erschreckenden, geladenen Kalaschnikows auftrat.

Draußen schossen die Polizisten auf ein mit vier Mann besetztes Fahrzeug, das sich nicht von der Stelle rührte. Zum Glück wurde niemand getötet. Noch Tage später stand der Wagen mit seinen platten Reifen und zerbrochenen Fensterscheiben als Zeichen eines Phänomens herum, das immer alarmierendere Ausmaße annimmt: Die palästinensische Polizei, die anderen Sicherheitsorgane und die sogenannten Al-Aqsa-Brigaden sind in einen internen Kampf verwickelt und schießen aufeinander, manchmal aber auch auf ganz normale Bürger. «Nablus ist wie Chicago», beschreibt H. die Vorgänge in der Stadt: Polizeifahrzeuge jagen die «Brigaden» und umgekehrt, oder die zweifelhaften Brigaden, die niemals die Panzer angreifen, brechen schwer bewaffnet in die Büros der Autonomiebehörde ein, um Löhne und Jobs zu fordern. Die meisten, wenn nicht alle, die an dieser internen Anarchie beteiligt sind, gehören zur Fatah-Bewegung. Es gehe nur um Geld und Posten, meinte ein Bürger, der versuchte, einen Sinn in dieser Sinnlosigkeit zu finden. Kein Wunder, daß die Hamas immer mehr Anhänger gewinnt.

## 15. Juni 2005

Orange ist meine Lieblingsfarbe, aber seit neuestem ist es gefühlsmäßig unmöglich, diese Farbe zu tragen. Auf den Straßen in Israel und den ausschließlich den Juden vorbehaltenen Straßen in den besetzten Gebieten wimmelt es von Autos, an deren Antennen orangefarbene Bänder befestigt sind, die stolz im Fahrtwind flattern. Ihre Zahl wächst anscheinend von Tag zu Tag. Andere befestigen solche Bänder an ihren Handtaschen oder tragen sie als Krawatten, mit denen sie wie Bohemiens aussehen.

Orange ist die Farbe der Gegner des Rückzugsplans Ariel Scharons geworden oder, besser gesagt, des Plans, die israelischen Truppen, die derzeit innerhalb des Gazastreifens stationiert sind, ins Westjordanland zu verlegen und die rund achttausend jüdischen Siedler aus Gaza nach Israel zurückzuholen. Anfangs dachten einige Rückzugsgegner daran, die Farbe Gelb zu benutzen – ein Symbol der Judenverfolgungen, nur daß diesmal, wie ihre Slogans lauteten, «Juden Juden verfolgen und eine zweite Shoa organisieren». Anderswo würde derartiger Unsinn die Behörden veranlassen, die Betreffenden wegen Verfälschung der Geschichte und der Shoa gerichtlich zu belangen. Der Aufschrei, der auf die Ankündigung hin erfolgte, zwang die Lobby der Siedler, sich eine andere Farbe auszusuchen. So wird die Farbe Orange nun also mit den chauvinistischsten Befürwortern der Unterdrückung in Israel identifiziert. Oh du schöne Farbe Orange, gestohlen, konfisziert und mißbraucht!

In einem verzweifelten Versuch, den «Orangisten» die Schau zu stehlen, haben einige Israelis begonnen, ihre eigene politische Meinung ebenfalls mit einer Farbe zu dokumentieren. Die Anhänger von Peace Now haben ihre Gesinnungsgenossen über E-Mail aufgefordert, ein blaues Band an ihren Autos zu befestigen. Blau und Weiß sind die israelischen Nationalfarben. Andere benutzten grüne Bänder als Symbol für die Grüne Linie von 1967. Aber nach der Anzahl von Autos und Menschen zu schließen, die mit Stolz orangefarbene Bänder tragen, wird die Farbe Orange den Sieg davontragen.

### Ramallah, 29. Juni 2005

Solche Szenen kann man bereits jede Woche, wenn nicht täglich beobachten: Eine Gruppe bewaffneter Männer durchsiebt die Luft – oder noch schlimmer – ein Restaurant, eine Bar, eine Polizeistation oder die Wohnung eines Ministers der PA mit Schüssen. Einmal ist das in Jenin passiert – letzte Woche wurde dort ein Polizist getötet –, häufig geschieht es in Gaza und viel zu oft in Nablus und Ramallah.

In der vergangenen Woche war eine Bar in Ramallah an der Reihe, zum Glück erst nach zwei Uhr morgens. Nur die Wachleute waren dort und beobachteten, wie die Fensterscheiben zersplitterten. Am nächsten Morgen hieß es, ein Flugblatt sei verteilt worden, in dem die Bevölkerung aufgefordert wurde, keine Bars und Restaurants mehr zu besuchen.

In der Unterschrift war das Wort «islamisch» enthalten, aber davon darf man sich nicht täuschen lassen. Die Täter sind keine Hamas-Aktivisten, denn die einzigen Bewaffneten, die es wagen, ihre Mitbürger zu terrorisieren, gehören zur Fatah, dem Rückrat der PA. Man nimmt allgemein an, daß sie die Sicherheitskräfte einschüchtern und dazu zwingen wollen, sie bei einem der Sicherheitsorgane einzustellen. Als ob die Fähigkeit zu schießen – meistens in die Luft – sie für einen Job qualifizieren würde!

Gleichzeitig lassen die Angriffe auf Restaurants in Ramallah echten und nicht ungerechtfertigten Zorn erkennen. Die Existenz einer bestimmten Schicht von Regierungsmitgliedern, Angestellten von nichtstaatlichen Organisationen, Geschäftsleuten, ausländischen Journalisten und ständigen oder besuchsweise anwesenden Diplomaten, die solche Lokale Abend für Abend bevölkern, ist der Beweis für die unglaublichen wirtschaftlichen und sozialen Unterschiede in einer Gesellschaft, die nach wie vor um ihre Freiheit kämpft. Der Zorn der Menschen spricht Bände über das Auseinanderbrechen der inneren Solidarität der Gesellschaft, über eine Nomenklatur, die von internationalen Spenden profitiert, über Geld, das im Überfluß vorhanden ist, die Mehrzahl der Bevölkerung jedoch niemals erreicht. Das Problem besteht natürlich darin, daß dieser Ärger mit Schußwaffen ausgedrückt wird und nicht zu politisch-sozialem Handeln führt.

### *6. Juli 2005*

Bei Meinungsumfragen wurde festgestellt, daß rund siebzig Prozent der palästinensischen Bevölkerung Scharons bevorstehende Umgruppierung in Gaza für ein Ergebnis des bewaffneten Kampfes halten.

Gleichzeitig brüsten sich die palästinensischen Organisationen damit, daß der bewaffnete Kampf auch weiterhin die erfolgversprechendste Option sei. Besonders die Islamisten sind stolz, weil sie für die meisten Angriffe verantwortlich sind.

Diese Behauptung ist ein äußerst praktischer Selbstbetrug, wobei einige grundlegende Tatsachen außer acht gelassen werden. Der sogenannte bewaffnete Kampf hat den Siedlungsbau im Westjordanland nicht aufhalten können. Im Gegenteil – während der letzten fünf Jahre wurde er sogar beschleunigt fortgeführt.

Die meisten Israelis waren bereits gegen Ende der achtziger Jahre ohnehin bereit, «Gaza loszuwerden». Nach 1993 wurde diese Tatsache von den Palästinensern mit ihrer ungeschickten Verhandlungstaktik ignoriert. 8000 Siedler leben in Gaza, 400 000 im Westjordanland. Was für ein Sieg ist die Evakuierung der 8000?

Scharon strebt danach, einen Prozeß zu vollenden, der in den neunziger Jahren von Rabin und Peres von der Arbeitspartei begonnen wurde: die palästinensische Bevölkerung in Gaza von ihren Brüdern und Schwestern im Westjordanland abzuschneiden und das letztere in einzelne Fragmente aufzuteilen. Keine freie Verbindung, kein normaler Zugang zu Schulen und Universitäten, zu Ärzten, Kliniken und Kulturzentren, keine Besuche, keine spontanen Wanderungen. Ein Ozean trennt die beiden Bevölkerungsteile, die immer stärker auseinanderdriften.

Gaza und das Westjordanland sollten als Einheit den zukünftigen palästinensischen Staat bilden – so lauten die internationalen Resolutionen. In der Öffentlichkeit loben die europäischen Diplomaten Israel für den «positiven Anfang». In Wirklichkeit wissen sie aber ganz genau, daß die Evakuierung von Gaza nur erfolgt, um den Abschluß eines Abkommens, das irgendeine Ähnlichkeit mit den besagten internationalen Resolutionen hat, bis in alle Ewigkeit aufzuschieben. Und sie geben damit zu, daß sie nicht in der Lage sind, den Inhalt der Resolutionen, die sie selbst vor Jahren formuliert haben, zu verwirklichen.

### 13. Juli 2005

Jedesmal, wenn die Telefonnummer eines Mannes namens Muhsein auf dem Display meines Handys erscheint, würde ich den Anruf am liebsten nicht entgegennehmen. Während der ganzen letzten Woche habe ich jedesmal, wenn das Telefon klingelte, befürchtet, es könnte Muhsein sein. Ich habe Angst, er könnte mir schildern, wie die Bulldozer auf sein Haus zurollen, vor das Schlafzimmer seiner Kinder, vor sein Wohnzimmerfenster. Ich fürchte mich davor, neue Einzelheiten über die «Sicherheitsmauer» zu hören, die gerade in diesen Tagen um sein Wohnviertel, den Ost-Jerusalemer Ortsteil Anata mit 35 000 Einwohnern, herum gebaut wird. Es graut mir vor seiner Frage, die er sich immer und immer wieder stellt: Was für ein Leben kann ich meinen Kindern bieten?

Die Regierung hat gerade erst beschlossen, daß die Mauer zwei Tore bekommen soll, durch die die Einwohner zu festgesetzten Zeiten ihr Stadtviertel verlassen und wieder betreten können. Zu anderen Zeiten bleiben sie geschlossen. So sieht es derzeit jedenfalls aus. Ohne sich zu schämen, sprechen israelische Minister von «humanitären» Plänen, Schulen und Kliniken in Anata zu bauen, um die Abhängigkeit der Einwohner von den bestehenden, unzureichenden Einrichtungen für Palästinenser in Ost-Jerusalem zu vermindern.

Ich habe «Stadtviertel» geschrieben, aber «Soweto» wäre die passendere Bezeichnung. Ein palästinensisches Dorf und ein Flüchtlingslager, die im Laufe der Jahre zu einem riesigen Slum geworden sind. Palästinenser aus Jerusalem, die wegen der diskriminierenden Wohnungspolitik Israels keine zumutbaren Wohnungen in Jerusalem finden konnten, sind nach Anata gezogen. Keine Planung, schlecht oder gar nicht gepflasterte Straßen, überall Berge von Müll, im Winter Wasser- und Abwasserpfützen, im Sommer Wasserknappheit, überfüllte, dicht zusammengedrängte Häuser, spielende Kinder zwischen Abfällen und fahrenden Autos. Jetzt wird das alles von einer Betonmauer umschlossen. Und nur fünfhundert Meter davon entfernt liegt eine großzügig angelegte Siedlung auf konfisziertem Land, das früher zu Anata und anderen umliegenden Dörfern gehört hat.

### 27. Juli 2005

Es war bei einem unserer Gespräche am frühen Morgen – vor oder nach unserem täglichen Spaziergang in einem hügeligen, stillen Teil von Ramallah. Ich redete mir meinen Kummer vom Herzen und erzählte meinen Freunden M. und J. von den jüngsten Fällen von Ungerechtigkeit und Enteignung, die mich beschäftigten. Es waren nur einige der unzähligen Fälle, die das Leben der Palästinenser unter israelischer Herrschaft kennzeichnen. Eine Familie in Jerusalem, die vor einem Monat feststellte, daß sie nur einen halben Meter von der «Sicherheitsmauer» entfernt lebt. Die Bewohner des Dorfes Kafin im Westen von Jenin, deren Land unerreichbar hinter der Mauer liegt und kürzlich angezündet wurde, so daß die meisten Bäume vernichtet sind. Das uralte, winzige, von Hirten bewohnte Dorf, das aus Hütten und Höhlen und ein paar Häusern aus Hohlblocksteinen besteht und das von israelischen Soldaten zerstört wurde, offensichtlich zur Vorbereitung der Annexion des Jordantals. Die Menschen aus Jerusalem, die mich anriefen und über die Willkür der Regierungsbeamten klagten. Unerträglich, fand ich.

M. und J. hatten genügend ähnliche Erfahrungen gemacht und sich an unbewaffneten Aktionen gegen die israelische Besatzung beteiligt. Dennoch behaupteten sie: «Und trotzdem sind wir immer noch besser dran als die Menschen in anderen arabischen Ländern.» «Das müßt ihr mir erklären», forderte ich sie auf. «Wir haben die Freiheit, unsere Meinung zu äußern, und sie nicht. In Syrien oder Ägypten findet man keinen Taxifahrer, der über die diktatorische Regierung klagt. Dort leben die Menschen in ständiger Angst vor der Willkür der Behörden und haben nicht den Mut, sich gegen die Mächtigen zu wehren, so wie wir es tun.» Und was ist mit Khan Younis und Rafah und Jenin, die ununterbrochen zum Ziel von Zerstörungen durch die Armee werden und wo die Armut alle erfaßt hat? Sind die Menschen dort auch besser dran? Sie sahen einander nachdenklich an, dann bejahten sie meine Frage.

### 3. August 2005

Am letzten Mittwoch berichtete die palästinensische Tageszeitung *Al Ayyam* auf ihrer Titelseite von einem palästinensischen Kind in Nord-Gaza, das von einer «lokal hergestellten» Rakete getötet worden war. Zehn weitere Kinder waren verletzt worden, als die Rakete auf ihrem Hausdach landete und dort explodierte.

Das sechsjährige Opfer wurde in dem Zeitungsbericht als «Schahid», als Märtyrer, bezeichnet. Dieser Ausdruck wird im palästinensisch-arabischen Sprachgebrauch gewöhnlich ausschließlich für Opfer der israelischen Armee und für Selbstmordattentäter verwendet, die als Märtyrer eines gerechten, religiös-nationalen Krieges gelten.

Die Bezeichnung «lokal hergestellte Rakete» ist ein Euphemismus für eine Rakete, die von einer palästinensischen Gruppe abgeschossen wird, vermutlich auf eine israelische Ortschaft. In dem Bericht wird nicht erwähnt, welche Gruppe diese spezielle Rakete abgefeuert hat, aber der Islamische Dschihad, der am gleichen Tag erklärte, daß er seine Raketenangriffe einstweilen einstellen werde, bestritt, für diese tödliche Aktion verantwortlich zu sein.

Seit die Palästinenser vor rund vier Jahren begannen, selbstgebastelte Raketen herzustellen und auf israelische Kolonien und Orte in Israel selbst zu schießen, haben sie mehr palästinensische Opfer als Israelis getötet oder verwundet. Nach inoffiziellen Schätzungen sind es Dutzende. Aber bis vor kurzem haben die palästinensischen Medien nicht darüber berichtet, und wenn sie es taten, dann nur sehr vage. Die allgemein akzeptierte Verherrlichung des sogenannten bewaffneten Kampfes, vielleicht auch die Angst vor der Wut und Eitelkeit der bewaffneten Gruppen, vielleicht auch beides zusammen ließen die Reporter und Redakteure verstummen und verhinderten einen offenen Informationsfluß und eine öffentliche Debatte. Palästinensische Medien richten sich nach der Politik der Autonomiebehörde. Man kann davon ausgehen, daß die PA es weder wagte noch wünschte, die politische Klugheit der bewaffneten Gruppen anzuzweifeln und ihr Monopol auf den Mythos des bewaffneten Kampfes in Frage zu stellen.

Jetzt, unmittelbar vor dem Rückzug der Israelis aus dem Gazastreifen, wagt sie es endlich. Es ist eine Möglichkeit, die islamistischen Gruppen daran zu hindern, das Chaos zu verursachen, das sie nach Ansicht vieler verursachen wollen. Vielleicht ist diese verspätete Offenheit aber auch ein Hinweis darauf, daß die PA nun mit dem aufgestauten Zorn der Bevölkerung auf die für sie selbst so gefährlichen Raketen rechnet.

### Gaza, 31. August 2005

F. war der erste Hamas-Aktivist, den ich kennengelernt habe. Das war im Jahr 1993. Er studierte Naturwissenschaften und hatte während der ersten Intifada zwei Jahre lang im Gefängnis gesessen. Danach machte er seinen Doktor in den USA, blieb jedoch Aktivist der Hamas. Die Tatsache, daß ich Jüdin bin, war niemals ein Problem. F. war immer frei von Vorurteilen, wißbegierig und kritisch. Vor zwei Jahren verließ er schließlich seine Partei. In diesen Wochen ist er besonders entrüstet über die Propaganda der Hamas bezüglich des «Sieges» und des «Rückzugs», der angeblich durch den «bewaffneten Kampf» erzwungen worden sein soll. Wie kann man dies einen Sieg nennen, wenn Gaza ein Gefängnis bleibt, diesmal sogar mit dem Beifall der Welt für Scharon? Die Selbstmordattentate in Israel hat er aus moralischen und pragmatischen Gründen immer abgelehnt, und er glaubt, daß die Ankündigung der Hamas, «den gleichen bewaffneten Kampf» im Westjordanland durchzuführen, nur eine leere Drohung sei.

Neulich saßen wir mit einem Mann zusammen, der ebenfalls seine politische Partei verlassen hat, in diesem Fall die linksgerichtete Volksfront für die Befreiung Palästinas, und diskutierten über die trüben Zukunftsaussichten.

Wie beurteilen Sie das Machtverhältnis zwischen der Hamas und der Fatah, fragte er mich, als ob er der Journalist sei. Ich erklärte, die Hamas habe sich Gott angeeignet, was bei den Wahlen ein Vorteil sei. Das erinnerte ihn an eine Geschichte, von der er behauptet, daß sie wahr sei.

In den achtziger Jahren, als die israelische Armee die Städte und Straßen kontrollierte, warf ein Volksfrontmitglied eine Granate auf den größten Marktplatz in Gaza. Kein Soldat wurde verletzt, nur ein Esel wurde getötet. Nach einigen Monaten wurde der Händler, dem der Esel gehört hatte, vor Gericht als Zeuge vernommen. Er schilderte die Ereignisse jenes Tages und rief verzweifelt aus: «Da waren nur Allah, der Esel und ich, und es gab niemanden, der uns beschützte. Jetzt sind wir ganz allein, Allah und ich, und es gibt niemanden, der uns beschützt.»

### 7. September 2005

Zu dem Zeitpunkt, da ich diese Zeilen schreibe, am Mittwoch mittag, ist nur wenig über den Vorfall bekannt: Eine Gruppe bewaffneter Palästinenser ist in das Haus von Moussa Arafat, des ehemaligen Chefs des militärischen Geheimdiensts, eingebrochen, hat den Mann auf die Straße gezerrt und aus nächster Nähe erschossen. Sein Sohn, der immer noch für den militärischen Geheimdienst arbeitet, wurde entführt. Die «Volkswiderstandskomitees» übernahmen die Verantwortung, aber israelische Geheimdienstquellen behaupten, daß die Hamas hinter dem Mord steckt.

Moussa Arafat, Yassir Arafats Neffe, wurde schon seit langem von vielen gehaßt. Man warf ihm Korruption vor, wie vielen anderen Inhabern hoher Ämter in der PA auch.

Die Volkswiderstandskomitees wurden zu Beginn der Intifada im September 2000 von Fatah-Aktivisten gegründet. Einige von ihnen hatten schon seit langem offen gegen die Korruption in der PA protestiert.

Vor zwei Wochen spürte das gleiche Komitee einen französischen Journalisten auf und befreite ihn, nachdem er von anonymen bewaffneten Kämpfern entführt und eine ganze Woche lang festgehalten worden war. Dieser Erfolg war ein Beweis für die selbstverschuldete Hilflosigkeit der offiziellen Sicherheitsorgane. Alle Beweise führten zu dem Schluß, daß die

Entführer zur Fatah gehörten. Meistens sind es Fatah-Mitglieder und nicht die Hamas, die es wagen, in Fällen, in denen es nicht um den Kampf gegen die Besatzung geht, ihre Waffen zu benutzen.

Inzwischen ist es ein Gemeinplatz geworden, daß die PA nicht für die Einhaltung der Gesetze sorgt.

Das liegt jedoch nicht daran, daß ihre Gegner und die Gesetzesbrecher so stark wären. Es hat mehr mit den internen Auseinandersetzungen der Fatah, des Rückgrats der PA, um Macht, Posten und Gehälter zu tun. Nur allzuoft besteht eine enge Verbindung zwischen den Gesetzesbrechern und hochrangigen Fatah-Mitgliedern – oder sie handeln direkt im Auftrag der letzteren. Andererseits hat die PA unter Abu Mazen wenig getan, um Korruptionsvorwürfen nachzugehen. Während der letzten fünf Jahre wurden zwei weitere Mitglieder der PA und der Fatah wegen Korruption ermordet. Die Mörder wurden niemals gefaßt – zwei ermutigende Signale für andere, ihrem Beispiel zu folgen.

### *Rafah, 14. September 2005*
Was für ein Anblick: Eine sich langsam fortbewegende Lichterkette erstreckte sich am Dienstag abend auf der Küstenstraße von Gaza bis nach Rafah. Es waren Tausende von Autos mit Zehntausenden von Menschen, die von der Freiheit kosten wollten. Der Freiheit, nachts unterwegs zu sein, eine Straße zu benutzen, die seit rund vierzehn Jahren für Palästinenser fast vollständig gesperrt war.

Was für ein Erlebnis, nachts am Strand entlangzufahren und von nichts anderem als von Staus und gemächlich am Strand entlangschlendernden Fußgängern aufgehalten zu werden. Nicht von Vorposten der Armee und befestigten Wachtürmen. Was für ein Gefühl, bei Dunkelheit unterwegs zu sein, ohne sich fürchten zu müssen, ohne Angst vor einem plötzlichen israelischen Luftangriff, vor einem versteckten Soldaten, der aus irgendeiner Richtung schießt, ohne Angst, verhaftet oder stundenlang an einem Kontrollpunkt festgehalten zu werden, zusammen mit Tausenden anderen Menschen, die zur Arbeit, zur Schule oder zum Arzt müssen oder einen Familienbesuch machen wollen. Noch vor wenigen Tagen war der südliche Teil des Strandes, fast die Hälfte der Küste des Gazastreifens, für Palästinenser gesperrt. Denn hier befanden sich die israelischen Kolonien – die nun zerstört sind, was für eine Erleichterung –, deren Bewohner auf Kosten des Lebens der Palästinenser ein gutes Leben hatten. Wenn man sich einer Siedlung näherte, begab man sich in Lebensgefahr. Kein Wunder, daß die halbe Bevölkerung von Gaza nun darauf besteht, nach Süden zu fahren und sich am dortigen Strand aufzuhalten. Tag und Nacht.

Und die andere Hälfte ist anscheinend nach Ägypten aufgebrochen. Israel hatte den Grenzübergang Rafah, die einzige Verbindung zwischen

Gaza und der Welt, gesperrt, angeblich «vorübergehend». Als der letzte israelische Soldat abgezogen war, liefen die Gefangenen in diesem riesigen Gefängnis ganz einfach durch die «Sicherheitsmauer» – sie hatte drei kleine Öffnungen, von denen eine von der Armee selbst für ihre Panzer in die Mauer gebrochen worden war. Dann sprangen die Leute über den ägyptischen Zaun. Anfangs versuchte die ägyptische Grenzpolizei, sie mit Schüssen aufzuhalten. Es gab ein Todesopfer. Dann merkten sie, daß sie die Menschen nicht daran hindern konnten, sich das Gefühl der Freiheit zu verschaffen. Kleine Stühle und Leitern wurden gebracht für diejenigen, die nicht über den Zaun springen konnten. Verwandte, die einander jahrelang nicht gesehen hatten, trafen einander. Eltern brachten ihre Kinder in das fünfzig Kilometer entfernte Al Arisch, damit sie das Gefühl haben sollten, in einem anderen Land zu sein, ohne erschreckende Paßkontrollen und Leute vom Geheimdienst, die ihren Vater festhalten und verhören. Einige Personen, die von den israelischen Behörden gesucht wurden und nach Ägypten geflohen waren, kehrten nach Hause zurück.

In Ägypten kauften die «Ausflügler» billige Waren: Zigaretten, sogar Benzin, Schafe und Ziegen. Als Geschenke nahmen sie Äpfel mit, die in Ägypten sehr teuer sind. Sicher schmuggelten manche auch Haschisch und vermutlich auch Waffen und Munition nach Gaza. Aber mehr als alles andere wollten alle die Gefängnismauern zerbrechen. Bis zum Mittwoch abend, erklärten die ägyptischen und palästinensischen Behörden, wird dieser inoffizielle Grenzübergang wieder geschlossen. Wer dann noch ohne Visum und Paß auf ägyptischem Territorium erwischt wird, soll verhaftet werden.

### 21. September 2005

In Gaza besuchte ich die Familie meines Freundes D., der seit rund neunzehn Jahren in Ramallah lebt, von den Israelis jedoch nicht die Genehmigung erhält, auch offiziell von Gaza nach Ramallah zu ziehen. Hier gilt er als illegal und kann die Stadtgrenzen von Ramallah nicht verlassen, will er nicht das Risiko eingehen, erwischt und nach Gaza deportiert zu werden, fort von seiner Arbeit, seinem Studium, seiner Frau und seinem Sohn.

Ich machte mindestens siebzig Fotos von der Familie. Von seiner Mutter, die er seit sechs Jahren nicht mehr gesehen hat, als sie ihn zum letzten Mal in Ramallah besuchte. Je ein Foto von seinen beiden Brüdern, seiner Tante, seinen Nichten und Neffen. Und Fotos von dem neuen Haus, das die Familie in ihrem Flüchtlingslager gebaut hat. Von dem sauberen Gästezimmer, den Matratzen auf dem Fußboden, den geschnitzten hölzernen Türen, den Aluminiumfenstern.

Ich brachte ihm eine CD mit den Fotos. Er schaltete augenblicklich seinen Computer ein und sah sie sich an. Zuerst betrachtete er die ganze Szene, dann vergrößerte er einzelne Details, um Augen und Hände seiner Mutter näher anzusehen und sich ein Bild von der Art zu machen, wie sie die Kaffeetasse in der Hand hielt. Er versuchte zu erraten, wer die sieben Kinder waren, von denen er nur zwei kannte. Dann vergrößerte er sich einzelne Teile des Hauses, das neue Fernsehgerät, die weißen Vorhänge, die halbfertige Treppe. Kein Detail entging ihm. Als er das Bild seiner Mutter sah, rief er voller Kummer aus: «Sie ist so alt geworden!» Ich versuchte, ihm zu erklären, daß auf den Fotos alles übertrieben aussah. Das Licht im Haus war zu hell... aber natürlich hatten auch das Alter und die Schwierigkeiten der letzten fünf Jahre Spuren in ihrem Gesicht hinterlassen.

Die CD war ein Sinnbild der unüberwindlichen Entfernung von siebzig Kilometern, seine Sehnsucht manifestierte sich in einer Träne, und meine Wut explodierte in Form von heftigen Kopfschmerzen.

**27. September 2005**
Ich war überrascht. In M.s und T.s neuer Wohnung in Ramallah stehen nur wenige Bücher. Sie ist Soziologin, er hat einen Verlag für Bücher in arabischer Sprache gegründet – eine Pionierleistung. Ich hatte erwartet, daß ihre Wohnung voller Bücher sein würde. Als ob T. meine Gedanken gelesen hätte, deutete er auf die Veranda. «Die meisten von unseren Büchern sind noch in Kartons verpackt», erklärte er. «Es ist zwecklos, sie auszupacken, solange niemand weiß, wie lange wir hier wohnen können.»

Beide sind Palästinenser mit israelischem Paß. Bisher hatten sie in Ost-Jerusalem gewohnt und waren täglich zur Arbeit nach Ramallah gefahren. Dann, im Oktober 2000, untersagten die israelischen Behörden allen Israelis, einschließlich Palästinensern mit israelischem Paß, das Territorium der PA zu betreten. Anfangs gab es immer noch Möglichkeiten, zu kommen und zu gehen, ohne von Soldaten oder der Polizei erwischt zu werden. Allmählich wurde der Kontrollpunkt zu einer alptraumartigen Festung ausgebaut, und die südliche Zufahrt nach Ramallah verwandelte sich in das Tor zu einem riesigen, eingezäunten und ummauerten Reservat. Keine Möglichkeit, den strengen Blicken der jugendlichen Soldaten zu entgehen, die ihre Söhne hätten sein können, sich aber ihrerseits an ihre Befehle halten mußten. Also zogen M. und T. nach Ramallah. Wenn sie die Stadt verlassen müssen, benutzen sie einen weiteren Weg durch die nördliche Zufahrt zur Stadt, wo die Soldaten die Szene nur von weitem beobachten. Aber Bauarbeiten, die neuerdings begonnen wurden, lassen befürchten, daß hier ein ähnlicher, streng von der Armee bewachter Kontrollpunkt entsteht. Wenn das passiert, werden M. und T. ausziehen müssen. Die östliche Zufahrt ist schon seit langem gesperrt.

Ähnliche Bauarbeiten finden auch in anderen Teilen des Westjordanlandes statt und schaffen immer noch mehr Bantustans. Und die Welt jubelt Scharon zu.

**5. Oktober 2005**

Am 18. September wurde M. Sch. aus einem israelischen Gefängnis entlassen. Er war acht Monate lang eingesperrt, weil er sich wiederholt illegal in Israel aufgehalten hatte.

Nach seiner Entlassung wurde M. Sch. zu einem der vielen Kontrollpunkte zwischen Israel und dem Westjordanland gefahren, dem Kontrollpunkt «Dschebara» südlich von Tul Karem. Geh nach Hause, sagte man ihm. Er ist in Nablus zu Hause.

Aber M. Sch. weigerte sich zu gehen, weil er kein normaler «illegaler» Arbeiter ist. Er war achtzehn Jahre lang Informant der israelischen Polizei – gegen seine eigenen Landsleute. Er behauptet, daß er deshalb in ein palästinensisches Gefängnis gesperrt und gefoltert worden sei. Dann flüchtete er wieder nach Israel, wo er bereits dreimal erwischt und verhaftet worden ist.

M. Sch. bestreitet zwar, Informant gewesen zu sein, erwartet aber von den israelischen Behörden, daß sie ihn als Kollaborateur anerkennen und ihm eine ständige Aufenthaltsgenehmigung geben sollen. Schon bei dem Gedanken, nach Nablus zurückzukehren, fürchtet er sich zu Tode. Vermutlich *war* er Informant, jedoch zu unbedeutend und unwichtig, als daß die Israelis seine Dienste anerkennen würden. Um so mehr sinnen die palästinensischen Sicherheitsdienste und die bewaffneten Kämpfer gegen die «kleinen Fische» unter den Kollaborateuren auf Rache. Gerade sie werden von ihnen eingesperrt und gefoltert und manchmal mit, manchmal ohne Gerichtsverhandlung hingerichtet. Die «großen Fische» sind durch die israelischen Papiere geschützt, die die israelischen Behörden ihnen ausstellen.

M. Sch. weigert sich schon seit drei Wochen, den Kontrollpunkt zu verlassen. Er darf nicht nach Israel zurück, und er hat Angst, ermordet zu werden, wenn er sich in einer palästinensischen Stadt blicken läßt. Die Soldaten haben Mitleid mit ihm. Sie erlauben ihm, in einer kleinen Blechhütte zu hausen, die sie gewöhnlich benutzen, um «verdächtige» Passanten für ein paar Stunden einzusperren. Sie versorgen ihn sogar mit Wasser und Essen. Die Offiziere wollen ihn wegschicken. Vielleicht haben sie das schon getan, wenn diese Zeilen gedruckt werden.

**19. Oktober 2005**

Ramzi aus dem Flüchtlingslager Al Ama'ri war in der nahe gelegenen Stadt Ramallah gut bekannt. Seit 1984 – damals war er fünf Jahre alt – bis zu seinem fünfzehnten Lebensjahr verkaufte er Zeitungen in den Straßen – morgens zwischen vier und sieben Uhr. Seine kleine Gestalt und seine neugierigen Augen erregten die Aufmerksamkeit vieler. Dann, Ende 1989, im Alter von neun Jahren, wurde er als Meister im Steinewerfen bekannt. «Ich habe dafür gesorgt, daß die erste Intifada auch in unserem Lager ausbrach», behauptete er mir gegenüber erst vor wenigen Tagen mit einem stolzen Lächeln.

Schon in sehr frühem Alter fühlte er sich zur Musik hingezogen. Er sah den Kapellen zu, die in sein Flüchtlingslager kamen, um bei Hochzeiten zu spielen. Er hörte zu und stellte sich vor, er würde selbst ein Instrument in der Hand halten und spielen. «Wach auf», ermahnte er sich dann, «es ist ein Traum. Wer macht schon Musik in einem Lager?» Eine Frau aus Ramallah, nicht zufällig eine Aktivistin der linksgerichteten Volksfront, hatte seine Liebe zur Musik bemerkt. Im Alter von siebzehn Jahren lud sie ihn ein, einen palästinensischen Geiger kennenzulernen, der aus Jordanien kam, um palästinensischen Kindern und Jugendlichen die Musik näherzubringen. Das war 1996. Ein dreimonatiger Musikkurs mit Bratschenunterricht führte dazu, daß Ramzi Abu Radwan an weiteren Kursen an einer der Bastionen der «Aristokratie» von Ramallah, der Musikhochschule der Bir-Zeit-Universität, teilnehmen konnte. Ein amerikanischer Bratschenspieler auf der Durchreise entdeckte ihn und schickte ihn zu Musik-Sommerlagern in die Vereinigten Staaten. Ein Musiker aus Frankreich kam, um Anwärter für ein Stipendium auszusuchen. Ramzi und ein zweites Flüchtlingskind waren die Besten und wurden ein Jahr lang nach Angers geschickt. Es folgten sieben Jahre intensiven Musikstudiums. In dieser Zeit beschloß Ramzi, eine Musikschule für Flüchtlingskinder und andere arme Familien zu gründen. Und da ist sie nun, neu, einladend und voller Lebenskraft, die Schule al-Kamandjati (der Geigenspieler), mitten in der ärmlichen Altstadt von Ramallah in einem schönen alten, von Riwak, der Organisation zur Erhaltung palästinensischer Baudenkmäler, renovierten Haus.

Die laufenden Kosten werden mit Spenden bestritten. Musiker, die einen Monat lang kommen und Intensivkurse abhalten, erhalten lediglich das Geld für den Flug und für Kost und Logis. Die Schulvereinigung sammelt Musikinstrumente in Europa. Nur wenige können sich Ramzis überzeugendem Argument entziehen: «Holen Sie die Geige aus dem Keller. Ist es nicht besser, ein Flüchtlingskind darauf spielen zu lassen?»
*www.alkamandjati.com*

### *26. Oktober 2005*

Schuruk ist neunzehn Jahre alt und studiert Tiermedizin an der An-Nahah-Universität in Nablus. Sie ist eine von nur zwei jungen Frauen unter siebzig Studenten an dieser neuen Fakultät, die im Jahr 2000 eröffnet wurde, der ersten tiermedizinischen Fakultät für Palästinenser. Während des ersten Studienjahres findet der Unterricht in Nablus statt, dann folgen weitere fünf Jahre in Tul Karem im Westen des Westjordanlandes.

Schuruk hat einen Bruder, der in China Informatik studiert. Er ist im zweiten Studienjahr. In den Sommerferien fuhren beide nach Hause. Jetzt möchte der Vater seinen Sohn besuchen, um seine Kommilitonen kennenzulernen und sich davon zu überzeugen, daß es ihm gutgeht. Aber er hat nicht vor, seine Tochter im nur eine Autostunde entfernten Tul Karem zu besuchen. Schuruks Familie lebt in Jerusalem, oder besser gesagt, sie leben in dem einzigen Flüchtlingslager innerhalb der Stadtgrenzen von Jerusalem – Schufat. Zusammen mit rund siebzig Quadratkilometern Ost-Jerusalemer Stadtgebiet und einigen angrenzenden Dörfern wurde auch das Flüchtlingslager im Jahr 1967 annektiert und der Stadt Jerusalem zugeschlagen. Die Familienmitglieder haben Jerusalemer Pässe und sind Einwohner Israels, ohne israelische Staatsbürger zu sein. Sie sind nicht wahlberechtigt.

Nach dem Ausbruch der zweiten Intifada gab der Chef der israelischen Armee einen Befehl heraus, durch den es Israelis untersagt ist, die Städte zu betreten, die unter der Verwaltung der PA stehen. Das betrifft auch die palästinensischen Einwohner von Ost-Jerusalem. Bisher haben sie jedoch immer Mittel und Wege gefunden, dennoch dorthin zu gelangen, besonders nach Bethlehem und Hebron, wo Verwandte von ihnen leben. Die Armee hat den Befehl nicht gegenüber den Pendlern durchgesetzt, die nach Ramallah kommen, was täglich Tausende von Menschen aus Ost-Jerusalem tun. Der Grund dafür ist vermutlich, daß viele internationale Institutionen und Diplomaten Angestellte aus Ost-Jerusalem beschäftigen. Aber seitdem der Bau der Sperranlagen fortschreitet und Städte wie Tul Karem und Nablus unerreichbar hinter verschlossenen Toren liegen, kommen auch die Menschen aus Jerusalem nicht mehr hinein.

Schuruk ist «illegal» in Tul Karem. Sie wagt es nicht, öfter als ein- oder zweimal in drei Monaten nach Hause zu kommen. Wenn sie auf dem Weg von Tul Karem nach Hause erwischt wird, muß sie vermutlich Strafe zahlen. Wenn sie bei dem Versuch gefaßt wird, nach Tul Karem zu gelangen, wird sie wahrscheinlich aufgehalten und daran gehindert, am Unterricht teilzunehmen. Ihr Vater kann sie nicht besuchen. Es wäre nur eine Autostunde.

### *16. November 2005*

Warum fällt es mir heute so schwer, etwas zu Papier zu bringen? Liegt es daran, daß ich mich nicht in meiner gewohnten Umgebung befinde? Ich bin weder in Gaza noch in Ramallah, sondern in meinem alten Wohnviertel in Tel Aviv und betrachte die belebte Straße, wo schicke Boutiquen, in denen Seife, Brot und anderes verkauft werden, die kleinen Läden ersetzt haben, die von alten osteuropäischen Juden betrieben wurden. Aber die Sprünge in den grauen, fünfzig Jahre alten Mauern sind noch die gleichen, ebenso die Bäume, deren Blätter langsam gelb werden. Ist es die friedliche Atmosphäre, die hier herrscht, welche mir solches Unbehagen verursacht?

Ich komme gerade aus einer anderen Welt. Gerade noch stand ich vor einem israelischen Gefängnis, wohin ich einen Freund begleitet hatte, einen Rechtsanwalt. Er vertritt einen anderen Freund, der zu 27 Jahren Haft verurteilt worden ist, weil er während der ersten Intifada Molotowcocktails geworfen hat. Ist es dieser so ins Auge springende Kontrast, der jeden Kommentar überflüssig macht? Ich bemerkte die Palmen vor dem alten Gebäude, ein Relikt aus britischer Zeit, von britischen Gefängnissen. Bäume, die die Gefangenen nicht sehen können. Meine Tränen haben sich zu einem schmerzhaften Knoten in der Brust verhärtet. Das Wissen, daß der Rechtsanwalt – ein israelischer Jude Anfang Dreißig – von der Persönlichkeit des Gefangenen überwältigt war, kann den Knoten nicht lösen. Eindrucksvoll oder nicht, der Häftling bleibt hinter Stacheldraht und hohen Mauern in seiner winzigen Zelle eingesperrt.

Oder bin ich unfähig zu schreiben, weil die Armee im Norden von Ramallah einen neuen Kontrollpunkt baut? Damit wird der Belagerungsring um die Stadt endgültig geschlossen. Aber was soll man über die Freiluftgefängnisse in den besetzten Gebieten nun noch schreiben?

**Nablus, 23. November 2005**
Im Wohnzimmer hing ein riesiges Hamas-Poster an der Wand. Darauf war das imposante Porträt eines zu lebenslänglicher Haft verurteilten Mitglieds der islamischen Bewegung zu sehen, zusammen mit den üblichen Emblemen und Lobpreisungen Allahs. Die Eltern, die Frau und die Kinder, die Brüder, Vettern und Cousinen des Häftlings drängten sich in dem gepflegten Wohnzimmer und unterhielten sich mit ihren drei Gästen: über das für den Siedlungsbau konfiszierte Land, über die Nichte, die von einem israelischen Soldaten getötet wurde, als sie versuchte, in das belagerte Dorf zurückzukehren, über die immer wieder in die palästinensischen Städte und Dörfer eindringende israelische Armee.

Dann bestanden sie darauf, daß die Gäste mit ihnen zu Abend essen sollten, und entschuldigten sich, daß nicht mehr vorbereitet sei, weil sie nicht gewußt hätten, daß sie kommen würden. Ein junger Mann hatte gerade die Musikhochschule abgeschlossen, möchte aber in die palästinensische Polizei eintreten. Er ist der einzige Fatah-Anhänger in der Familie. «Sie glauben nicht, wie wir mit ihm streiten!» Alle lachten. Sie alle unterstützen die Hamas.

All das erzählten sie vertrauensvoll und unbefangen ihren drei Gästen – drei israelischen Frauen. Zwei davon waren Aktivistinnen einer relativ neu gegründeten Gruppe namens «Yesch Din» (Es gibt ein Gesetz), die sich um die immer häufiger werdenden Fälle von Angriffen israelischer Siedler auf Palästinenser kümmert. Der dritte Gast war ich selbst. Ich hatte gerade die beiden Frauen und den siebzigjährigen Vater zu einer israelischen Polizeistation in einer weit entfernten Kolonie begleitet, wo er über einen Fall von schwerer Körperverletzung aussagte. Palästinenser dürfen die Kolonien nicht betreten. Deshalb ist eine vorherige Koordination mit der Polizei durch Yesch Din unabdingbar. Der Mann war von maskierten Siedlern schwer geschlagen worden, nachdem er nur sechs Monate zuvor in ähnlicher Weise angegriffen worden war. Diesmal hatte er eine ganze Woche im Krankenhaus verbracht. Mit einem väterlichen Lächeln sagte er mir: «Ich habe mich nur wegen euch dreien beschwert. Ich weiß aus Erfahrung, daß die israelische Obrigkeit sich nicht die Mühe macht, bei Beschwerden und Verdächtigungen gegen die Siedler eine Untersuchung durchzuführen.» Unter der Hand äußerte der Polizist eine ähnliche Meinung.

### 30. November 2005

Eine hohe, gebührenpflichtige Verwarnung zeigte mir, daß ich mich mit meinem gelben israelischen Autokennzeichen zu sicher gefühlt hatte. Als ich neulich beim Verlassen Ramallahs auf einer den Juden und einigen wenigen palästinensischen Taxis vorbehaltenen Straße hinter einem lästigen Müllfahrzeug herfuhr, überholte ich, als keine Autos auf der Gegenfahrbahn zu sehen waren. Erst als ein Polizist aus einem Zivilfahrzeug sprang und hysterisch mit den Händen in der Luft herumfuchtelte, bemerkte ich, daß ich eine durchgezogene weiße Linie überfahren hatte. Auf dem Rückweg betrachtete ich mit besonderem Interesse ein Siedlerauto, das völlig unbedenklich und unbehelligt über die weiße Linie fuhr.

Die guten Straßen im Westjordanland, auf denen im Laufe der letzten fünf Jahre immer weniger palästinensische Fahrzeuge zu sehen waren, sind ein Paradies für rücksichtslose Autofahrer. Sie benutzen keinen Blinker, fahren mit überhöhter Geschwindigkeit und überfahren durchgezogene Linien. Es kann nicht wirklich überraschen, daß auf Straßen, die auf gestohlenem palästinensischem Land gebaut sind, die zu den illegalen Kolonien führen und auf denen Siedler straflos bleiben, wenn sie Palästinenser angreifen, ein Gefühl der Gesetzlosigkeit herrscht.

Aber die Gesetzlosigkeit auf den Straßen charakterisiert auch die Fahrweise der Palästinenser, wenn auch nicht auf den «jüdischen Straßen», auf denen die israelische Polizei sehr schnell mit gebührenpflichtigen Verwarnungen bei der Hand ist. Die palästinensischen Autofahrer machen mir täglich angst, indem sie auf überfüllten Straßen wie die Verrückten fahren und Verkehrszeichen und Vorfahrtsregeln mißachten. Eine steile, enge

Straße hinauffahren zu müssen ist ein Alptraum. Meistens denken die Fahrer riesiger Lastwagen und schneller palästinensischer Polizeiautos, die einem bergab entgegenkommen, gar nicht daran zu bremsen.

Ich bin zu dem Schluß gekommen, daß der durchschnittliche Automacho die Verkehrsvorschriften praktischerweise als Teil des Besatzungsrechts betrachtet, das man mißachten und brechen muß.

Übrigens, das Polizeiauto, das mich aufgehalten hatte, hatte sich auf der Ausfahrt zu einem in doppelter Hinsicht illegalen kolonialistischen Außenposten versteckt: illegal per se als Kolonie und nicht einmal genehmigt von den israelischen Besatzungsbehörden.

### 6. Dezember 2005

Der erste Telefonanruf am letzten Samstag kam von Zohar, einem jungen Mann, der mir erklärte, daß ich seine Mutter kenne. Sie ist aktiv bei Mahsom Watch und Yesch Din, ihre beiden Söhne, einschließlich des Anrufers, sind «Refuseniks», Wehrdienstverweigerer.

Im Laufe dieses Tages wurden mehrere Dutzend Telefongespräche geführt, um ein «normales» Ereignis zu einer kollektiven Aktion gegen die Willkür der Armee zu machen.

Zohar erzählte mir von einem vierzehnjährigen palästinensischen Jungen, der von Soldaten durch einen Schuß ins Bein verletzt und zur Operation in ein israelisches Krankenhaus gebracht worden war. Die Militärpolizei bewachte ihn und bestand darauf, ihn mit stählernen Hand- und Fußfesseln zu sichern.

Noch bevor sich herausstellte, daß der Junge gefesselt war, erfuhr Micky, ein weiterer Aktivist von Mahsom Watch, von seinem Vater, daß er verwundet und in eine israelische Klinik gebracht worden war. Das ist eine Nebenerscheinung der Anwesenheit der «Watcher» an den Kontrollpunkten: Die Menschen lernen sie kennen, vertrauen ihnen und bitten in solchen Fällen um Hilfe. Micky wandte sich an die Physicians for Human Rights (PHR, Ärzte für die Menschenrechte), die dafür sorgten, daß ein Familienmitglied des Jungen die Genehmigung erhielt, aus dem Dorf im Norden von Nablus nach Israel einzureisen.

Sehr zum Ärger der Militärpolizei besuchte Zohars Familie den Jungen auch weiterhin und informierte die PHR, daß er gefesselt war. Ein Mitglied der PHR, ein angesehener Arzt und Wissenschaftler, führte endlose Telefongespräche mit dem Krankenhaus und forderte die Befreiung des Jungen von seinen Fesseln. Ohne Erfolg. Die Militärpolizei hörte nicht auf die Ärzte.

Der Armeesprecher erklärte, der Junge befinde sich unter Arrest, «weil er versucht habe, einen Molotowcocktail auf Soldaten zu werfen», was dieser heftig bestritt.

Nach drei Tagen im Krankenhaus wurde er zur Vernehmung abtransportiert. Unter normalen Umständen wäre er verhaftet, vernommen und vor Gericht gestellt worden, wobei ihm nichts anderes übriggeblieben wäre, als sich schuldig zu bekennen. So etwas passiert Hunderten von palästinensischen Jugendlichen. Aber am Montag abend wurde der «gefährliche» Junge entlassen und nach Hause geschickt.

### 14. Dezember 2005

Bei der Hamas herrschte von Anfang an bemerkenswerte Ordnung, wenn sie nach der Gründung der palästinensischen Autonomiebehörde in Gaza Massendemonstrationen und sonstige Veranstaltungen organisierte. Damals tauchte die Hamas aus dem Halbuntergrund auf und präsentierte sich nicht nur als soziale und religiöse, sondern auch als politische Massenbewegung.

Ob bei Beerdigungen, an nationalen Gedenktagen, bei gemeinsamen Mahlzeiten wie dem Fastenbrechen nach dem Ramadan oder bei Massendemonstrationen – sichtbare und unsichtbare Helfer sorgen dafür, daß alles mit der Präzision einer Schweizer Uhr funktioniert: Die Frauen sitzen, zu einem großen Block zusammengefaßt, abseits, Männer versammeln sich in großer Zahl, ohne zu drängeln, Emotionen werden gezeigt, aber ohne daß die Redner gestört werden, Plastikstühle sind immer in ausreichender Zahl vorhanden, ob es nun 50 oder 5000 Menschen sind, Kaffee und Speisen werden immer mit der gleichen Sorgfalt und Mühelosigkeit verteilt.

Diese Ordnung ist um so bemerkenswerter im Vergleich zu dem Chaos, das bei jeder Veranstaltung der Fatah oder der palästinensischen Autonomiebehörde herrscht.

Der krasse Unterschied zeigt sich nun im Wahlkampf und bei den Vorbereitungen für die Parlamentswahlen, die am 25. Januar 2006 stattfinden sollen. Bis zum letzten Freitag hatte die Fatah ihre Streitigkeiten um die Kandidatenliste noch nicht beigelegt, obwohl diese Liste bereits am nächsten Tag vorgelegt werden sollte. Bei den Vorwahlen der Fatah, die verspätet durchgeführt wurden und schlecht organisiert waren, kam Betrugsverdacht auf. In einigen Städten wurden sie von bewaffneten Kämpfern unterbrochen, die versuchten, die Aufnahme ihrer eigenen Kandidaten auf die Liste durchzusetzen. Spannungen zwischen der verärgerten alten Garde der Fatah und der schlechtausgebildeten neuen Garde wurden deutlich sichtbar und stießen die Wählerschaft zusätzlich vor den Kopf. Die Hamas dagegen hat ihre Kandidatenliste fertig. Die Art, wie die Kandidaten ausgewählt werden, wird geheimgehalten, aber das Ergebnis spricht für eine Koordination zwischen den Generationen, Persönlichkeiten und Geschlechtern. Die islamistische Bewegung ist intelligent genug, den Vorwürfen, in sozialer Hinsicht «rückständig» zu sein, dadurch entgegenzutreten, daß sie auch etliche starke Frauen, vorwiegend Witwen von Hamas-Führern, die von Israel ermordet worden sind, auf ihre Liste gesetzt hat. Die gute Organisation wird sicher Früchte tragen, wenn die Wahlen stattfinden.

### 21. Dezember 2005

Am letzten Mittwoch morgen stand der vierjährige Lulu wie jeden Tag mit seinem Vater auf dem Bürgersteig und wartete auf den Schulbus. Aber der Schulbus kam nicht. Sie gingen zurück und riefen in der Schule an. Lulu geht in die amerikanische Schule in Gaza, deren Lehrer vorwiegend Ausländer sind.

Keine Schule heute, sagte man Lulus Eltern. Wir werden später erklären, warum. Eine andere Mutter rief an und sagte den Grund: Eine Gruppe bewaffneter Männer hatte den Schuldirektor und seinen Stellvertreter entführt, einen Australier und einen Niederländer.

Wollten die Kidnapper gegen die sozialen Unterschiede protestieren? Die Schule ist eine Privatinitiative einiger Funktionäre der PA und einer Anzahl von Eltern, die der Mittelschicht angehören und eine bessere Ausbildung für ihre Kinder wünschen, als sie das Schulsystem der PA anbietet. Das Schulgeld ist hoch und kann nur von wohlhabenden Familien aufgebracht werden.

Oder hatten die Kidnapper diese Schule zum Ziel gewählt, weil sie eine amerikanische Schule ist? Einige Veteranen der palästinensischen Linken schicken ihre Kinder in diese Schule, weil sie dort nach amerikanischen Lehrplänen unterrichtet werden. «Aber die meisten Lehrer sind keine Amerikaner», trösteten sie sich, «und unsere Kinder stehen den USA ebenso kritisch gegenüber wie die Schüler anderer Schulen.»

Oder lag es daran, daß es eine säkulare Schule ist? Die alten linksgerichteten Kämpfer wie Lulus Eltern hatten diese Schule wegen ihres hohen Standards gewählt, aber auch, weil sie eine der wenigen Schulen ist, in denen Jungen und Mädchen zusammen unterrichtet werden.

Anfangs ging das Gerücht, daß die Kidnapper eine Verschiebung der Parlamentswahlen als Gegenleistung für die Freilassung der Geiseln gefordert hätten. Dieses Gerücht erschien auf den ersten Blick ganz logisch. Die Hamas hatte erst vor kurzem bei den wichtigen Kommunalwahlen gesiegt. Es konnte sein, daß einige Fatah-Mitglieder aus Angst vor einem Machtwechsel nach einer Möglichkeit suchten, die Wahlen, die am 25. Januar stattfinden sollten, zu verschieben. Israel hatte mit der Ankündigung, daß in dem 1967 annektierten Ost-Jerusalem keine Wahlen zugelassen werden würden, zusätzlich Stimmung gegen die Wahlen gemacht. Ein palästinensisches Regierungsmitglied hatte daraufhin erklärt, daß es überhaupt keine

Wahlen geben würde, wenn Jerusalem davon ausgeschlossen werden sollte.

Am Nachmittag jedoch wurden die beiden ausländischen Lehrer nach kurzen Verhandlungen freigelassen. Es stellte sich heraus, daß die Kidnapper zur Volksfront (PFLP) gehörten und in Anlehnung an die neuesten Gewohnheiten der Fatah die Freilassung eines Führers der PFLP und drei weiterer Aktivisten gefordert hatten, die in einem von amerikanischen und britischen Streitkräften bewachten palästinensischen Gefängnis inhaftiert sind. Übrigens, auch einige prominente ehemalige Mitglieder der PFLP schicken ihre Kinder auf die amerikanische Schule.

# 2006

### 11. Januar 2006

Es ist kein Wunder, daß die Israelis so reden, als ob ein medizinisches Wunder Ariel Scharon in das normale Leben zurückbringen könnte. Gerade so, wie sie vor drei Wochen glaubten, daß sein erster Gehirnschlag «geringfügig» sei und daß trotz seines gigantischen Körperumfangs, seiner cholesterinreichen Ernährung und der ständigen politischen Anspannung alle seine Blutuntersuchungen bewiesen, wie gesund der liebe Pappi doch sei. Ein Mann, der ein erstaunliches politisches Wunder zustande gebracht hat, glaubten sie, kann ganz bestimmt auch die Voraussagen der Ärzte Lügen strafen.

Allmählich stellt sich heraus, daß die Hoffnung auf das medizinische Wunder getrogen hat. Aber das politische Wunder hält an und wird mit Sicherheit noch lange wirksam bleiben und jede Chance auf eine faire Friedenslösung zunichte machen. Die Welt hat beschlossen, Scharon als tapferen Mann des Friedens zu feiern, während er sein Bestes getan hat, um jeden möglichen palästinensischen Verhandlungspartner zu diffamieren und seiner Legitimation zu berauben und jedes ernsthafte politische Gespräch zu verhindern.

Er hat gehalten, was er versprochen hat: eine einseitige Loslösung Israels vom Gazastreifen. Die Welt applaudiert, ein Rückzug, und ignoriert die Tatsache, daß Israel sich damit über alle internationalen Resolutionen und die Abkommen von Oslo hinwegsetzt. In diesen Abkommen und Resolutionen ist die Einheit von Gaza und des Westjordanlands festgeschrieben. Jetzt wird Gaza zu einem abgetrennten, abgelegenen und isolierten Gebilde gemacht, und durch die von Israel eingeführten bürokratischen Bestimmungen werden unter dem Deckmantel von Sicherheitsmaßnahmen alle Einwohner Gazas vom Westjordanland abgeschnitten. Gaza ist ein riesiger Slum, versunken in israelischer Gleichgültigkeit und der internationalen Weigerung, die Details zur Kenntnis zu nehmen. Scharon hat von einem «palästinensischen Staat» gesprochen und wurde als neuer de Gaulle gepriesen. Das ist leichter, als sich mit den Methoden zu befassen, mit denen die israelische Bürokratie das Westjordanland mit Fleiß und Sorgfalt in ein Puzzle aus eingezäunten und ummauerten Enklaven verwandelt hat, die praktisch von wachsenden israelischen Kolonien und einem Netz von jüdischen Straßen eingeschlossene Gefängnisse sind. Die Grüne Linie ist kaum noch kenntlich. Für die Palästinenser gelten andere Gesetze als für die Juden. Scharon und sein wertvollster Komplize, Schimon Peres, haben von wirtschaftlicher Erholung gesprochen. Die Zerstükkelung des Westjordanlandes wirft die Wirtschaft technisch an den Anfang des zwanzigsten Jahrhunderts zurück, wenn nicht noch weiter. Sie erschöpft die menschlichen Ressourcen und würgt jede Kreativität ab.

Friedensprozeß nennt das die Welt und jammert um Scharon. Die Wirklichkeit ist eine neue Art von Apartheid, die sich hinter Scharons riesiger Gestalt und seinem gütigen Lächeln verbirgt.

### *18. Januar 2006*

Ich hätte eigentlich erfreut sein sollen. Zwei israelische Rechtsanwälte, die nicht zu den «üblichen Verdächtigen», den linksgerichteten Rechtsanwälten gegen die Besatzung, gehören, kamen nach Ramallah, um sich mit präsumtiven Mandanten zu treffen. Sie brauchten eine Sondergenehmigung der Armee, um hierherzukommen. Die beiden sind auf Fälle spezialisiert, die mit dem Recht auf Bewegungsfreiheit zu tun haben, oder, besser gesagt, auf Fälle, in denen Palästinensern dieses Recht verweigert wird. Ich war sozusagen das Bindeglied zwischen den beiden Parteien. Sie trafen sich im Haus meines aus Gaza stammenden Freundes D. mit einer Gruppe ebenfalls in Gaza geborener junger Männer und Frauen, die seit fünf Jahren praktisch unter «Stadtarrest» leben. Wie bereits geschildert, weigern sich die israelischen Behörden, die Adresse in den Personalpapieren zu ändern, wenn jemand aus Gaza ins Westjordanland umgezogen ist, und betrachten solche Leute als «illegal eingereiste Personen», selbst wenn sie seit Jahren hier leben, hier ihre Familie und ihren Arbeitsplatz haben und hier ihre Zukunftspläne schmieden. Jeden Augenblick können sie nach Gaza deportiert werden, wenn zufällig ein Soldat auf sie aufmerksam wird. Hani Zu'rob zum Beispiel ist ein begabter Maler und lebt seit zwölf Jahren in Ramallah. Während der letzten fünf Jahre wurden seine Bilder zu verschiedenen Ausstellungen in alle Welt verschickt. Er selbst konnte nicht mitkommen, weil er fürchten mußte, bei seiner Rückkehr von den israelischen Behörden gezwungen zu werden, wieder in Gaza zu leben. Die sieben jungen Männer und Frauen erzählten den Rechtanwälten, was es bedeutet, jahrelang seine Familie und seine Freunde nicht sehen zu dürfen, was es bedeutet, eingesperrt zu sein.

Als er das Haus verließ, sagte mir der ältere von den beiden, ein angesehener, bekannter Rechtsanwalt, der bisher die üblichen Ansichten vertreten hatte, daß er erst jetzt in vollem Umfang begriffen habe, wie entsetzlich sich die innere Abriegelung auswirkt, die Israel über die Palästinenser verhängt hat. Es war ein bitterer und frustrierender Beweis für mich, daß meine unzähligen Artikel über dieses Thema keinerlei Wirkung haben.

### Jenin, 25. Januar 2006

«Werden Sie wählen?» fragte ich den jungen Mann, der in mein Auto stieg. Ich befand mich auf dem Weg nach Jenin auf einer der kleinen, ländlichen Straßen, welche die einzige Verbindung zwischen den palästinensischen Ortschaften darstellen, nachdem alle Zufahrten zu besseren Straßen gesperrt worden sind. Mein israelisches Auto zog erstaunte Blicke auf sich. Die gelben israelischen Autokennzeichen sind ein lange vergessener Anblick in diesen abgelegenen ländlichen Gegenden. Der junge Man, er war vierundzwanzig Jahre alt, hatte ebenfalls mein Nummernschild angestarrt und sofort auf hebräisch gefragt, wo ich hinwolle. Er war glücklich, mitgenommen zu werden und ein bißchen Hebräisch zu sprechen, wozu er seit sechs Jahren keine Gelegenheit mehr gehabt hatte, seit er nicht mehr als Bauarbeiter in Israel arbeitete. «Ich werde nicht wählen», sagte er in gleichgültigem Ton, der nicht zu seinem Alter zu passen schien.

Ich ließ ihn an seinem Ziel aussteigen und nahm dafür einen alten Mann mit Stock mit. Sein Dorf, Toubas, wurde auf Befehl der israelischen Armee vom Großteil seines Ackerlandes abgeschnitten. «Werden Sie wählen?» fragte ich ihn. «Das weiß nur Gott», gab er zurück. Ich ließ nicht locker. «Bringt es uns unser Land zurück, wenn wir wählen?» antwortete er mit einer Frage und fügte hinzu: «Wollen die Israelis Frieden?»

Die dritte Person, die ich nach ihren Absichten bezüglich der Wahlen fragte, war ein junger Bauer und Lastwagenfahrer aus dem Jordantal. Wir begegneten uns an einem der gefürchteten Kontrollpunkte, an denen nur Leute aus dem Jordantal durchgelassen werden. Wir mußten mehr als eine Stunde warten, aber er ist an noch viel längere Wartezeiten gewöhnt. Es war unvermeidlich, daß wir ins Gespräch kamen. Ja, er würde wählen. «Darf ich fragen, wen?» «Ja, die Hamas. Ich bin nicht religiös, ich bete nicht, ich faste nicht, aber ich werde die Hamas wählen, damit unser Geld nicht mehr gestohlen wird. Die ganze Welt hat uns Milliarden gespendet. Wo ist das Geld?» Er will also die Fatah bestrafen.

Während ich diese Zeilen schreibe, am Mittwoch, dem 25. Januar, wählen die Palästinenser im Westjordanland und im Gazastreifen zum ersten

Mal seit zehn Jahren ihr Parlament, den gesetzgebenden Rat. Ich beschloß, den Wahltag mit «Abu Aton» zu verbringen, einem Aktivisten aus dem Flüchtlingslager Jenin. Ich hatte ihn während der langen Invasion der israelischen Armee im April 2002 in dem Flüchtlingslager kennengelernt. Danach sind wir Freunde geblieben. Die gefährliche Begegnung von damals zwischen zerstörten Häusern und toten Freunden und Nachbarn, die zwischen selbstgebastelten Sprengsätzen aus dem Schutt ausgegraben wurden, hatte eine besondere Bindung zwischen uns geschaffen. Jetzt stellt er sich als Kandidat für die Volksfront zur Befreiung Palästinas zur Wahl. Vor zwanzig Jahren war er wegen seiner Tätigkeit für die PFLP ins Gefängnis gesperrt worden. Vor zehn Jahren hatte er seine Aktivität vollständig eingestellt. Als er vor einem Jahr verhaftet und vier Monate lang als administrativer Häftling eingesperrt wurde, beschloß er, seine Aktivitäten wiederaufzunehmen. «Wenn ich sowieso wegen angeblicher Mitgliedschaft verhaftet werde, dann bin ich doch lieber gleich aktiv.» Trotz seiner Schüchternheit und eigentlich gegen seinen Willen gab er dem Drängen seiner Freunde nach und ließ sich als Volksfrontkandidat für die Region aufstellen. «Die Stimme der Arbeiter und Bauern, die Stimme der Armen» – so wird er von seiner Partei dargestellt, und so ist er bekannt.

Einige seiner jungen Verwandten und Nachbarn sind als Mitglieder der bewaffneten «Al-Aqsa-Brigaden» der Fatah bekannt. Die Fatah bezahlt ihnen ein monatliches Entgelt. Sie sind hervorragend darin, ihre Waffen im Lager und vor laufenden Fernsehkameras zur Schau zu stellen, aber ich möchte mich nicht für ihre Leistungen im Kampf gegen die Besatzung verbürgen.

Sie alle haben sich im Wahlkampf freiwillig für ihn eingesetzt. «Wir werden nicht für die allgemeine Liste der Fatah stimmen», sagten sie mir letzten Dienstag in seiner ausgesprochen ärmlichen Behausung, die während der letzten achtzehn Jahre dreimal von der israelischen Armee ganz oder teilweise zerstört wurde.

Im Wohnzimmer gibt es ein paar Plastikstühle und einen niedrigen Tisch. Die Wände sind kahl. Keine Vorhänge, keine Bilder. «Wenn du gewählt wirst, solltest du dein Wohnzimmer neu einrichten», sagen die Leute. «Nein», widerspricht seine Frau. «Als erstes müssen wir unser Schlafzimmer einrichten.»

Ich schließe mich ihm und seinen beiden Kameraden zu einer Tour durch sämtliche Wahllokale in den umliegenden Dörfern an. «Was bietet die PFLP uns zum Mittagessen an?» scherzt Abu Mohammed, der Freund, der sein Auto und sich selbst als Fahrer zur Verfügung gestellt hat. «Das beste Fleisch, Falafel!» sagt Abu Firas, der Wahlkampfmanager, der seine ganze Familie für den Wahlkampf aufgeboten hat. Sie hören nicht auf, Witze zu machen und einander zu necken.

«Wir machen Witze», sagt Abu Firas, «aber in unserem Inneren sieht es dunkel aus. Es ist so schwer zurückzuschauen, an all unsere Opfer zu denken, an die Jahre im Gefängnis, an die Verwundungen, die Märtyrer, und dann zuzugeben, daß wir nur immer noch mehr verloren haben.»

### Gaza, 1. Februar 2006

Ein Freund aus Gaza, ein alter Aktivist der Hamas, verschaffte mir ein Interview mit der Nummer 1 auf der Kandidatenliste der siegreichen Hamas, Ismail Hanije. Ich brachte meinen Dank damit zum Ausdruck, daß ich meinem Freund einen Kuß durch die Luft «zuschickte». Erst dann fiel mir ein, wen ich da «geküßt» hatte: einen gläubigen Islamisten, dem ich noch nie auch nur die Hand geschüttelt hatte. Halb im Scherz entschuldigte ich mich: «Ich habe vergessen, daß das verboten ist.» Er war nicht beleidigt und meinte ebenfalls im Scherz: «Macht nichts, jetzt ist es erlaubt.»

In den Tagen unmittelbar nach der Wahl herrschte in Gaza und dem Westjordanland eine spottlustige, verrückte Stimmung. Die Menschen schienen ihre Überraschung, ihren Schock oder ihre Besorgnis über den Sieg der Hamas in Form von Witzen abzureagieren. Die meisten Witze kamen in Gaza auf und wurden über Telefon und SMS verbreitet.

Die zukünftige Strafe für falsches Parken: zwei zusätzliche Gebete. Die Strafe für das Mißachten einer roten Ampel: drei Tage Fasten. Die Omar-al-Mukhtar-Straße, die Hauptstraße von Gaza, soll drei Tage in der Woche nur für Frauen und drei Tage nur für Männer geöffnet sein. Aber die meisten und unterschiedlichsten Witze werden über die Frauen gerissen, die nun dazu gezwungen werden, ihren Kopf zu bedecken.

Einige von den Medien verbreitete Informationen hören sich ebenfalls wie Witze an: «Die Brigade Mohammed Dahlan (ein hochrangiges Mitglied der Fatah, das bei der Hamas ganz besonders verhaßt ist) hat eine Rakete auf Israel abgeschossen. Hamasführer Ismail Hanije hat den Terroranschlag verurteilt und erklärt, daß er die Interessen des palästinensischen Volkes schädigt.» Das spricht für eine politische Einschätzung, über die sich die Führer der Hamas nicht hinwegsetzen werden. Wenn sie erst einmal an der Macht ist, wird die pragmatische islamistische Bewegung ihr militantes Auftreten ändern und sich darauf konzentrieren, die versprochene gute Verwaltung zu schaffen, für Gerechtigkeit zu sorgen und Mitgefühl zu zeigen. Sie möchte in vier Jahren wiedergewählt werden. Darum wird sie sich hüten, die Bevölkerung dadurch vor den Kopf zu stoßen, daß sie orthodoxe religiöse Verhaltensvorschriften einführt. Andererseits ist keine Regierung nötig, um Zwänge einzuführen. S., eine säkular eingestellte Ärztin, erzählte von einer ihrer Patientinnen, die im Warteraum eine andere Patientin anfeindete, weil sie den Kopf nicht bedeckt hatte. Das war ihre Interpretation des Umschwungs.

## 8. Februar 2006

«Alles kommt von Allah», sagte der jüngere der beiden Beduinenbrüder und lachte. «Wenn das so ist», fragte ich spöttisch, «warum haben Sie sich dann einen Rechtsanwalt genommen?»

Ich konnte es mir erlauben, sie zu provozieren, weil die beiden Männer sich über alles und jedes lustig machten. Sie bestanden darauf, daß wir zusammen Tee trinken sollten. Wir lehnten dankend ab, weil wir es eilig hatten, weitere israelische Methoden zu dokumentieren, mit denen Palästinenser im östlichen Teil des Westjordanlandes enteignet und vertrieben wurden. Sie antworteten mit einem Sprichwort der Beduinen: Wenn du es ablehnst, in meinem Zelt zu trinken und zu essen, kommst du wieder, um zu stehlen.

Ich fragte sie nicht, ob sie den Dutzenden von Bulldozerfahrern, den israelischen Sicherheitsleuten und den Ingenieuren Kaffee und Tee anbieten, die sich ständig in ihrer schönen Heimat herumtreiben, um zu stehlen: Sie bauen die allgegenwärtigen Sperranlagen, durch die praktisch mehr als 52 Quadratkilometer palästinensischen Territoriums abgeschnitten und annektiert werden. Dieses Bauwerk zerstört biblische Landschaften, sanfte Hügel, Berge und Wüstentäler, wo während der letzten sechzig Jahre Hunderte von Beduinenfamilien gelebt haben, nachdem sie während des Krieges von 1948 aus der Negevwüste geflohen oder vertrieben worden waren.

Die Geschichte der Enteignung der Jahalin-Beduinen im Osten von Jerusalem wurde in den neunziger Jahren fortgesetzt, als die Ausweitung der israelischen Siedlungen mit ihrer jahrzehntelangen Anwesenheit in Konflikt geriet. Manche Familien wurden gezwungen, in eine feste, slumartige Wohnsiedlung umzuziehen. Jetzt droht die Mauer, andere Familien voneinander, von den Weiden für ihre Schafe, von ihren Arbeitsplätzen in israelischen Siedlungen oder in palästinensischen Städten abzuschneiden. «Alles ist vorherbestimmt», sagen die Brüder, aber sie haben einen Rechtsanwalt gebeten, sie in ihrem Streit mit den israelischen Behörden zu vertreten. Die Mauer könnte um ein paar hundert Meter verschoben werden, Tore könnten ihnen ihre Bewegungsfreiheit wenigstens teilweise erhalten. «Warum sollten wir jammern», meinte der jüngere der beiden Brüder, «wenn die Israelis sich hinter Mauern in Pferchen einsperren wollen? Das mache ich auch mit meinen Tieren, um sie zu schützen und damit sie sich sicher fühlen.»

## 15. Februar 2006

«Wie geht es Ihnen, und warum besuchen Sie uns nicht?» Die Stimme der Frau klang fröhlich und freundlich, aber ich erkannte sie nicht, und obwohl es mir peinlich war, mußte ich fragen: «Entschuldigen Sie, aber mit wem spreche ich?» Die Frau schien überrascht zu sein. «Ich bin Umm Mohammed, erinnern Sie sich nicht an mich?» Nun, in den dreizehn Jahren, die ich nun schon unter Palästinensern lebe, habe ich ziemlich viele Mohammeds und ihre Mütter kennengelernt. Der Name ist so häufig, daß Mustafa, ein Freund von mir aus Gaza, einfach Mohammed ruft, wenn er in einem Lokal den Kellner auf sich aufmerksam machen möchte. Für politisch korrekte Ohren klingt das beleidigend, aber Mustafa lachte mich aus. «Wenn er nicht Mohammed heißt, heißt er Achmed oder Mahmoud.» Aber zurück zu Umm Mohammed. Ich entschuldigte mich und fragte: «Welche Umm Mohammed?» Wieder war sie überrascht. «Umm Mohammed. Sie haben uns besucht, wir sind die Eingeschlossenen.» Auch das war problematisch. So viele Palästinenser sind eingeschlossen. «Helfen Sie mir auf die Sprünge», bat ich sie. Sie brauchte nur den Namen Negohot zu nennen, eine winzige jüdische Siedlung im Süden von Hebron, und es fiel mir wieder ein. Etwa zweihundert Siedler leben dort und in einem nahe gelegenen illegalen Außenposten. Die Straße, die zu ihrer Kolonie führt, verbindet etwa 50000 Menschen im Westen von Hebron mit Hebron selbst und einigen großen Dörfern. Aber zum Schutz der Siedler wurde die Straße auf drei Kilometer Länge für palästinensische Fahrzeuge gesperrt. Vier Familien, darunter auch die von Umm Mohammed, leben in drei Häusern an einer Straße, auf der sie weder fahren noch gehen dürfen. Sie müssen über die umliegenden Berge klettern, wenn sie zu ihren Verwandten, zur Arbeit oder in die Schule gelangen wollen. Ihre Verwandten besuchen sie nicht, weil nicht jeder in der Lage ist, über Felsen und dorniges Buschwerk bergauf und bergab zu steigen, vor allem nicht im Winter. Mitarbeiter der UN, des Roten Kreuzes oder von Ärzte ohne Grenzen kämpfen sich hin und wieder bis zu ihnen durch. Sie gelten als «humanitäre Krisenfälle». Kein Wunder, daß sie mich fast anflehen: «Kommen Sie wieder, und nicht erst nach einem Jahr!»

### 22. Februar 2006

Ein Anruf um 7:10 Uhr morgens kann eigentlich nur von jemandem kommen, der an einem Kontrollpunkt der Armee festgehalten wird, oder von einem Kontrollpunktüberwacher von Mahsom Watch. Beide hoffen, daß ich als Journalistin den Armeesprecher von überlangen Wartezeiten oder anderen Schikanen unterrichten und mit meiner Einmischung ein Wunder bewirken kann. Manchmal kann ich etwas erreichen, meistens jedoch nicht.

Aber der Anruf am letzten Sonntag kam von einem Redakteur beim Rundfunk, der mich um ein Interview für sein Morgenmagazin bat. Nein, sagte ich, das gehe nicht. Ich brauchte gar nicht erst zu fragen, um zu wissen, daß er sich für den siegreichen Einzug der Hamas ins palästinensische

Parlament interessierte, dessen erste Sitzung am Tag zuvor stattgefunden hatte.

Überall auf der Welt schaffen die Medien, welche die gängigen Meinungen vertreten, eine Hierarchie von Informationen, die dem entspricht, was offiziell als «nationale Prioritäten» dargestellt wird. Im Fall der israelischen Medien entspricht diese Hierarchie der bewußten Unterstützung der Öffentlichkeit für die Besatzung und die Siedlungspolitik und hat darin ihre Wurzeln. Die Medien richten sich nach der Regierung, die ihrerseits auf die Unterstützung der Öffentlichkeit angewiesen ist und diese zu gewinnen sucht, was dann die Auswahl der Medien von solchen Informationen rechtfertigt, die dem allgemeinen Geschmack entsprechen. Die offizielle Hierarchie der Informationen verfestigt sich in den Köpfen der Menschen als «objektive Wahrheit». Diese Hierarchie absorbiert oder unterdrückt alle Ereignisse und jede Politik, die dem offiziellen Weltbild widersprechen. Die israelische Politik, durch die das Westjordanland in unzusammenhängende, überbevölkerte Enklaven zerstückelt wird, ist eine solche «unterdrückte» Information.

«Sie haben mich nicht angerufen, als die *Ha'aretz* letzte Woche meinen Bericht über das Jordantal veröffentlichte, in dem ich schildere, wie Israel dieses große Gebiet vom Rest des besetzten Westjordanlandes abgeschnitten hat und keine Palästinenser hineinläßt», erklärte ich dem jungen Redakteur. «Wenn Sie anrufen und mich fragen, wie Israel ein System der Apartheid aufbaut, dann bin ich bereit, auch über die Hamas zu reden.»

### 1. März 2006

Der zwölfjährige Ayoub aus Nablus hat fast die Hälfte seines Lebens mit Ausgangssperren, Invasionen der israelischen Armee, ununterbrochenen Bombardierungen und langen «Stadtarresten» verbracht. Er hat miterlebt, wie Menschen getötet oder seine Schulkameraden verwundet, wie Panzer tagelang unter seinem Fenster «geparkt» wurden. Monatelang war er so traumatisiert, daß seine Eltern daran dachten, ihn ins Ausland zu schicken. Wenn sie nur das nötige Geld gehabt hätten.

Letzte Woche wurde Ayoub dabei beobachtet, wie er einen Stein nach einem israelischen Jeep warf. Die Armee führte gerade einen mehrtägigen Angriff auf das Flüchtlingslager Balata durch. Die Schule liegt nicht weit davon entfernt, und viele seiner Kameraden leben in dem Lager. «Ich kann ihm nicht verbieten, Steine zu werfen. Das ist sein gutes Recht als Kind, das unter einer Besatzung lebt», sagt sein Vater. «Aber es gibt andere Gründe, schlaflose Nächte zu haben.» So viele steinewerfende Halbwüchsige und Kinder werden von israelischen Soldaten getötet oder verwundet, zwei alleine in der letzten Woche.

Der vierzehnjährige Yoav lebt mit seinen israelischen Eltern in London.

Wütend und verzweifelt über die unabänderliche Besatzung, sind sie ausgewandert. Wann immer sie zu einem Besuch nach Israel kommen, nimmt Yoav an allen möglichen Anti-Besatzungs-Aktivitäten teil. Yoav hat fast sein halbes Leben damit zugebracht, zu reisen, andere Kulturen kennenzulernen und Menschen aus allen Teilen der Welt zu begegnen. Nächsten Monat will die Familie nach Israel kommen, und er plant schon jetzt, mit seinen anarchistischen Freunden gegen die Sperranlagen an den betreffenden Baustellen zu demonstrieren. «Ich kann ihm nicht verbieten zu demonstrieren, das ist seine Pflicht als Israeli, und ich bin stolz auf ihn», schrieb mir seine Mutter. «Aber es gibt einen anderen Grund, sich Sorgen zu machen.» Alle diese Demonstrationen, an denen Palästinenser, Israelis und Angehörige der «internationalen Solidaritätsbewegung» teilnehmen, werden von der israelischen Armee mit Gewalt aufgelöst. Letzte Woche wurde ein siebzehnjähriger Israeli von einer Patrone mit Gummiüberzug ins Auge getroffen. Aus nächster Nähe!

## Ramallah, 15. März 2006

Eine ungewöhnlich lange Reihe geparkter Fahrzeuge stand in der schmalen Straße vor einem einfachen Haus. Menschen gingen durch die breite, von Kletterpflanzen begrenzte Einfahrt ein und aus. Es war wie bei einem der beiden Anlässe, bei denen die Anwesenden gewöhnlich ihre Solidarität zum Ausdruck bringen: wenn jemand gestorben ist und in dem Haus die Totenwache gehalten wird oder wenn jemand aus dem Gefängnis entlassen worden ist und eine Willkommensfeier stattfindet. Keines von beidem war der Fall. Am letzten Dienstag, dem 14. März, hatte man eher das Gefühl, gemeinsam eine langwierige Hinrichtung mitzuerleben.

Es war das Haus von Ahmed Sa'adat, des Generalsekretärs der schrumpfenden Volksfront für die Befreiung Palästinas (PFLP) und der Nummer 1 ihrer Abgeordneten im neugewählten Parlament. In Israel stand er wegen seiner mutmaßlichen Beteiligung an einem Attentat auf einen israelischen Minister im Oktober 2001 auf der Fahndungsliste. Dutzende von Menschen gingen in seinem Haus in Ramallah ein und aus, um bei seiner Frau und seinen Kindern zu sein, während die israelische Armee ein palästinensisches Gefängnis belagerte und angriff, in dem er seit vier Jahren gemeinsam mit vier weiteren Mitgliedern der Volksfront eingesperrt war. Allen gemeinsam wirft Israel vor, den Minister getötet zu haben. Ihre Inhaftierung war Teil eines Abkommens, das Arafat getroffen hatte, um die Aufhebung der Belagerung seines Hauptquartiers zu erreichen. Britisches und amerikanisches Sicherheitspersonal sollte das Gefängnis gemeinsam mit palästinensischen Wachleuten bewachen. Am Dienstag morgen waren die britischen Wachposten plötzlich verschwunden. Zwanzig Minuten später, gegen 9:30 Uhr, begann die israelische Belagerung.

Während der letzten fünf Jahre hat die säkulare PFLP versucht, das religiöse Vokabular der Hamas ebenso wie den Kult des Märtyrertums, die Selbstmordattentate und den atavistischen Ruf nach Rache nachzuahmen. Rache war auch der Grund, aus dem die PFLP, deren Leiter im August 2001 gezielt getötet worden war, das Attentat auf den rassistischen israelischen Minister Rehavam Zeevi verübt hatte. In den letzten fünf Jahren erschien den Menschen der Tod beziehungsweise das im Koran versprochene ewige Leben oftmals als bessere Lösung als ihr irdisches Dasein. Viele junge Aktivisten, darunter auch viele Angehörige der PFLP, machten sich diese Ansicht, wenn auch nicht immer in Taten, so doch zumindest in Worten zu eigen.

In mehreren Erklärungen, die Sa'adat am letzten Dienstag vor den Medien abgab, kündigte er an, daß er und seine Kameraden sich nicht ergeben würden. Al-Dschasira sendete das Drama live und zeigte Stunde um Stunde, wie immer mehr Häftlinge und Wachleute das halbzerstörte Gefängnis mit erhobenen Händen verließen und auf Befehl ihre Kleider auszogen und wie die israelischen Bulldozer näher und näher rückten. Wenn man Sa'adats Erklärung vor dem Hintergrund des auf dem Bildschirm gezeigten Dramas betrachtete, konnte man nur zu dem Schluß kommen, daß der Tod der Gefangenen unmittelbar bevorstand und live übertragen werden würde.

Die Sendung wurde in Sa'adats Haus von seiner Frau A'bla, seinen Kindern und seinen Freunden verfolgt. Die meisten waren sehr still und starrten wie gebannt auf den Bildschirm. Sie äußerten ihre heimlichen Ängste und Gedanken nicht, am wenigsten Sa'adats Frau und seine Kinder. Als die Aussage eines israelischen Kommandeurs zitiert wurde, der erklärt hatte, daß er eine baldige Kapitulation erwarte, erbleichte die Frau. Wie können sie erwarten, daß sie sich ergeben? Nach einer weiteren nervenzerfetzenden Stunde berichtete der Reporter jedoch, daß Sa'adat gerade aus dem Gefängnis geführt werde. Dann wurde die Kamera auf einen weit entfernten, weißgekleideten Mann gerichtet, der tatsächlich aussah wie Sa'adat. A'bla Sa'adat hielt sich immer noch zurück, aber ihr Gesichtsausdruck begann sich zu verändern. Ihre Wangen bekamen wieder Farbe, die Augen schienen wieder lebendig zu werden. In diesem Augenblick rief ihr Sohn an, der in Jordanien studiert, und sie sagte zu ihm: «Das Wichtigste ist, daß Papa wohlbehalten und am Leben ist!»

### *21. März 2006*

Die neugebildete Hamas-Regierung und die ehemaligen Führer der Palästinenser halten einander in diesen Tagen zwei verschiedene Arten von Legitimation entgegen. Diese Konfrontation ist auf faszinierende Weise in zweifacher Hinsicht absurd. Die Hamas – die verteufelte islamische Organisation – hat ihre Legitimation durch den demokratischen Prozeß allgemeiner Wahlen erworben. Damit begründet sie die Rechtmäßigkeit ihres politischen Programms und ihrer Richtlinien. Die Führer der PLO stützen sich auf die historische – manche würden sagen, revolutionäre – Legitimität einer Befreiungsbewegung, die schon vor langer Zeit von vielen Palästinensern als Repräsentantin ihrer Gefühle, ihres Zorns, ihrer Hoffnungen, ja ihrer Existenz betrachtet worden ist. Das ist der Grund, aus dem sich selbst eine extremistische PLO-Gruppe wie die PFLP einer von der Hamas geführten Regierung nicht anschließen mochte. In deren Programm werden das Vermächtnis und die Stellung der PLO nicht anerkannt. Darum wird das Exekutivkomitee der PLO das Programm der Hamas voraussichtlich ablehnen und die Forderung stellen, daß jede Regierung der PA sich an die Politik der PLO zu halten habe.

Die Wahlen fanden nur in dem besetzten Gazastreifen und im Westjordanland statt. Die PLO kann immer noch für sich in Anspruch nehmen, die stärkere Kraft zu sein, weil ihr Ansehen niemals bei umfassenden Wahlen auf die Probe gestellt worden ist. Nach der bitteren Niederlage in ihrem Heimatland wird sie sich vermutlich hüten, eine Wahl in den Flüchtlingslagern in der Diaspora einzuleiten.

Die beiden konkurrierenden Legitimationen leiten sich von unterschiedlichen Wählerkreisen her. Die Bewegung, die sich weigert, den Staat Israel anzuerkennen, und eine islamische Herrschaft über ganz Palästina anstrebt, muß sich auf eine konkrete Wählerschaft innerhalb des Westjordanlandes und des Gazastreifens stützen. Hier ist für die Hamas die Grüne Linie entscheidend. Die PLO, insbesondere die Fatah, die auf die Verwirklichung des Rechts auf Rückkehr (der aus Israel vertriebenen Palästinenser) ausdrücklich verzichtet hat und Israel anerkennt, wendet sich für ihre Legitimation an das gesamte, über die ganze Welt verstreute palästinensische Volk. Genau dieser Teil der Palästinenser jedoch wurde in den Abkommen der PLO mit Israel vollkommen ignoriert.

### 12. April 2006

«Israel tut, was es immer getan hat, das ist keine Überraschung», sagte N., ein gläubiger Muslim und Hamas-Aktivist, der der Politik seiner Organisation, insbesondere den Selbstmordattentaten und dem Raketenbeschuß Israels, jedoch seit jeher kritisch gegenüberstand. Seine Worte bezogen sich auf den ununterbrochenen Beschuß des nördlichen Gazastreifens durch Israel, der sich im Gegensatz zu den vorangegangenen Monaten gegen bewohnte Gegenden richtet und durch den bereits Zivilisten getötet und verwundet worden sind. Die bisher letzten Opfer sind ein neunjähriges Mädchen, Hadeel, das getötet wurde, und zwölf Angehörige der Familie des Kindes, darunter auch eine schwangere Mutter, die verwundet wurden.

«Was so schockierend ist», fuhr N. fort, «sind unsere Leute, die die Raketen abschießen. Warum machen sie das, wenn nicht, um die gewählte Hamas-Regierung zu ärgern, um jeden Erfolg zu verhindern und sie rasch zu Fall zu bringen?» Mit «unsere Leute» meinte er die Splittergruppen, die ihre selbstgebastelten Raketen über die Grenze schießen. Diese selbstgebastelten Raketen lösen in Israel eine Menge Panik aus – in meinen Augen übertriebene Panik, die den falschen Eindruck erweckt und verstärkt, daß sich hier zwei gleich stark bewaffnete Gegner gegenüberstehen. Obwohl die neue Regierung den Raketenbeschuß verurteilt und keine Hamas-Aktivisten daran beteiligt sind, tut sie auch nichts, um ihn zu beenden. Sie hat versprochen, «unsere Kämpfer nicht zu verhaften», sondern nur mit Worten zu überzeugen. Doch die Sicherheitsorgane, die der Fatah die Treue halten, hat sie ohnehin nicht unter Kontrolle.

Die bewaffneten Zellen, die die Raketen abschießen, geben vor, gegen die Besatzung zu kämpfen. In Wirklichkeit, behauptet N., werden sie jedoch von einigen örtlichen Spitzenleuten der Fatah beauftragt und finanziell unterstützt, die ein Chaos schaffen und die gegenwärtige Regierung als hilflos und unentschlossen darstellen wollen. Ich füge hinzu: Genau das gleiche hat die Hamas getan, als sie noch nicht an der Regierung war.

Hier haben wir wieder die alte Krankheit des palästinensischen «bewaffneten Widerstands». Die heroische Sprache und Inszenierung dienen als Deckmantel für interne Zwecke, die mit dem Ziel der Befreiung nichts zu tun haben. Die Menschen wissen das, aber sie wagen es nicht, ihre Empörung zum Ausdruck zu bringen. Wenn der Feind (Israel) unsere Kinder und Aktivisten tötet, sagt man mir, können wir die Kämpfer nicht verurteilen.

*19. April 2006*

Im Laufe eines einzigen Tages mußte ich fünf Personen abweisen, die mich dazu bewegen wollten, über ein schreckliches Ereignis zu berichten, das sie miterlebt hatten. Ya'bed, ein Freund von mir aus einer Stadt im Norden, bat mich, über eine Invasion der Armee zu schreiben, in deren Verlauf ein Dutzend Jugendliche verhaftet und andere, darunter auch Kinder, verwundet wurden. Die zweite Anruferin war eine Aktivistin von Mahsom Watch, die mitangesehen hatte, wie zwei Verwundete an einem Kontrollpunkt aus dem Krankenwagen geholt und stundenlang festgehalten worden waren. Alle ihre Versuche, die Soldaten zur Vernunft zu bringen, waren vergeblich gewesen. Der dritte Anrufer wohnt in Anata, einem Dorf bei Jerusalem, wo der Bau der Sperranlagen Tag für Tag Zusammenstöße zwischen Kindern und der Grenzpolizei zur Folge hat. Am letzten Sonntag wurde wieder einmal ein Kind durch ein Metallgeschoß mit Gummiüberzug schwer verwundet. Der vierte Anruf kam von einem israelischen Aktivisten, der mir erzählte, daß die um Anata herum entstehende Mauer einen Palästinenser, der dort wohnt, in den Ruin treibt. Die Mauer und die strikte Kontrolle aller Bewegungen haben seine Unkosten als Händler in die Höhe getrieben. Seine palästinensischen Kunden gehen lieber zu einem Geschäft in einer nahe gelegenen jüdischen Kolonie, wo die Waren wesentlich billiger sind. Der fünfte war ein Medizinstudent aus Gaza, der dem Tod mit knapper Not entgangen ist. Er hatte sich illegal durch die Mauer nach Jerusalem geschlichen, wo er in einem Krankenhaus arbeitet. Ein Soldat schoß auf ihn, die Kugel verfehlte ihn um wenige Zentimeter.

Ich entschuldigte mich bei allen. Ich bin gerade damit beschäftigt, einen langen Artikel zu schreiben. Die Recherchen, die zur Bestätigung all dieser Geschichten notwendig sind, würden mich eine Menge Zeit kosten, die ich nicht habe. Ich wagte es nicht, den Anrufern gegenüber vollkommen offen zu sein und ihnen zu sagen, daß ich täglich ähnliche und schlimmere Berichte zu hören bekomme. Man bräuchte eine ganze Armee von Journalisten, um sie alle zu überprüfen, und die gesamte Zeitung, um sie abzudrucken.

### 3. Mai 2006

Dschihad, mein bester Freund in Ramallah, sah sich gezwungen, das Land verlassen. Er ist der Mann, den ich auf diesen Seiten bisher immer als D. bezeichnet habe. Dschihad wurde als Sohn einer armen Familie in einem der Flüchtlingslager im Gazastreifen geboren und hat seit seinem zwölften Geburtstag gearbeitet, um sein Studium zu finanzieren. Er ist mit einer Palästinenserin mit israelischer Staatsbürgerschaft verheiratet und lebte seit achtzehn Jahren in Ramallah. Dschihad, seine Frau und sein Sohn galten während der letzten sechs Jahre als «illegale Besucher»: Dschihad, weil er Einwohner von Gaza ist – Israel weigerte sich, seine Adresse zu ändern, was die einzige Möglichkeit gewesen wäre, «legal» zu werden –, seine Frau und sein Sohn als Israelis. Dschihad hatte Mathematik an der Bir-Zeit-Universität studiert und wurde dann an der Universität Haifa aufgenommen, um seinen Doktor als Mathematiklehrer zu machen. Seine Doktormutter sollte die beste Professorin sein, die er sich für diesen Zweck nur wünschen konnte. Aber Israel verweigerte ihm die Einreisegenehmigung nach Haifa, erkannte auch seinen Status als verheirateter Mann nicht an, ebensowenig wie sein Recht, an einem selbstgewählten Ort mit seiner Frau zusammenzuleben. «Abgelehnt aus Sicherheitsgründen», lautete die Begründung vor dem Obersten Gerichtshof, der diesen Blödsinn ohne weiteres schluckte.

Er mußte den Plan aufgeben, in Haifa zu studieren, und reiste vor zwei Wochen ab, um mit dem gleichen amerikanischen Stipendium, mit dem er seinen Lebensunterhalt in Haifa bestreiten wollte, in London zu studieren, das auf seiner Wunschliste an zweiter Stelle stand. Im Sommer werden seine Frau und sein Kind zu ihm stoßen.

Ein Studium in Haifa hätte es ihm gestattet, seine Recherchen da durchzuführen, wo seine Arbeit am meisten gebraucht wird, an palästinensischen Schulen. Die Verbesserung des palästinensischen Ausbildungsstandards und der an den Schulen vermittelten Werte ist schon seit Jahren sein Ziel. Hätte er in Haifa studiert, hätte seine Frau ihre Arbeit im Rahmen eines besonderen Bildungsprogramms an der Hebräischen Universität fortsetzen können. Dann hätte er vielleicht sogar einmal seine Familie in Gaza besuchen können, was ihm schon seit neun Jahren nicht mehr möglich war.

Es ist nicht sicher, daß Israel ihm als Einwohner von Gaza jemals gestatten wird, in das Westjordanland zurückzukehren. Ganz sicher werden seine Frau und sein Kind nicht mit ihm dort leben dürfen. Angesichts der Reisebeschränkungen, die den Gazastreifen sowohl von Israel als auch vom Westjordanland abschneiden und praktisch zu einem Gefängnis machen, kommt Gaza als Wohnort nicht in Frage. Das Studium in London öffnet die Welt für Dschihad, aber der Weg nach Hause ist ihm so gut wie verschlossen.

## 9. Mai 2006

«Israel will, daß wir gehen.» Das ist das Fazit vieler Palästinenser, wenn sie von den enteigneten Feldern erzählen, von den zerstörten Häusern, den abgeriegelten Dörfern, den Regionen, die voneinander abgeschnitten sind, so daß alle normalen wirtschaftlichen, sozialen und familiären Verbindungen unterbunden werden; wenn sie von den landwirtschaftlichen Produkten berichten, welche die Märkte nicht erreichen, von dem Weg zur Arbeit, der infolge der unzähligen Straßensperren, Barrieren und Kontrollstellen unerträglich lang und kostspielig geworden ist. Viele vertreten die Ansicht, daß die Ziele, die Israel mit seinen Maßnahmen verfolgt, nur «Umsiedlung, ethnische Säuberung und Vertreibung» sein können. Ihre Argumentation geht auf das Jahr 1948 zurück, als der neugegründete israelische Staat 750 000 Palästinenser einfach aus ihren Häusern und ihrem Land vertrieb. Das, was heute stattfindet, ist ihrem Verständnis nach einfach die Fortsetzung davon.

Normalerweise verwahre ich mich gegen dieses Argument. Die Liste der Maßnahmen Israels, die der politisch kalkulierten Enteignung und Freiheitsberaubung dienen, ist zugegebenermaßen lang, und letztlich machen sie das Leben unerträglich. Aber bei der Bezeichnung «ethnische Säuberungen» denkt man an gewaltsame, wenn nicht sogar blutige Massendeportationen, bei denen Vergewaltigung und Mord die Regel sind. Dies ist hier jedoch nicht der Fall. Es gibt bürokratische Maßnahmen, mit denen die Rückkehr von Palästinensern verhindert wird, deren Bleiberecht von Israel vor längerer Zeit aufgehoben wurde, aber es gibt keine direkten Verwaltungsmaßnahmen, mit deren Hilfe eine aktive Vertreibung angestrebt wird. Und die palästinensische Bevölkerung wächst immer weiter. Offensichtlich ist sich Israel der globalen, politischen Verhältnisse nur zu bewußt. Jordanien, ein nicht verfeindeter Nachbar, der einen Ehrenplatz auf dem Spielfeld der Vereinigten Staaten einnimmt, duldet keinen Zustrom weiterer palästinensischer Flüchtlinge und wird dies auch in Zukunft nicht tun. Für Ägypten gilt das gleiche. Tatsächlich haben beide Länder eine Reihe von Verordnungen erlassen, durch die ein solcher Zustrom verhindert wird. Die Interessen der USA gestatten keinen weiteren destabilisierenden Faktor in der Region. Auch die Palästinenser haben die Lektion des Jahres 1948 gelernt. Sie sind entschlossen zu bleiben. Ihr schrumpfender Raum und ihre schrumpfende Erfahrung von Raum haben die Erwartungen, welche die meisten von ihnen an ihr Leben und an sich selbst haben, bereits stark verkleinert. In ihrem eigenen Land Nahrung und ein Dach über dem Kopf zu haben ist zu ihrem Hauptanliegen geworden. Aber selbst das ist oft unerreichbar.

Menschen wünschen sich jedoch mehr für ihr Leben. Die Mehrheit hat ihre voraussichtlich unerfüllbaren Wünsche danach bis auf weiteres zurückgestellt. Für diese Mehrheit ist die Emigration, wenn nicht aus politischen und emotionalen, so doch aus praktischen Gründen ein Ding der Unmöglichkeit. Daneben gibt es jedoch eine Ober- und eine schrumpfende Mittelschicht, welche zwar eine Minderheit darstellen, deren Angehörige aber immer noch mehr von ihrem Leben haben können. Bei ihnen hat die Suche nach besseren Möglichkeiten an anderen Orten eine lange Tradition. Deswegen ist es kein Wunder, daß gerade die Angehörigen dieser Schichten Israels Politik am häufigsten als «ethnische Säuberung» verstehen, gerade deshalb, weil es ihnen freisteht, ihre Sachen zu packen und dieses unerträgliche Leben hinter sich zu lassen.

Unterdessen werden Menschen wie Dschihad, über den ich letzte Woche berichtet habe, aus dem Lande und ihrer Gesellschaft vertrieben; Menschen, deren Talent und Entschlossenheit sie zu einem intellektuellen Gewinn für die ganze palästinensische Gesellschaft machen. Fälle wie die von Dschihad zwingen mich dazu, meine Argumentation bis zu einem gewissen Grad zu revidieren. Das Ziel ist tatsächlich nicht Massenvertreibung, sondern die Reduzierung des Lebens der Palästinenser auf das Lebensnotwendigste in abgeschnittenen Enklaven und Reservaten, in denen intellektuelle und wirtschaftliche Entwicklung zum «Luxus» geworden sind. In der kolonialistischen Vorstellung der Israelis ist eine solche zerstückelte Gesellschaft leichter zu «zähmen».

### 17. Mai 2006

Unterschätzen Sie nicht das Dilemma, mit dem die palästinensischen Stadtbewohner heutzutage konfrontiert sind: Soll man sich ein Fahrrad beschaffen, oder ist es besser, einen Esel zu haben? Ein Fahrrad ist in den hügeligen, steilen Städten nicht besonders verlokkend. Ein Esel hingegen muß ständig gefüttert werden und braucht einen eigenen Winkel.

Letzte Woche gingen den Tankstellen das Benzin und die Gasflaschen aus. Ein Zahlungsrückstand der palästinensischen Autonomiebehörde hatte die israelischen Lieferfirmen dazu veranlaßt, die tägliche Lieferung dieser lebenswichtigen Energiequellen einzustellen. Die Tankstellen blieben geschlossen, Privatautos konnten nicht fahren, der öffentliche Verkehr funktionierte nur teilweise.

Aber selbst nachdem die Vorräte wieder aufgefüllt waren, blieben Straßen und Geschäfte leerer denn je. Die Läden öffneten mit Verspätung oder gar nicht. An einem Falafel-Stand in Nablus, an dem die Kunden gewöhnlich eine halbe Stunde lang geduldig Schlange stehen mußten, um ein einfaches Sandwich zu bekommen, türmt sich nun ein wachsender Berg bräunlicher, heißer Kugeln. Und Falafel sind das Kebab der armen Leute.

Die westlichen Länder, die sich daran gewöhnt hatten, die israelische Besatzung, ihre Abriegelungspolitik und die daraus resultierenden wirtschaftlichen Desaster finanziell zu unterstützen, indem sie für das Budget der PA aufkamen, bestrafen das palästinensische Volk nun dafür, daß es die Hamas gewählt hat. Sie haben alle Zuwendungen an die PA und die nichtstaatlichen Organisationen, die mit der PA zusammenarbeiten, eingefroren. Israel stiehlt praktisch mehrere hundert Millionen Dollar an Zöllen und Steuern, die es auf Transaktionen der Palästinenser erhebt und die einen großen Teil ihres Einkommens darstellen. Das sind die Gründe, warum die Gehälter der Angestellten im öffentlichen Dienst seit zwei Monaten nicht ausgezahlt werden konnten. 165000 Angestellte und mit ihnen vermutlich eine Million Menschen sind von diesen schmalen Gehältern abhängig und müssen jetzt auf ihre allerletzten Ersparnisse zurückgreifen. Frauen verkaufen ihren Goldschmuck, die Banken gewähren keine Kredite mehr, Brüder können einander nicht mehr helfen. Immer mehr Menschen leben nur noch von Brot und Olivenöl, aber selbst das wird allmählich zu teuer. Alle warten auf den nächsten Schlag.

### 1. Juni 2006

Die Gesichter hinter den Fensterscheiben des Minibusses sahen eingefallen und grimmig aus. Die Fahrgäste schienen nicht miteinander zu reden. Sie starrten einfach geradeaus oder hielten die Augen fest auf die Seitenfenster gerichtet und beobachteten die anderen Fahrzeuge, die vor der roten Ampel an einer verkehrsreichen Kreuzung in Nord-Jerusalem standen – einer Kreuzung, die das palästinensische Ost-Jerusalem mit der Straße verbindet, die zu jüdischen, als «Stadtviertel von Jerusalem» deklarierten Kolonien führt.

Der mißmutige, übellaunige Ausdruck auf den Gesichtern weckte eine fast schon vergessene Erinnerung in mir. Noch bevor mir einfiel, woran diese Gesichter mich erinnerten, rekonstruierte ich instinktiv die Fahrt, die diese Menschen gerade hinter sich gebracht hatten: zuerst die löcherige, schäbige, nicht asphaltierte Straße entlang, die durch ihr vernachlässigtes, unterfinanziertes Stadtviertel führt, durch überfüllte Gassen, wo der Müll aus selten geleerten Abfalltonnen quillt, wo Abwasser sich in kleinen, übelriechenden Pfützen sammelt, wo häßliche, baufällige Häuser aus ungestrichenem, kaum isoliertem Beton die einzige Wohnmöglichkeit für Zehntausende Palästinenser darstellen. Einen Moment später hatten sie sich in einer anderen Welt wiedergefunden: üppiges Grün, das die breiten, sauberen Straßen eines nahe gelegenen jüdischen «Viertels» säumt, gebaut auf Land, das im Laufe der Jahre ihrem eigenen Viertel oder einer anderen palästinensischen Gemeinde gestohlen wurde. Sie müssen die solide und hübsch gebauten Häuser bemerkt haben, die breiten Bürgersteige, die Gullys, die Straßenbeleuchtung. Das gleiche Budget, die gleiche Stadt – Jerusalem –, zwei Welten. Was auf ihrer kurzen Reise noch auf sie wartete, war die Sperrmauer, die Juden und Palästinenser voneinander trennt, ein Monster aus Beton, dessen Errichtung entlang der Hügel von Stunde zu Stunde fortschreitet, und dann ein Kontrollpunkt der Armee, wo sie alle würden warten müssen, um ihre Ausweise einem jungen Soldaten zu zeigen, der sie grob behandeln würde, ohne dies auch nur zu bemerken.

Dann fiel es mir wieder ein: Ihre niedergeschlagenen Gesichter erinnerten mich an die Fahrgäste in einem rumänischen Bus im Jahr 1977, einem der dunkelsten Jahre während der Herrschaft Ceaușescus. Despotische Grausamkeit mag sich auf die unterschiedlichste Weise manifestieren, aber sie bringt immer den gleichen Gesichtsausdruck hervor, den Ausdruck von Verzweiflung und Wut.

# Israelischer Kolonialismus unter dem Deckmantel des Friedensprozesses (1993 – 2000)[1]

Für viele Menschen sind die neunziger Jahre das Jahrzehnt des israelisch-palästinensischen Friedensprozesses. In diesen «Oslo-Jahren» fand die Konferenz in Madrid von 1991 statt, wurde 1993 die Grundsatzerklärung unterzeichnet, fanden zwischen 1994 und 2000 Verhandlungen statt und wurden Abkommen geschlossen. Aber während viele, sogar Anhänger der rechten Parteien, von einem «palästinensischen Staat» als «Lösung des Konflikts» sprachen, wurde das Territorium, das für den zukünftigen Staat zur Verfügung stand, konsequent verkleinert. Der beschleunigte Bau jüdischer Siedlungen hatte nicht nur eine Verkleinerung des verfügbaren Landes zur Folge, sondern auch eine Zerstückelung in voneinander abgeschnittene Enklaven. Auf diese Weise wurde das wichtigste Ziel des jüdischen Kolonialisierungsprojekts in den 1967 eroberten Palästinensergebieten ausgerechnet zu einem Zeitpunkt erreicht, als viele glaubten, daß der Siedlungsbau zur Vorbereitung einer späteren Evakuierung der dort lebenden Juden vollständig eingestellt werden würde.

Im Jahrzehnt des Friedensprozesses wuchs die Zahl der Siedler im Gazastreifen und dem Westjordanland einschließlich Ost-Jerusalem um mehr als fünfzig Prozent auf 380 000.[2] Hinzu kommt, daß Rabin und seine Nachfolger in den Oslo-Jahren ein Netz von Umgehungsstraßen bauten, die dazu dienen sollten, alle, auch die kleinsten Siedlungen mit dem israelischen Mutterland zu verbinden. Diese Straßen wurden auf konfisziertem Land gebaut, das zu palästinensischen Dörfern gehört hatte, die dadurch voneinander und von ihrem landwirtschaftlich genutzten Grund und Boden abgeschnitten wurden. Die Siedlungen, gleichgültig, ob groß oder klein, wurden vergrößert und durch nicht genehmigte Außenposten[3] «verdichtet». Gleichzeitig wurden in und neben den Siedlungen neue Gewerbegebiete angelegt.

## Wie Israel die Kontrolle in der Hand behielt

Am Vorabend der Al-Aqsa-Intifada, etwa sieben Jahre nach der Unterzeichnung der Grundsatzerklärung und sechs Jahre nachdem die zivilen Aufgaben an die palästinensische Autonomiebehörde übergeben worden waren, übte die israelische Armee nach wie vor (wie in den Abkommen von Oslo vereinbart) die volle Souveränität aus. In 60 Prozent des Westjordanlandes (im zweiten Osloer Abkommen als Region C bezeichnet) und in 20 Prozent des Gazastreifens hatte Israel sowohl in der zivilen Verwaltung als auch in Sicherheitsfragen seine absolute Herrschaft behalten. Überall in diesem ausgedehnten Gebiet entschied Israel direkt über Bau- und Entwicklungsgenehmigungen und über alle Zerstörungs-, Enteignungs- und Diskriminierungsmaßnahmen.

Die übrigen Gebiete – 40 Prozent des Westjordanlandes und 80 Prozent des Gazastreifens – waren über das ganze Territorium zerstreut wie Inseln, eingequetscht zwischen Regionen unter direkter israelischer Herrschaft. Auch hier konnte Israel während der Oslo-Jahre über alle Aspekte der baulichen Entwicklung entscheiden, gleichgültig, ob es sich um städtische, industrielle, landwirtschaftliche, soziale oder private Projekte handelte. Dies wurde mit Hilfe von verschiedenen Maßnahmen durchgesetzt: etwa der absoluten israelischen Kontrolle der Bewegungsfreiheit der Palästinenser durch Einführung von obligatorischen israelischen Genehmigungen; einem Netz von Siedlungen und Straßen, die die Regionen unter palästinensischer Verwaltung physisch zerstückelten; sowie der Tatsache, daß die wichtigsten Teile der Palästinensergebiete zur Region C gehörten.

Als souveräne Militärmacht behielt Israel sich zum Beispiel das absolute Recht vor, den Durchmesser von Wasserleitungen zu bestimmen, welche durch die Region C führten und die die PA für nicht an die Hauptwasserversorgung angeschlossene Dörfer bauen wollte. Ebenso behielt sich Israel das Recht vor, den Bau von Schulen in Dörfern zu unterbinden, wenn das für diesen Zweck zur Verfügung stehende Grundstück sich in der Region C befand. Außerdem hielt Israel an seiner Politik fest, Palästinensern grundsätzlich keine Baugenehmigungen zu erteilen und gleichzeitig Abrißverfügungen und Baustops für nicht genehmigte Häuser an die Dorfbewohner zu verschicken. Mit der Begründung, daß sie «unerlaubt auf staatseigenem Grund» stünden, ließ Israel auch immer wieder teilweise sehr alte Bäume entwurzeln, die den Palästinensern gehörten.

In dem Gebiet, das 1967 Jerusalem zugeschlagen wurde, ging der Prozeß, palästinensische Stadtviertel und Dörfer in Slums zu verwandeln, mit erhöhter Geschwindigkeit weiter. Verglichen mit den von Juden bewohnten Vierteln, wurden die dichtbevölkerten palästinensischen Teile von Jerusalem gezielt benachteiligt: durch mangelnde städtische Versorgung, durch die Enteignung von Grund und Boden für jüdische «Stadtviertel», die in Wirklichkeit Siedlungen sind, und durch die Verweigerung von öffentlichen Baukrediten und Hypotheken.

## Eine verpaßte Gelegenheit

Auf diese Weise hat der Staat Israel in einem Jahrzehnt politischer Verhandlungen die goldene Gelegenheit verpaßt zu beweisen, daß er willens und in der Lage ist, seine kolonialistischen Eigenschaften, Gewohnheiten und Handlungsimpulse abzulegen. Jahrelang hatten die Menschen in Israel geglaubt, daß, nachdem das große Ziel, einen Staat zu gründen, erreicht war, der nächste Schritt darin bestehen müsse, seine Anerkennung *de jure* und normale, friedliche Beziehungen in der Region anzustreben. Aber eine wesentliche Vorbedingung für eine solche Normalisierung – die Beendigung des israelischen Kolonialismus – wurde nicht erfüllt.

Es war jedoch nicht nur ein Zufall, daß die Gelegenheit verpaßt wurde. Wie läßt sich dieser Vorgang interpretieren, bei dem ein Staat seine militärische Macht und seine materielle, wirtschaftliche und politische Überlegenheit (mit oder ohne göttliche Verheißung) dazu einsetzt, seine Herrschaft über ein erobertes Territorium und ein Volk durchzusetzen, das seit vielen Generationen in diesem Land gelebt hat? Welche Erklärung gibt es für einen Staat, der seine eigenen Staatsbürger in einem Stück Land ansiedelt, das er für seine eigenen Zwecke ausbeutet und entwickelt, während er ununterbrochen die ursprüngliche Bevölkerung enteignet und auf diese Weise einen Zustand legalisierter Diskriminierung nach ethnischen Gesichtspunkten schafft?

Man braucht die Antwort nicht bei «radikalen» Geschichtsforschern zu suchen. Ran Aaronsohn von der Geographischen Abteilung der Hebräischen Universität in Jerusalem hat an einer Diskussion zu dem Thema teilgenommen, ob die zionistische Besiedlung vor 1948 als Kolonialismus bezeichnet werden muß. Unter dem Hinweis auf den Unterschied zwischen «Kolonialismus» und «Kolonisation» beschrieb er die wichtigsten Merkmale des Kolonialismus.

Laut Aaronson «waren die hervorstechenden Kennzeichen des Kolonialismus (Eroberung, wirtschaftliche Ausbeutung und Kontrolle der Zentren der Macht) zu Beginn der zionistischen Aktivität in diesem Land ganz einfach nicht vorhanden, und es waren auch nur wenige Anzeichen einer ausbeuterischen Besiedlung zu finden. Letztere beruht auf Privilegien, die von der Obrigkeit gewährt werden, und im Zentrum der Aktivitäten der Siedler und ihrer Helfer steht dann die Ausbeutung von menschlichen und natürlichen Ressourcen für einen finanziellen Profit... Meines Erachtens besteht der Kern des Kolonialismus in der Anwendung von Gewalt und dem Element der Ausbeutung..., wobei der Staat und manchmal auch seine Institutionen sich die Ressourcen eines anderen Landes in Form von Territorien und Menschen gewaltsam aneignen und für politische, strategische und wirtschaftliche Zwecke ausbeuten.»[4]

### Ein Akt des Kolonialismus

Wenn man Aaronsohns Modell des Kolonialismus auf die israelische Besatzung in den palästinensischen Territorien seit 1967 anwendet, wird diese als kolonialistischer Akt par excellence entlarvt. Viele verwahren sich dagegen, den Zionismus als kolonialistische Bewegung[5] zu definieren, und «interpretieren» oder «verstehen» den Prozeß der jüdischen Besiedlung von 1967 bis 1993 als etwas, das auf «Sicherheitserwägungen und politische Notwendigkeit» zurückzuführen ist. Aber dann liegt es an ihnen zu erklären, warum das kolonialistische Projekt im Jahrzehnt des «Friedens» nicht abgebrochen wurde. Oder aber sie müssen erklären, wie sich dieses Projekt mit dem allgemeingültigen Prinzip der Gleichheit aller Menschen verträgt.

Obwohl dies nicht der Ort ist, zur Debatte über die Zeit vor 1948 Stellung zu nehmen, läßt sich nicht bezweifeln, daß die Ausweitung der Siedlungen während der Oslo-Jahre sowohl auf neuere als auch auf ältere Traditionen der Kolonialisierung zurückzuführen ist. Manche der angewandten Methoden sind ausschließlich israelisch, andere sind fast Kopien anderer kolonialistischer Unternehmungen. Der Anthropologe John Comaroff argumentiert, daß klassische kolonialistische Projekte vier Hauptziele haben: erstens die Eroberung des Landes – gewöhnlich in religiöser Begrifflichkeit als «Erlösung» oder mit säkularer Begründung als «Modernisierung» deklariert. Zweites die Ausbeutung der Ressourcen des Landes. Drittens die Rationalisierung der Verwaltung und der bürokratischen Institutionen zum Zweck des Regierens. Viertens die Befriedung der örtlichen Bevölkerung (der «Eingeborenen») und das Verhindern eines möglichen Aufstands durch das Herbeiführen und Aufrechterhalten einer ethnischen Trennung.[6] All diese Ziele sind im israelischen Siedlungsprozeß in den Palästinensergebieten seit 1967 im allgemeinen und in den Oslo-Jahren im besonderen klar erkennbar.

#### 1. Eroberung des Landes, Ausbeutung seiner Ressourcen und Rechtfertigung des Siedlungsprozesses

Im Anschluß an die Besetzung im Jahr 1967 begann Israel, die wichtigsten natürlichen Ressourcen der Palästinensergebiete – Land, Wasser und Steinbrüche – für seine eigenen Zwecke zu enteignen. Es begann, den Alon-Plan zu verwirklichen und Siedlungen einzurichten, was mit Sicherheitsgründen und verschiedenen juristischen Argumenten gerechtfertigt wurde. So behauptete Israel, daß es sich nicht um ein erobertes Territorium im Sinne des internationalen Rechts handle, sondern um ein «verwaltetes» Gebiet, weil das Westjordanland und der Gazastreifen nicht Teil eines souveränen Staates gewesen seien. Gleichzeitig brachten die säkularen und religiösen Befürworter eines «Großisrael» ihre eigenen messianischen Rechtfertigungsgründe für die Siedlungen ins Spiel. Der Prozeß der planmäßigen Ausbeutung von Land- und Wasserressourcen zeichnete sich durch mehrere Merkmale aus.

*a) Juristische Sophistereien*
Unterstützt von der Gusch-Emunim-Bewegung in unterschiedlichen Erscheinungsformen, machten die israelischen Regierungen von einer Reihe juristischer Argumente und Ausflüchte Gebrauch. So wurde zum Beispiel die Konfiszierung von palästinensischem Grund für den Gebrauch durch israelische Staatsbürger mit «Sicherheitsgründen» gerechtfertigt. Ein Arbeitslager für junge Leute oder eine archäologische Ausgrabungsstätte wurde mit Hilfe von eilig ausgestellten Genehmigungen in eine Siedlung umgewandelt, oder die Genehmigung wurde nachträglich erteilt, wenn die Siedlung bereits stand. Jordanische und osmanische Gesetze wurden dahingehend verdreht, daß damit Staatsland in jüdisches Land umgewandelt wurde, insbesondere nach 1977, als die Likudpartei an die Macht kam. In ähnlicher Weise bauten die Kolonialisierungsagenturen nach 1993 neue «Viertel» in beträchtlicher Entfernung von den Siedlungen, um die Verpflichtung gegenüber den Vereinigten Staaten zu umgehen, keine neuen Siedlungen zu bauen. Sicherheitsstraßen verschlangen große Flächen von palästinensischem Ackerland. So war die Einrichtung von rund 120 «Außenposten» durch Siedler im Westjordanland, die in jüngster Zeit angeblich ohne Wissen und Genehmigung der Regierung stattfand,[7] eigentlich nichts Neues.

*b) Die vollständige Gleichsetzung von Staatsland mit jüdischem Land*
Die israelischen Kolonialisierungsagenturen machten von den beträchtlichen Erfahrungen Gebrauch, die sie seit 1948 mit der Verweigerung des Rechts auf Land, Raum und Entwicklung für die meisten als «israelische Araber» bezeichneten palästinensischen Staatsbürger Israels gemacht hatten. «Staatsgrund» im Westjordanland und im Gazastreifen ist ebenso wie «nationaler Grund» in Israel selbst (der größte Teil des Landes) ausschließlich den Juden vorbehalten.

*c) Planung und Planlosigkeit*
Im Gegensatz zur minutiösen Planung der jüdischen Wohngebiete auf beiden Seiten der Grünen Linie stößt man überall dort, wo Palästinenser le-

ben, auf beabsichtigte Planlosigkeit. Eine direkte Beobachtung dessen, was vor Ort passiert, ist sehr viel informativer als das Lesen von Anordnungen und Regelungen. Vergleichen Sie die palästinensisch-israelischen Dörfer Maschad oder Ein Mahil in Galiläa, deren Territorium für die jüdische Stadt Ober-Nazareth konfisziert wurde, mit der kleinen Stadt Abu Dis, deren privater und öffentlicher Grund für den Bau der Siedlung Ma'aleh Adumim enteignet wurde. Oder vergleichen Sie die Siedlung Neveh Dekalim mit Chan Junis, auf dessen Grund und Boden sie gebaut wurde. Wo immer Palästinenser wohnen, finden sie die gleiche Überfüllung, das gleiche graue Gewirr von Gebäuden und aufgehäuftem Baumaterial – alles in ein eng umgrenztes Wohnviertel hineingequetscht, das ständig kleiner wird und keinen Platz für weitere Entwicklung bietet. Wo immer Juden leben, findet man hingegen großzügige Planung auf offenem, begrüntem Gelände, Plätze mit bunten Blumenbeeten und einzeln stehende Häuser, jedes mit eigenem Garten.

## 2. Das Beschäftigen oder Nichtbeschäftigen palästinensischer Arbeitskräfte als Funktion der Politik und der Kolonialisierung

Als der israelische Arbeitsmarkt gegen Ende der sechziger Jahre für palästinensische Arbeitskräfte geöffnet wurde, war dies von großem Vorteil für die kapitalistischen Interessen der israelischen Wirtschaft. Der Zustrom sehr billiger, nichtorganisierter Arbeitskräfte half der damals außerordentlich schwachen israelischen Wirtschaft, eine Rezession zu überwinden. Tatsächlich verbesserte der offene Markt die persönliche wirtschaftliche Lage von Zehntausenden von palästinensischen Familien. Israel verhinderte jedoch jede allgemeine wirtschaftliche Verbesserung zum Vorteil der Palästinenser innerhalb der eroberten Gebiete, investierte nur minimale Summen in die dortige Infrastruktur und verhängte eine strikte Begrenzung der Entwicklung von Industrie und Landwirtschaft. Die von den Palästinensern bezahlten Zölle und Steuergelder wanderten in die israelische Staatskasse und wurden nicht zum Nutzen der palästinensischen Bevölkerung in ihrem eigenen Territorium ausgegeben.[8]

Arbeit in Israel (oder im Ausland, ein Trend, der von der Obrigkeit ebenso begünstigt wurde) war für die Palästinenser fast die einzige Möglichkeit, ihren Lebensunterhalt zu verdienen. Die Folge davon war eine vollständige wirtschaftliche Abhängigkeit von Israel. Die Labor-Regierung ging davon aus, daß eine Verbesserung der wirtschaftlichen Lage der einzelnen Palästinenser zum Abflauen der nationalen Bestrebungen führen würde, während die Nichtentwicklung ihrer Wirtschaft das Entstehen der nötigen Infrastruktur für einen unabhängigen Staat verhindern würde.

Seit 1991 wurde eine neue Politik eingeführt: die Politik der Abriegelung. Arbeitslosigkeit und wirtschaftlicher Zusammenbruch waren die unvermeidlichen Folgen. Aus Angst vor gewalttätigen Ausschreitungen wegen der schlechter werdenden wirtschaftlichen Bedingungen gestattete Israel den Palästinensern in den besetzten Gebieten die Entwicklung alternativer Einkommensquellen in Form der Eröffnung neuer Firmen an ihren Wohnorten. Aber solche Initiativen wurden durch die israelische Überwachung und Kontrolle beträchtlich eingeschränkt.

### 3. Die Zivilverwaltung

Die Zivilverwaltung wurde 1981 von der israelischen Regierung als eigenständiger Arm der militärischen Besatzung eingerichtet. Legt man Comaroffs Modell zugrunde, entspricht dies dem Merkmal der administrativen «Rationalisierung» des Kolonialismus. Wie die Zivilverwaltung selbst behauptete, bestand ihre Aufgabe darin, der palästinensischen Bevölkerung zu dienen. In der Praxis verhalf sie jedoch Israel dazu, zwei Ziele zu erreichen: die Kontrolle über eine besetzte Bevölkerung mit der Absicht, diese zu unterwerfen, und die Kontrolle ihres Territoriums. Infolge der engen Verbindungen der Zivilverwaltung mit Kollaborateuren und dem Schabak (Allgemeiner Sicherheitsdienst) sowie der vollständigen Abhängigkeit der Palästinenser von der Zivilverwaltung, was alle Aspekte des täglichen Lebens anbelangt – von der Bewilligung eines Telefonanschlusses bis hin zur medizinischen Versorgung –, konnte sie sich intime und umfassende Kenntnisse über die Bevölkerung und ihre Bedürfnisse verschaffen. Die gleichen Beamten und Planungsstäbe der Zivilverwaltung, die für die Koordination des Siedlungsbaus mit der Regierung verantwortlich sind, entscheiden auch über die Anträge der Palästinenser auf Baugenehmigungen. Sie schicken Beobachter und Hubschrauber aus, um jedes «illegale» palästinensische Gebäude zu lokalisieren, erlassen Abrißverfügungen und sorgen für deren Durchführung. Hinzu kommt, daß viele Siedler in der Zivilverwaltung beschäftigt sind. Nach der Unterzeichnung der Osloer Abkommen wurde die Zivilverwaltung nicht aufgelöst.

### 4. Überwachung der Bewegungsfreiheit zum Zweck der Zementierung der Trennung nach demographischen Gesichtspunkten

Hierzu zählen Überwachung und Kontrolle und die Unterdrückung potentieller oder tatsächlicher Opposition und jedes möglichen Widerstands. Wie bereits erwähnt, führte Israel die innere Abriegelung im Januar 1991 ein, wobei alle palästinensischen Einwohner des Westjordanlandes und des Gazastreifens einem Paßsystem unterworfen wurden, das sich mit dem

Apartheidsystem in Südafrika vergleichen läßt.⁹ Die Behauptung, daß die Abriegelungspolitik als Antwort auf Selbstmordattentate in Israel eingeführt wurde, ist unwahr. Das Phänomen der palästinensischen Selbstmordattentäter trat in den besetzten Gebieten erstmalig im Jahr 1993 auf, in Israel dagegen erst nach dem von Baruch Goldstein in Hebron durchgeführten Massaker an Palästinensern im April 1994. Hintergrund der Abriegelungspolitik waren die Sackgasse der ersten Intifada und ihre Unterdrückung im Jahr 1991. Die Palästinenser waren nicht in der Lage, den allgemeinen Aufstand gegen die Besatzung und die Siedlungen aufrechtzuerhalten oder ihn in einen langfristig andauernden Guerillakrieg umzuwandeln. Israel hatte nicht die Absicht, die Forderung der PLO zu erfüllen und sich vollständig aus den besetzten Gebieten zurückzuziehen, um einen palästinensischen Staat neben dem israelischen zu gründen, und ging von der richtigen Annahme aus, daß der Aufstand nicht abflauen würde. Als Besatzungsmacht war Israel sich aber auch der Tatsache bewußt, daß sein Handlungsspielraum durch internationales Recht eingeschränkt und daß es für das Wohlergehen der unter seiner Herrschaft lebenden Bevölkerung verantwortlich war. Deshalb konnte Israel es sich nicht gestatten, extremere Unterdrückungsmethoden für den Fall zu entwickeln, daß die Palästinenser ihren bewaffneten Widerstand noch ausweiten. Dementsprechend griff es auf bürokratische Taktiken in Form der Abriegelung zurück. Diese stellte eine Möglichkeit dar, einen etwaigen Aufstand zu unterbinden, wie Comaroff es formulierte.

Freiheit der Bewegung ist sowohl ein Menschenrecht als auch ein unentbehrliches «Produktionsmittel» für jedes Individuum und jede Gesellschaft. Sie stellt eine Ressource dar, die nicht weniger lebenswichtig ist als Land und Wasser. Israel beraubte die gesamte palästinensische Bevölkerung der Bewegungsfreiheit, zunächst zwischen dem Westjordanland und dem Gazastreifen und zwischen beiden Gebieten und Israel und später auch innerhalb des Westjordanlandes und des Gazastreifens. Offiziere der israelischen Armee legten die Kriterien fest und kontrollierten alle Entscheidungen über Reisegenehmigungen, die für bestimmte Umstände erteilt wurden. Im Laufe der Jahre wurde die Abriegelungspolitik perfektioniert. Während der Osloer Verhandlungen wurde sie zu einer Möglichkeit, Druck auf die Palästinensische Autonomiebehörde auszuüben, was zu einem politischen und wirtschaftlichen Abnutzungskrieg führte. Israel allein entschied über die Zahl der Arbeitnehmer, die nach Israel einreisen durften, ebenso wie über den Transport aller Waren, Dienstleistungen und Rohmaterialien. Die Abriegelung diente als wichtigstes Mittel, die Bewegung aller Einzelpersonen zu überwachen. Sie diente aber auch als bürokratische Technik zur demographischen Trennung von Juden und Palästinensern, die in dem gleichen Landstrich lebten.

Das System der Reisebeschränkungen erreichte in den Jahren 2002 bis 2003 in drei verschiedenen Phasen seinen Höhepunkt. Als erstes wurden die großen Städte und Hunderte von palästinensischen Dörfern durch Erdwälle, Betonplatten und Kontrollpunkte der Armee voneinander und von den wichtigsten Verbindungsstraßen abgeschnitten. Soldaten bewachten die Straßensperren, verstärkt von Panzern und Patrouillen und gestützt auf eine stetig wachsende militärische Infrastruktur. Je näher eine palästinensische Ortschaft an einer jüdischen Siedlung lag, desto hermetischer wurden die Straßen blockiert und desto schwieriger wurde es für Palästinenser, eine Reisegenehmigung zu bekommen. Der palästinensische Verkehr auf den Hauptverbindungsstraßen im Westjordanland und dem Gazastreifen wurde entweder ganz unterbunden oder auf ein Minimum reduziert. Zuletzt durften diese Straßen nur noch von Juden benutzt werden. Israelischen Autofahrern wurde es sogar untersagt, Palästinenser mitzunehmen. Mit anderen Worten, die innere Abriegelung sollte dazu dienen, Israels kolonialistisches Unternehmen zu sichern.

In der zweiten Phase, die im Frühling 2002 begann, wurde das Westjordanland in acht einzelne, geographisch durch die Region C voneinander getrennte Gebiete aufgesplittert. Fahrten von einem Gebiet in ein anderes sind nur mit besonderen Reisegenehmigungen gestattet, die lediglich einigen wenigen ausgewählten Antragstellern erteilt werden. Wenn man eine solche Genehmigung ergattern will, muß man sich einer ganzen Reihe von zeitraubenden Auseinandersetzungen mit den israelischen Beamten in der Zivilverwaltung unterziehen.

Die dritte Phase begann mit der Planung und Entwicklung der «Sperrmauer», mit deren Bau im Sommer 2002 begonnen wurde. Diese sogenannte Sicherheitsgrenze besteht aus einem System von Befestigungen, die tief in die Palästinensergebiete hineinreichen und an denen die israelische Armee berechtigt ist, mit scharfen Schüssen zu verhindern, daß sich ein Palästinenser dem Zaun nähert. In Gaza hat eine solche Schießgenehmigung in der Nähe von Siedlungen den Tod vieler Palästinenser verursacht, welche teils bewaffnete Kämpfer, teils unbewaffnete Zivilisten waren. Zwischen der Grünen Linie und der Mauer, die sich weit von der ehemaligen Grenze entfernt durch palästinensisches Territorium schlängelt, ist ein neues militärisches Sperrgebiet entstanden. Viele Tausende von Palästinensern sind samt ihrem Grund und Boden in diesem Sperrgebiet eingeschlossen, das nach dem Gesetz für sie verschlossen ist, in dem Juden sich aber ungehindert aufhalten dürfen. Neuerdings hat die Armee für die vielen Palästinenser, die in diesem häufig als «Saumzone» bezeichneten Gebiet leben, den Status der «langfristig Anwesenden» geschaffen. Durch die neuen Verordnungen sind die Zivilverwaltung und die Armee, der viele Siedler angehören, befugt, einzelnen Palästinensern das Recht zu verweigern, auf ihrem eigenen Grund und Boden zu leben, und von ihnen zu verlangen, auf die andere Seite der Mauer umzuziehen. Ähnliche Maßnahmen und Absperrungen wurden über die Palästinenser im Gazastreifen verhängt, auf deren Grund und Boden im Laufe der Jahre ebenfalls eine ständig wachsende Zahl von israelischen Siedlungen gebaut wurde. Die Sperranlage ist daher eine spürbare Ausweitung des Paßsystems. Es gibt keinen echten Unterschied zwischen der Sperrmauer, die jenseits der Grünen Linie tief im Palästinensergebiet gebaut wird, und den Zäunen, die direkt um die Siedlungen herum errichtet werden. Es handelt sich nicht um Sperrvorrichtungen, die Israel vom Westjordanland und dem Gazastreifen trennen. Vielmehr trennen sie Juden von Palästinensern und Palästinenser untereinander. Auf diese Weise hat Israel den Prozeß perfektioniert, durch den die Palästinenser in stetig schrumpfende Enklaven eingesperrt werden, umgeben von blühenden, mit Israel verbundenen jüdischen Siedlungen. Die Barrieren im Westjordanland, die die Dörfer von den Städten trennen, werden allmählich durch ein System von Stacheldrahtzäunen und tiefen Gräben, manchmal auch durch Betonmauern ersetzt. Die Siedler entscheiden über den Verlauf der Zäune, mit deren Bau die Zerstörung von fruchtbarem palästinensischem Ackerland und unentbehrlichen Wasserressourcen verbunden ist. Zehntausende von Palästinensern werden von ihren Anbauflächen und ihren nahe gelegenen städtischen Zentren abgeschnitten.

Daraus folgt, daß die innere Abriegelung, die von Israel zum Zweck der Unterdrückung der zweiten Intifada verhängt wurde, zusammen mit der Sperranlage eine beträchtliche Verschärfung eines Systems darstellt, das 1991 eingeführt und seit 1994 ausgebaut wurde und zu dem auch ein sogenannter wirtschaftlicher Abnutzungskrieg gehört. Es handelt sich um einen quantitativen, nicht um einen qualitativen Wandel des Versuchs, den palästinensischen Widerstand auf bürokratische und militärische Weise zu brechen. All diese Maßnahmen beweisen, daß nicht die Absicht besteht, am Status quo – Besatzung, Kontrolle und Kolonialisierung – irgend etwas zu ändern.

### 5. Demographische Manipulationen

Im Jahr 1948 wurden rund 750000 Palästinenser aus Israel vertrieben und daran gehindert, in ihre Heimat zurückzukehren. Diejenigen, die geblieben waren, erhielten die israelische Staatsbürgerschaft. Hingegen wurde der Bevölkerung nach 1967 gestattet, in den besetzten Gebieten zu bleiben, ohne ihnen jedoch die Staatsbürgerschaft zuzugestehen. Deshalb vermied es Israel, den Großteil des eroberten Territoriums de jure zu annektieren, und stützte sich statt dessen auf bürokratische Erlasse und Verordnungen. Nach 1967 wurde Tausenden von Palästinensern, die im Westjordanland oder dem Gazastreifen geboren waren, sich 1967 jedoch zufällig im Ausland aufgehalten hatten, das Bleiberecht vorenthalten. Im Jahrzehnt des «Friedensprozesses» versuchten die israelischen Besatzungsorgane auf aggressive Weise, Palästinenser aus der Region C zu vertreiben und dazu zu bewegen, in Gebiete überzusiedeln, die von der PA verwaltet wurden. Gerechtfertigt wurde dies mit den ständigen Landenteignungen aus «Sicherheitsgründen», der Ausweitung der Siedlungen und dem Bau von Umgehungsstraßen. Ferner verweigerte das Innenministerium unter Haim Ramon von der Arbeitspartei Tausenden von Palästinensern die Anerkennung als Einwohner von Jerusalem, weil sie infolge der absichtlich von Israel herbeigeführten Wohnungsnot in das Westjordanland umgezogen waren. In Übereinstimmung mit den Osloer Abkommen kontrollierte Israel auch weiterhin die Einwohnerlisten in den von der PA verwalteten Gebieten, wodurch es die Rückkehr von Palästinensern beschränken und verhindern konnte, die ihr Bleiberecht 1967 verloren hatten.

## 6. Ethnische und demographische Trennung

Der Widerspruch zwischen dem Vorenthalten der Staatsbürgerschaft und der tatsächlichen, aber nicht rechtmäßigen Annexion von Grund und Boden für ausschließlich jüdische Besiedlung wurde dadurch gelöst, daß die Siedlungen zu legalen israelischen Enklaven erklärt wurden. Jeder israelische Staatsbürger, der in einer Siedlung lebte, war ausschließlich dem israelischen Recht unterworfen. Auf juristischem und praktischem Wege wurde sichergestellt, daß weder muslimische noch christliche Palästinenser «israelische Staatsbürger» im oben beschriebenen Sinne sein konnten. Nur gebürtige Juden oder beispielsweise christliche Neueinwanderer aus Rußland oder Konvertiten aus Peru konnten Staatsbürger sein. All dies wurde durch eine aktive Gesetzgebung festgeschrieben, die durch das Rechtssystem und den Obersten Gerichtshof bestätigt wurde. Auf diese Weise entstanden zwei Rechtssysteme in ein und demselben Gebiet, ein besseres für israelische Staatsbürger und ein schlechteres für Palästinenser. Für die Israelis wurde dies zu einer akzeptierten Tatsache, ebenso wie für südafrikanische Weiße die Rassentrennung sowohl legal als auch natürlich war.

## 7. Legalisierung

Der Staat Israel wurde 1948 in Übereinstimmung mit einer Resolution der Vereinten Nationen gegründet. Diese internationale Anerkennung war notwendig und angesichts der Rolle, die Europa für die Massenmordindustrie Nazideutschlands gespielt hatte, auch zu erwarten. Der vorangegangene Siedlungsprozeß innerhalb der Grenzen von 1948 wurde durch die Anerkennung der Waffenstillstandslinien von 1949 und der späteren Resolution des UN-Sicherheitsrats, in der Israel aufgefordert wurde, sich aus den 1967 eroberten Gebieten zurückzuziehen, praktisch mit anerkannt. (In der Hauptversammlung der Vereinten Nationen wurde auch die Rückkehr der palästinensischen Flüchtlinge gefordert.)[10] Zwischen 1967 und 1993 mußten sich die israelischen Regierungen und die Kolonialisierungsbehörden auf äußerst spitzfindige Interpretationen durch israelische Juristen stützen, um zu erklären, aus welchem Grund die jüdische Besiedlung in den besetzten Gebieten keinen Verstoß gegen internationales Recht darstellte. Die Befürworter der Kolonialisierung stützten sich jedoch ebenso auf nichtjuristische Faktoren wie die göttliche Verheißung, Israels stets enges Bündnis mit den Vereinigten Staaten und die diplomatische Tauwetterperiode, die zum Friedensvertrag mit Ägypten führte.

1993 unterzeichneten Israel und die PLO den bilateralen Vertrag, der als Osloer Abkommen bekannt wurde. Er war das direkte Ergebnis eines langwierigen Prozesses, in dessen Verlauf die Palästinenser klar zum Ausdruck gebracht hatten, daß sie eine Unterwerfung und Eingliederung in einen «Großisraelischen Staat» niemals akzeptieren würden. Gleichzeitig wurde in dem von Arafat eilig unterzeichneten Abkommen, das ein international gültiges Dokument wurde, die Tatsache heruntergespielt, daß die Siedlungen einen Verstoß gegen internationales Recht darstellten. In den Osloer Abkommen wurde an keiner Stelle ausdrücklich ein Ende des Siedlungsbaus verlangt. «Oslo II» stellte lediglich fest, daß «bis zum Ergebnis der Verhandlungen über den endgültigen Status» keine Partei Schritte unternehmen würde, die den Status des Westjordanlandes und des Gazastreifens veränderten.[11]

In den Abkommen wurde weder die Gründung eines palästinensischen Staates als Ziel genannt, noch wurde etwas über die Größe dieses Staates ausgesagt. Gleichzeitig wurde jedoch vereinbart, daß die Frage der Siedlungen im Rahmen der Verhandlungen über den endgültigen Status geregelt werden würde. Auf diese Weise wurde der Status quo legalisiert, was Israel die Möglichkeit gab, die Fortsetzung des Siedlungsbaus auf alle mögliche Weise zu rechtfertigen und eine immer größere Zahl von Juden dazu zu bewegen, in den Siedlungen zu leben.[12]

Israel hielt den Status quo bis zum Jahr 2000 aufrecht. Unter Ausnutzung seiner militärischen und wirtschaftlichen Überlegenheit dachte es nicht daran, seine Streitkräfte dem vereinbarten Zeitplan entsprechend umzugruppieren. Aber selbst wenn Israel sich an den Zeitplan gehalten hätte, war in den Abkommen nicht klar festgelegt, welche Gebiete vor den Verhandlungen über den endgültigen Status geräumt werden sollten.

Die Palästinenser hatten infolge ihrer immensen militärischen Unterlegenheit nicht die geringste Chance, ihre Erwartungen erfüllt zu sehen, daß Israel sich noch vor einem endgültigen Vertrag aus 92 Prozent ihres Territoriums zurückziehen würde. Die meisten Israelis, selbst die Gegner der Siedlungspolitik, interpretierten den Status quo ganz anders. Infolge der Abriegelungspolitik waren die Palästinensergebiete und ihre Bevölkerung weniger sichtbar, als sie es zu irgendeiner Zeit seit 1967 gewesen waren. Daraus resultierte eine falsche Wahrnehmung der Realität. Die in den Osloer Abkommen vereinbarte Einrichtung der Palästinensischen Autonomiebehörde verstärkte diese Fehleinschätzung. Es wurde allgemein angenommen, daß die israelische Besatzung effektiv beendet sei, wenn auch nur, weil die PA in den von Palästinensern bewohnten Gebieten ein paar zivile Verwaltungsaufgaben übernommen hatte. Als die Al-Aqsa-Intifada ausbrach, ging die Mehrheit der Israelis von dem Irrtum aus, daß sich zwei annähernd gleichwertige souveräne Parteien gegenüberstünden. Dieser Irrglaube ermöglichte es der Armee, lange und blutige militärische Angriffe gegen die palästinensische Zivilbevölkerung durchzuführen, als wäre Israel – als Besatzungsmacht – nicht für diese Menschen verantwortlich, sondern hätte es mit einem aggressiven, politisch unabhängigen staatsähnlichen Gebilde zu tun.

Im Dezember 1999, als Ehud Barak israelischer Premierminister war, versuchte die Palästinensische Autonomiebehörde die Verhandlungen zum endgültigen Status wegen des fortgesetzten Siedlungsbaus zu suspendieren.[13] Unter amerikanischem Druck stellte Barak die Veröffentlichung von Ausschreibungsverfahren für den Siedlungsbau für einen Zeitraum von eineinhalb Monaten, bis zum März 2000, ein. Er hoffte, daß bis zu diesem Zeitpunkt das «Rahmenabkommen» für den Vertrag über den endgültigen Status unterzeichnet sein würde. In einer Pressekonferenz, an der auch die amerikanische Außenministerin Madeleine Albright teilnahm, wurde ihm eine Frage vorgelegt, die ihm unterstellte, sich dem palästinensischen Druck gebeugt zu haben. Er antwortete wütend: «Das ist unser Konzept, welches unsere Herrschaft über *Eretz Israel* stärkt... und unsere Position bei den Verhandlungen... (während) die Position der Leute, die sagen, daß wir jetzt die Ausschreibungsverfahren mit Gewalt fortsetzen müssen, den Staat Israel in seinem Kampf um die Herrschaft über *Eretz Israel* schwächt.»[14] Tatsächlich wurde im Jahr 2000 bei der Registrierung neuer israelischer Gebäude in den besetzten Gebieten ein Rekordhoch erreicht, das alles überstieg, was in den letzten acht Jahren stattgefunden hatte.[15]

Mit anderen Worten, die Gründe für den Entschluß eines Premierministers von der Arbeitspartei, die Ausschreibungsverfahren für kurze Zeit einzufrieren, waren nicht das Streben nach Frieden, nicht die Rechte der Palästinenser, nicht die internationalen Resolutionen und Abkommen, nicht die Hoffnungen der Palästinenser auf einen lebensfähigen Staat, sondern «unsere Herrschaft über *Eretz Israel*». In dieser Erklärung bediente Barak sich der Sprache der religiösen Gusch-Emunim-Siedler und der säkularen Befürworter eines «Großisrael» wie Jizchak Tabenkin und der Kibbutz Meuchad, zu dem auch Jiga Alon gehörte, der Mann, auf den der Alon-Plan zurückgeht. Dennoch wurde von dieser Erklärung keine Notiz genommen. Innerhalb weniger Tage nötigten die Vereinigten Staaten Arafat, die Verhandlungen über ein Abkommen zum endgültigen Status wieder aufzunehmen.

Demnach waren 1993, während die Uhr eines «Friedensabkommens» mit den Palästinensern weitertickte, die wichtigsten Prinzipien der im Namen des Mutterlandes handelnden israelischen Kolonialisierungsorgane die gleichen, die auch die Handlungsweise der Zionisten und des israelischen Establishments in der Zeit vor 1948 und nach 1967 bestimmt hatten. Diese Prinzipien besagten, daß Lage und Größe der jüdischen Siedlungen ausschlaggebend für die endgültigen Grenzen des jüdischen Staates sein würden.

## 8. Das Gefühl der Überlegenheit

Wir haben das Zusammenspiel physischer, materieller und juristischer Faktoren der israelischen Politik beschrieben, die im Ausbau israelischer Siedlungen und der Enteignung der Palästinenser besteht, wodurch das palästinensische Volk zwar in den besetzten Gebieten verbleibt, jedoch mit schwindenden Landressourcen. Aber diese physische und materielle Vorherrschaft hat noch eine weitere Dimension: die Verstärkung und Förderung eines Gefühls der «Überlegenheit des jüdischen Volkes», gerechtfertigt mit religiösen, historischen, kulturellen, ideologischen und wirtschaftlichen Argumenten sowie Gründen der Sicherheit. Bewußt oder unbewußt wird diese Überlegenheit juristisch und praktisch als Erklärung dafür benutzt, daß es richtig, natürlich und gerecht sei, eine eindeutig diskriminierende Politik der geplanten Ungleichheit zu verfolgen. Diese Politik wird durch direkte israelische Kontrolle von so viel Grund wie möglich mit so wenigen Palästinensern wie möglich zementiert und durch die indirekte Kontrolle von Enklaven erreicht, deren Bewohnern eine Dritte-Welt-Existenz aufgezwungen wird. Es handelt sich hier um eine sich selbst bestätigende Variante des falschen Schlagworts von einem «Land ohne Volk für ein Volk ohne Land». Es erübrigt sich zu sagen, daß das Gefühl der ethnischen Überlegenheit eine wichtige Komponente bei der Entstehung einer kolonialistischen Gesellschaft und ihrer Selbstwahrnehmung ist.

*Anmerkungen*

1 Dieser Essay wurde im Oktober 2003 geschrieben und in hebräischer Sprache in der Zeitschrift *Theory and Criticism*, Bd. 24, im Frühling 2004 erstmalig veröffentlicht.
2 Die Zahl der Siedlungen im Gazastreifen und im Westjordanland ohne Ost-Jerusalem wurde verdoppelt: 1991 waren es 91 400 Siedler, 1993: 116 300, 1995: 137 400 und 2000: 198 300 (nach Unterlagen, die von der Peace-Now-Bewegung zur Verfügung gestellt wurden). Die Zahlen für die Siedlungen in Ost-Jerusalem lauten wie folgt: 1992: 141 000, 1993: 146 800, 1995: 155 000 und 2000: 173 000 (*B'Tselem, Der Landraub: Siedlungspolitik im Westjordanland*, Jerusalem 2003). Während die Israelis, einschließlich der Mitglieder des Friedenslagers, die Annexion von Ost-Jerusalem und den Bau von jüdischen Siedlungen (Stadtvierteln) dort akzeptieren, wird in diesem Essay nicht zwischen dem besetzten Ost-Jerusalem und den übrigen von Israel im Jahr 1967 besetzten Gebieten unterschieden.
3 Nach der in Israel üblichen falschen Terminologie wird zwischen «illegalen Außenposten» und solchen Stadtvierteln oder Siedlungen unterschieden, die vor oder nach ihrem Bau von der Regierung genehmigt wurden. Diese irreführende Bezeichnung spiegelt den Geist wider, in dem behauptet wird, die Siedlungen seien legal, und paßt zu einer Politik, die de facto auf eine Annexion hinausläuft. Nach internationalem Recht darf die Bevölkerung einer Besatzungsmacht jedoch nicht in dem eroberten Gebiet angesiedelt werden.
4 In Danny Jacoby (Hg.): *Ein Land, zwei Völker*, The Magnus Press 1999.
5 Im folgenden werden einige Argumente aufgeführt, die von verschiedenen israelischen Soziologen und Historikern als Beweis dafür vorgebracht werden, daß der Zionismus nicht als kolonialistisches Phänomen betrachtet werden kann: der europäische Antisemitismus und die Judenverfolgungen als Erklärung für die Ausbreitung des Zionismus; die Entwicklung des Zionismus als nationale Bewegung mit dem Ziel einer nationalen Befreiung; die zweitausend Jahre alte Verbindung der Juden zu *Eretz Israel*; das Fehlen eines kolonialistischen, die Besiedlung vorantreibenden Mutterlandes; die Tatsache, daß *Eretz Israel* den Siedlern keinen Profit einbrachte, sondern eher das Gegenteil der Fall war; die Tatsache, daß die Siedler Land im Einverständnis mit der Bevölkerung erwarben; die Behauptung, daß die Palästinenser vom Entwicklungsprozeß profitierten und viele Araber infolge der zionistischen Besiedlung in das Land einwanderten; die Behauptung, daß die Loslösung der Siedler von der europäischen Kultur die These von einem «weißen» Überlegenheitskomplex widerlegt. Siehe Tuviah Friling (Hg.): *Eine Antwort auf einen postzionistischen Kollegen*, Yedioth Aronoth 2003, sowie Jacoby, a.a.O.
6 John L. Comaroff: «Reflections on the Colonial State in South Africa and Elsewhere: Factions, Fragments, Facts, Fictions», *Social Identities*, 1998, Bd. 4/3.
7 Tatsächlich wurde die Lage der Außenposten in vielen Fällen mit dem Büro des Premierministers koordiniert, und das Datum ihrer Errichtung wurde mit der Armee abgesprochen. Siehe Amos Harel: «Verpflichtende Bindungen», *Ha'aretz, Rosh-Hashanah-Beilage*, 26. September 2003.
8 The World Bank: *Developing the Territories and Investment in Peace*, Washington, D.C: The World Bank 1993, sowie Ezra Sedan: *A Policy for Immediate Economic-Industrial Development in the Gazastrip*, unveröffentlichter Bericht 1991.

9 Die Politik der Abriegelung und der Reisegenehmigungen erinnert an die Zeit der militärischen Verwaltung in den arabischen Teilen Israels, die bis 1966 dauerte.
10 Dies ist eine rein sachliche Beschreibung der Ereignisse, mit der weder eine Wertung noch eine Rechtfertigung oder Verurteilung beabsichtigt ist. Ich bin überzeugt, daß die zionistische Lösung ohne den Antisemitismus der Nazis niemals aus einer von einer Minderheit verfolgten Idee zu einer von der Mehrheit des jüdischen Volkes in der Diaspora getragenen Bewegung geworden wäre. Mit anderen Worten, ohne den Nationalsozialismus wäre niemals die kritische Masse von Einwanderern erreicht worden, die die Schaffung eines Staates erforderlich machte. Es wären weder die finanziellen Mittel (Wiedergutmachungszahlungen) noch die internationale Unterstützung vorhanden gewesen, die die Staatsgründung und die Enteignung des in dem Gebiet lebenden Volkes erleichterten. Hinzu kommt, daß all dies in einer Zeit antikolonialistischer Kämpfe für die nationale Befreiung stattfand.
11 Das Interimsabkommen für das Westjordanland und den Gazastreifen.
12 Nach Ansicht des juristischen Beraters des Außenministeriums, Alan Baker, verbesserten die Abkommen die rechtliche Situation der Siedler. «Die zentrale Auffassung war, daß sie in dem Gebiet im Widerspruch zu internationalem Recht lebten, welches den Transfer einer Zivilbevölkerung in ein erobertes Territorium untersagt. Jetzt leben sie dort infolge einer Absprache – kraft eines internationalen Abkommens, in dem bestimmt wird, daß ihr Status im Vertrag über den endgültigen Status vereinbart werden wird» (Mosche Goreli: «Sie werden nicht eingehalten, aber sie existieren», *Ha'aretz*, 11. September 2003).
13 Im Jahr 2002 befanden sich bereits 41,9 Prozent des Westjordanlandes, einschließlich Jerusalem, unter der Jurisdiktion der Siedlungen und ihrem rechtlichen Einfluß. Dazu gehörten bebaute Flächen, noch nicht bebautes städtisches Bauland und Landreserven außerhalb der Stadtgrenzen, zusammen 2 345 900 von den insgesamt 5 608 000 Dunam des Westjordanlandes (siehe B'Tselem, a.a.O.).
14 Siehe Amira Hass: «Der Staat Israel gegen Eretz Israel». *Ha'aretz*, 22. Dezember 1999.
15 Motti Basok und Ziv Maor: «11 Milliarden NIS für Häuser». *Ha'aretz*, Rosh-Hashanah-Beilage, 26. September 2003.

# Epilog:
# Morgen wird alles schlimmer

Ein derart pessimistischer Buchtitel bedarf natürlich einer Erklärung. Zyniker würden es anders ausdrücken. Wenn man sie fragt, wie es ihnen geht, antworten sie: «Großartig, denn heute ist es jedenfalls besser, als es morgen sein wird.» Gläubige Menschen versichern Ihnen, daß alles Gottes Wille sei. Die Mutigen erinnern sich und andere daran, daß man zu Beginn des gegenwärtigen blutigen Wechselspiels von israelischer staatlicher Gewalt und ungeschicktem und desorganisiertem palästinensischen Massenwiderstand, auf den ein chaotischer militarisierter Kampf folgte, fälschlicherweise davon ausgegangen sei, daß es «auf keinen Fall schlimmer kommen kann». Dann bedarf es nur noch eines kurzen Innehaltens und eines Seufzers, und man kommt zu der bitteren Erkenntnis: Morgen wird alles schlimmer.

Für eine von Grund auf religiöse Gesellschaft ist das eine gefährliche Feststellung: Gott ist nicht da; oder jedenfalls kann man nicht damit rechnen, daß seine Absichten freundlich sind. Für eine Gesellschaft, die traditionell bewaffnete Jugendliche als die ultimativen Helden verehrt, ist die Feststellung ausgesprochen gewagt: Euer bewaffneter Kampf hat uns nichts gebracht. Die einzige feststehende Tatsache, die niemanden überraschen kann, ist die so oft bestätigte Wahrheit, daß Israel seinen Würgegriff nicht lockern, uns nicht loslassen wird.

Ein hochgewachsener *Fallah*, ein Bauer mittleren Alters, der älter aussah, als es der Wirklichkeit entsprach, war der erste, der diese Feststellung mir gegenüber so zugespitzt aussprach. Er stammt aus Mutilla, einem winzigen Dorf im Norden des palästinensischen Westjordanlandes, direkt an der Grünen Linie, der Grenze zu Israel. Bis vor kurzem konnte man nicht erkennen, welche Olivenbäume und welche dornigen Büsche «israelisch» waren und welche «palästinensisch». Die Ziegen von Mutilla weideten arglos auf beiden Seiten der Grünen Linie. Die Männer des Dorfes wanderten auf den gleichen Pfaden durch die Berge zu ihren Arbeitsplätzen in der israelischen Stadt Beit Schean, die schon ihre Eltern und Großeltern lange vor der Gründung des Staates Israel benutzt hatten, um zur Schule nach Bisan zu gehen, das heute Beit Schean heißt, oder auf ihrem Esel zum Markt zu reiten. Während der letzten vier Jahre sollen genau diese Pfade von mehreren Selbstmordattentätern benutzt worden sein. Daher die Trennungsmauer, die in dieser Gegend tatsächlich nahe der Grünen Linie verläuft, aber dennoch die Hälfte des zu Mutilla gehörigen Landes und damit die einzige Chance seiner Bewohner auf einen ausreichenden Lebensunterhalt auffrißt. Arbeit in Israel kommt nicht mehr in Frage. Israel ist so weit entfernt wie Australien, wenn nicht noch weiter. Arbeitsplätze im Distrikt Jenin sind rar. Die schwer geschädigte palästinensische Wirtschaft bietet nur wenige Möglichkeiten, eine Anstellung zu finden. In den Palästinensergebieten ist es nicht möglich, in anderen Distrikten nach Arbeit zu suchen. Sie sind von Israel in durch strikte Reisebeschränkungen voneinander getrennte Enklaven und viele einzelne Kolonien zerstückelt worden, deren Zahl mit derjenigen der Kontrollpunkte der Armee ständig wächst. Ohne genügend Land für Ackerbau und Schafzucht, ohne die Aussicht, ein lang geplantes und dann aufgegebenes Tourismusprojekt zu verwirklichen (die Schönheit der Gegend ist atemberaubend), und ohne andere Möglichkeiten, einen Job zu finden, sieht die Zukunft, die dieser Mann seinen Kindern bieten kann, ausgesprochen trübe aus.

Mit der Feststellung: «Wir wissen, daß es nur noch schlimmer werden kann» brachte er zum Ausdruck, daß er nicht mehr an die Möglichkeit einer Besserung der politischen Lage glaubt. Der israelisch-palästinensische Konflikt, von dem es abhängt, wie eng und begrenzt die Chancen für sein Leben sind, wird nicht enden. Der Kampf der Palästinenser, gleichgültig, ob bewaffnet oder unbewaffnet, ob er in Form von Terroranschlägen oder als Guerilakrieg ausgefochten wird, führt zu keinem Ergebnis und wird auch in Zukunft nichts bringen. Es ist keine Führung in Sicht, die weiß, wie man Israel einen Strich durch seine großartigen Pläne machen könnte. Und Israel wird seine Herrschaft über die Palästinenser nicht aufgeben.

Dann hörte ich eine ähnliche Bemerkung von einer dreißigjährigen Frau. Sie stammte aus einem Flüchtlingslager im Westjordanland, war im Alter von dreizehn Jahren verheiratet worden und war nun Mutter von fünf Kindern. Zugegeben, sie arbeitet Tag und Nacht und putzt die Häuser anderer Leute, damit ihre Kinder in die Schule gehen können. Sie verspricht, ihre Tochter nicht zu verheiraten, bevor diese die Highschool abgeschlossen hat. «Mein Leben ist vorbei, aber ich möchte wenigstens erreichen, daß meine Kinder es besser haben.» Aber sie macht nicht den Eindruck, als sei sie von ihren eigenen Versprechungen wirklich überzeugt. Für viele Eltern in den Flüchtlingslagern und Dörfern ist eine frühe Heirat der Tochter die einzige Rettung für die verarmte Familie, und manchmal hält man die Ehe auch für einen Ausweg für das Mädchen selbst. Daran hat sich während der letzten zehn Jahre nichts geändert, im Gegenteil. Wie viele Eltern ihrer Gesellschaftsschicht könnte sie sogar gezwungen sein, auch ihren Sohn zur Arbeit zu schicken – zuerst nach der Schule und später vielleicht den ganzen Tag. Er hat bereits Schwierigkeiten mit dem Unterricht, und sie kann ihm nicht helfen, weil sie selbst die Schule mit dreizehn

Jahren abbrechen mußte. Und der Vater ist abwesend und nutzlos, vergraben in sein eigenes Elend. Schon vor dem gegenwärtigen Aufstand, als die Autonomiebehörde zivile Aufgaben wie das Schulwesen übernahm, wurde die Kluft zwischen den Gesellschaftsschichten noch tiefer, die Unterschiede in der Qualität der Schulen und den Auswahlmöglichkeiten größer. Es gibt keinen besseren Beweis für das Mißtrauen in das öffentliche Schulsystem als die Tatsache, daß hochgestellte Regierungsmitglieder und Angehörige der einflußreichen Mittelklasse ihre Kinder in Privatschulen schicken und solche Schulen in Ramallah und Gaza sogar gegründet haben.

Das mangelnde Vertrauen dieser Frau in ihre eigene Zukunft und ihr zögerndes, eingeschränktes Vertrauen in die Zukunft ihrer Kinder könnten extrem erscheinen, aber ihre Haltung verrät die Ansicht der gesamten Bevölkerung: daß die palästinensische Gesellschaft im Rahmen ihrer begrenzten Selbstverwaltung und unter der Herrschaft der allmächtigen und gleichgültigen israelischen Besatzungsmacht kein adäquates System hervorbringt, in dem gesellschaftliche Solidarität und Verantwortungsbewußtsein herrschen. Sie bleibt eine Gesellschaft mit extremen Klassenunterschieden, in der die untergeordnete Stellung der Frauen und der Arbeiterschicht aufrechterhalten werden. Die allgemeine Ablehnung der israelischen Herrschaft führt nicht zu einer von allen geteilten emanzipatorischen Weltsicht und Praxis.

Eine weitere Person, die ähnlich dunkle Gedanken äußerte, ist ein Freund von mir aus Gaza. Er ist Ende Zwanzig und stammt aus einer warmherzigen, fürsorglichen Flüchtlingsfamilie, die es ihm durch gemeinsame Anstrengung und harte Arbeit aller Familienmitglieder ermöglichte, seinen B.A. in Psychologie und Soziologie an der Bir-Zeit-Universität zu machen. Er war einer der letzten Studenten aus Gaza, die um die Mitte der neunziger Jahre an dieser Universität studieren konnten. Inzwischen hat die israelische Abriegelungspolitik, durch die der Gazastreifen vom Westjordanland abgeschnitten wurde, so etwas zunehmend unmöglich gemacht. Er hat zwar eine Anstellung gefunden, aber seine Vorgesetzten sorgen mit ihren eingefleischten, hochmütigen Oberschichtallüren dafür, daß er niemals seinen «niedrigeren Status» als Flüchtling vergißt. In der Vergangenheit hat seine Familie aufgrund der israelischen Politik ihren gesamten Grundbesitz verloren und konnte niemals in ihr Dorf zurückkehren. Durch die jetzige israelische Politik wird nahezu das gesamte Volk zu Sozialhilfeempfängern gemacht. Wegen des israelischen Militarismus muß er ständig um sein physisches Leben und das aller anderen fürchten. Ununterbrochener Beschuß, Bombardierungen, Hauszerstörungen, Invasionen und ständiges Töten machen das Leben aller gefährlich, billig, flüchtig. Und in Rafah, wo er lebt, gilt dies mehr als an jedem anderen Ort. Wie soll man sich eine persönliche Zukunft aufbauen, wenn das ganze Volk so fragmentiert, so geschwächt und seine Existenz so unsicher ist?

Auch für manchen Israeli sieht die Zukunft trübe aus. Aus einem Staat, der bei seiner Gründung angeblich auf den Prinzipien der Gerechtigkeit und der Chancengleichheit aufgebaut war, hat Israel sich zu einem der westlichen Staaten entwickelt, in denen die wirtschaftlichen Gräben am tiefsten und die Unterschiede in der Entlohnung am größten sind. Zum Ausdruck kommt das in den schlechten Schulergebnissen, in den riesigen Einschnitten in der medizinischen Versorgung und im Bildungswesen, in nicht ausgezahlten Gehältern von kommunalen Angestellten, in Familien, die auf Krankenversicherung und das Sabbatessen verzichten. Ein Israel zweiter und dritter Klasse, das Israel der «Minderwertigen», hat sich im Schatten des mächtigen, international sichtbaren Israel entwickelt, das eine Militärmacht und ein Exporteur von weltweit anerkannten Wissenschaftlern und Gelehrten ist, das an europäischen Sport- und Kulturereignissen teilnimmt und alljährlich Hunderttausende Touristen anlockt.

Aber die wirtschaftliche Misere, die Wut und die ständige Angst vor palästinensischen Anschlägen münden in Israel nicht in eine emanzipatorische Massenbewegung. All diese Dinge führen nicht zu einem allgemeinen Protest, einem rebellischen Bewußtsein und der Ablehnung der israelischen Besatzung, der apartheidähnlichen Politik und der offenen Diskriminierung nach ethnischer Herkunft.

All das sind Gründe für den Titel dieses Buches.

# Politik und Geschichte bei C. H. Beck

*Amira Hass*
## Gaza
Tage und Nächte in einem besetzten Land
Aus dem Englischen von Sigrid Langhaeuser
3. Auflage. 2003. 410 Seiten mit 3 Karten und 3 Tabellen. Gebunden

*Christopher de Bellaigue*
## Im Rosengarten der Märtyrer
Ein Portrait des Iran
Aus dem Englischen von Sigrid Langhaeuser
2. Auflage. 2006. 341 Seiten. Gebunden

*Navid Kermani*
## Schöner neuer Orient
Berichte von Städten und Kriegen
2., durchgesehene Auflage. 2003. 240 Seiten mit 6 Abbildungen. Gebunden

*Gudrun Krämer*
## Geschichte des Islam
2005. 334 Seiten mit 87 großteils farbigen Abbildungen
und 5 Karten. Gebunden

*Rupert Neudeck*
## Jenseits von Kabul
Unterwegs in Afghanistan
2003. 217 Seiten mit 25 Abbildungen. Gebunden

*Bernard Wasserstein*
## Jerusalem
Der Kampf um die heilige Stadt
Aus dem Englischen von H. Jochen Bußmann
2002. 432 Seiten mit 18 Abbildungen und 12 Karten. Gebunden

Verlag C. H. Beck

# Politik und Geschichte in der Beck'schen Reihe

*Ralf Balke*
## Israel
2., durchgesehene und aktualisierte Auflage. 2002
210 Seiten mit 26 Abbildungen und 6 Karten. Paperback
(Beck'sche Reihe Band 886)

*Michael Brenner/Yfaat Weiss (Hrsg.)*
## Zionistische Utopie – israelische Realität
Religion und Nation in Israel
1999. 204 Seiten mit 15 Abbildungen. Paperback
(Beck'sche Reihe Band 1339)

*Dietmar Herz*
## Palästina
5., völlig überarbeitete und aktualisierte Auflage. 2003
252 Seiten mit 9 Abbildungen und 13 Karten. Paperback
(Beck'sche Reihe Band 1433)

*Gudrun Krämer*
## Geschichte Palästinas
Von der osmanischen Eroberung bis zur Gründung des Staates Israel
4. Auflage 2003. 440 Seiten mit 14 Abbildungen und 9 Karten. Paperback
(Beck'sche Reihe Band 1461)

*Bernard Lewis*
## Die Juden in der islamischen Welt
Vom frühen Mittelalter bis ins 20. Jahrhundert
Aus dem Englischen von Liselotte Julius
2004. 216 Seiten mit 21 Abbildungen. Paperback
(Beck'sche Reihe Band 1572)

*Bernard Wasserstein*
## Israel und Palästina
Warum kämpfen sie und wie können sie aufhören?
Aus dem Englischen von Sigrid Langhaeuser
2003. 172 Seiten mit 21 Karten und 9 Schaubildern. Paperback
(Beck'sche Reihe Band 1561)

Verlag C. H. Beck